中国近代海战场纪实

# 炮殇

杨德昌 著

学苑出版社

**图书在版编目(CIP)数据**

炮殇:吴淞篇/杨德昌著.—2版.—北京:学苑出版社,2007.7
(中国近代海战场纪实)
ISBN 978-7-5077-1612-2

Ⅰ.炮… Ⅱ.杨… Ⅲ.吴淞之战—史料 Ⅳ.K253.06

中国版本图书馆CIP数据核字(2007)第096768号

责任编辑:韩继忠
责任校对:袁大威
封面设计:艾博堂文化
出版发行:学苑出版社
社　　址:北京市丰台区南方庄2号院1号楼　100079
网　　址:www.book001.com
电子信箱:xueyuanyg@sina.com
　　　　　xueyuan@public.bta.net.cn
销售电话:010-67674055、67675512、67678944
印 刷 厂:固安生强印制有限公司
开本尺寸:850×1168　32开本
印　　张:11.5
字　　数:250千字
版　　次:1999年10月北京第1版第1次印刷
印　　次:2009年12月北京第2版第1次印刷
印　　数:5001-7000册
定　　价:24.00元

谨以此书
献给近代海战场上
抗击帝国主义侵略的
中华民族英烈！

# 目　录

总　　序　…………………………………………（1）

序　　幕　英军，兵临吴淞口　…………………………（1）

璞鼎查最大的欲望是当总督。他把人生的标枪瞄向中国的香港，一生的追求全在于此。

第 一 章　陈公，设阱以待虎　…………………………（44）

依塘列帐的陈化成料定大批英舰已经逼近吴淞口。豺狼做梦也叼鸡，那么，陈公设阱以待虎！

第 二 章　较量，岂止在战场　…………………………（131）

陈化成担心的不仅仅是不懂军事的一个总督。徐州总兵王志元和川沙营参将崔吉瑞率领的两支人马都不是他的嫡系，要驾驭他们并非易事。

较量，岂止在战场啊！

第 三 章　壮哉！吴淞保卫战　…………………………（221）

如雨如丝的炮弹带着震天撼地的杀声，以摧枯拉朽之势突然间向敌舰猛烈覆盖。霎时，敌舰前后腾起了十几丈厚、几十丈高的烟幕火墙。

**第四章　炮殇,血海映忠魂** ……………………（273）

石破天惊。只要听到这声“文天祥”的人,没有一人心头不是一个战栗。中国人,谁人不识文天祥?他那“人生自古谁无死,留取丹心照汗青”的绝笔,简直就是华夏民族气节的写照!

**尾　声　雪耻,只等后来人** ……………………（325）

璞鼎查像一颗流星,划过英伦三岛政坛和军界诡谲的天空,很快,就从香港消失得无影无踪。其威名,也就在大不列颠 1843 年以后的历史中渐渐淡化得像一张白纸。

**参考书目** ……………………（347）

**后　记** ……………………（349）

**出版者的话** ……………………（353）

总 序

# 中国的崛起将从海上开始

“海殇则国衰，海强则国兴”。

这是中华民族千百年来的伟大梦想和屈辱体验熔铸成的心声。

中国是一个海洋大国，拥有18000公里的海岸线，海洋国土面积达300万平方公里，约占我国陆地面积的三分之一，居世界第四位，大陆架面积居世界第五，200海里专属经济区面积为世界第十。

如果说中国近代史是一部屈辱史，倒不如说是一部近代海患史，外敌对中国的入侵，绝大部分都是从海上开始的。当时中国积贫积弱，有海无防，西方列强用炮火一次次轰开中国的大门。

孟子说：生于忧患，死于安乐。

国歌的作者田汉说：没有危机的民族，是无望而无救的民族——这种危机感，就是植根于我们民族思维深层的忧患意识。

看完12集电视片《大国崛起》让我产生一个强烈的念头：今天的中国已不是昨天的中国。既然昨天的屈辱是从海上开始的，那么，今天的崛起必然要从海上开始，我坚信只要有全中国人的支持，“太阳一定会重新从东方升起”！

8年前，学苑出版社策划这套丛书，就显现出了他们具有较强的前瞻性，表现出一种很强的政治意识、大局意识、忧患意识和责任意识。他们用8年来的社会效益和经济效益，再次印证了一个道理：登高才能望远，详察才能洞悉。如今，出版社再次修订重印这套丛书，目的是想让更多的人知道：虽然书中讲述的是中华民族苦难的昨天，但它所昭示的是我们的今天和明天；让我们走进中国近代海战场，与历史对话，聆听古炮与沉舰的诉说，回味林则徐、关天培、陈化成和邓世昌的警世之言。

21世纪是海洋世纪，海洋的战略地位日益凸显。据权威部门公布的数据，全球200多个百万以上人口的大城市，3/4集中在沿海地带；全球70%的工业资本和70%的人口，也集中在距海岸200公里以内的沿海地区。海洋已经成为人类克服人口膨胀、资源枯竭、环境恶化，实现可持续发展的重要宝库；维护海洋权益，保障海上通道安全，利用海洋大开发的历史契机挺进海洋、经略海洋，已成为越来越多国家的共识。与此同时，世界经济的重心正在向海洋转移，随着海洋新资源的发现与开发，海洋上争岛夺礁、抢占资源，是引发海洋争斗和局部战争的重要原因。

古罗马政治家西塞罗说过：“谁能控制海洋，谁就能控制世界。”海权论的创始人马汉也提出：“所有帝国的兴衰，其决定因素，都在于是否拥有强大的海权，能否控制海洋。”

纵观历史上世界大国的崛起，都可以说与经略海洋息息相关，葡萄牙、西班牙、荷兰、英国和美国等，无一不是“发轫于海洋”，并最终成为具有强大海洋控制能力的国家。据报道，美国把“控制全球16条海上战略通道”作为海军战略的重要内容，并不断加强在这些地区的军事存在。日本自卫队也明确提出，要保卫海上“千里生命线”。印度海军则提出了“远海歼敌”的作战思想，以实现“印度洋控制战略”。

而我国呢，虽说是大国，但在世界大国中却是唯一没有实现统一的国家。特别是海洋问题上，还有许多麻烦。

——在东海，台湾问题久悬未决，陈水扁在台独道路上越走越远；我国固有领土钓鱼岛被日本非法占领；东海大陆架是我国陆地的自然延伸，因此，面积77万平方公里的海区中应归我管辖的为54万平方公里，但日本却提出中日两国是共架国，要求按中间线划分海域。按日本的无理要求，日本与我国有16万平方公里的争议海域。

——在南海，我国海洋权益受到的侵犯更加严重。从权威部门的数字看，大约有150万平方公里的海洋国土处于“争议”中，特别是当我亲眼目睹南沙还有一些岛礁在别人掌控之中时，不免生发愤慨。

——还有，我国海上能源命脉的安全，海外利益的保护，第一岛链、第二岛链的围堵等等问题。可以说，国人现在最关心的是海洋，是海军，是安全，因为海洋和海军关系着中华民族的未来。

正因为如此，去年12月28日，胡锦涛总书记在接见海军第十次党代会代表时指出，我国是一个海洋大国，海军在捍卫国家主权和安全、维护我国海洋权益中地位重要，使命光荣。他强调，要努力锻造一支与履行新世纪新阶段我军历史使命要求相适应的强大的人民海军。

全国人大代表、海军司令员吴胜利在十届全国人大五次会议就《政府工作报告》举行分组讨论时强调，国家应从战略全局的高度，研究制定我国海洋安全战略，用以指导我海洋方向的战略行动，有效维护我国海洋权益、海洋资源和海上战略通道的安全。也有专家学者认为，无论是推进经济发展还是维护国家安全，我国在海洋空间都拥有巨大的战略利益。如果中国没有一支强大的舰队存在于世界海洋上，我国海洋上“海域被侵、海岛被占、资源被掠”的局面难以改变，我国海上“石油生命线”安全难以保卫，一旦国外发生自然灾害或社会动荡，海外财产与人员安全无法保障，也无力承担一个海洋大国应负的国际海洋安全义务。

在全球经济一体化的今天，中华民族要实现伟大复兴，紧追世界科技进步的浪潮，无论是引进来，还是走出去，都已经与海洋无法割断。站在国家总体战略的高度上认识海洋战略问题，树立新的海洋国土观、海洋利益观、海洋防卫观，是全中国人的当务之急；如何走好、走活这一盘经略海洋的大棋，是全中国人义不容辞的历史责任。

这，也许就是学苑出版社重新修订出版这套丛书的目的所在。

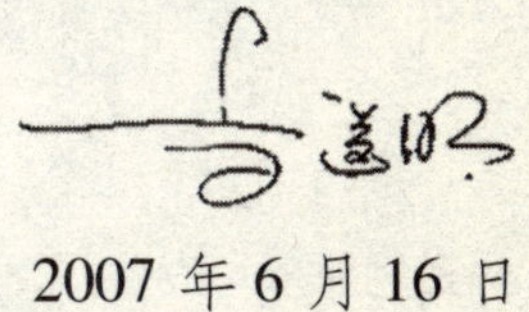

2007 年 6 月 16 日

# 英军，兵临吴淞口

璞鼎查最大的欲望是当总督。他把人生的标枪瞄向中国的香港，一生的追求全在于此。

## 1.

黎明前的东海一脉漆黑，乍浦港黄山岭外的海面像秋夜的西湖平贴无波。

天籁谧寂。就在这个万帆落篷、千岛归宁、渔家农户工匠商贾男女老少睡意朦眬怡养生息的时刻，英国舰队魔鬼撒旦一般降临了。

大概上下五千年，这片波涛从来就没有承受过如此沉重的压力，所以，当太阳普照到这里的时候，整个大海都愁眉苦脸，了无生机。

唯有一个人却在这片陌生的海域表现出前所未有的喜悦与倨傲。

这是个典型的老牌绅士。突兀的眉头下面一对蓝眼睛折射着狡黠的目光，坚韧不拔而状如虎皮尖椒的鹰勾鼻凝聚着一股异种的辛辣。他已经不是40年前那个没有见过世面的童子军，小肚子微腆，依中国人的说法就是大腹便便，那曾经引为自豪的浓密的棕色头发开始不争气了，稀疏着，花白着，随着年事增长脸上有了褐斑和皱纹。但是方方的依然棱角分明的下巴，配上高筒礼帽和整饬的燕尾服，连同卷曲的鬓角和不长的胡须上飘逸着的不经意的耸肩一笑，都显示出此人内心正是踌躇满志。

他，就是1842年大英帝国在远东的全权公使——璞鼎查。

大海宿醒初醒，港湾里的海风带有一股刺鼻的鱼腥味，他皱了皱眉头，转过头顺着甲板向前走了两步，踮足引颈向他统率的舰队了望。

他的座舰“皇后”号留在香港，“皋华丽”号五桅巡洋舰现在是他的旗舰。“布郎迪”号巡洋舰和“哥伦拜恩”号、“摩底士底”号、“北极星”号、“克里欧”号、“阿尔吉林”号5艘三桅炮舰，以及快速武装汽船“复仇神”号、“弗莱吉森”号、“西索斯梯斯”号、“伯鲁多”号、“谭那萨林”号和“麦都萨”号，在他旗舰的前沿一字排开首尾相衔，酷似一道城垣一片森林。

这正是璞鼎查骄傲的资本，一个由庞大的战舰、重炮和来复枪组成的攻防有序的武力资本。凭借这个资本，他要让中国皇帝低下那高贵而自命不凡的头颅，满足他大英帝国的一切条件，否则，他的炮舰便要直逼北京的皇宫龙廷。

再没有什么比这样的决心更坚定的了。他伸出手来沿着胸腹画曲线似的一挥又紧紧一攥，提上文明棍走回住舱。

他的住舱比“皇后”号加大了，但同样按他的兴趣装饰得既有西方色彩又别具东方风情。宽敞的接待室里油光锃亮的柚木家具和蓝皮沙发显示出一种英国式的皇家气派，而壁橱里与舷墙上摆设着悬挂着的则是中国的陶瓷和字画。这种布置用他引用的一句中文，就叫“中西合璧”。

应该赐给璞鼎查一顶“博士”头衔。表面看上去，这个洋人风度儒雅，像个文人，实质骨子里却是个饱经战争风云的军人。

因为对中国的一种神往或者说是一种走火入魔的痴迷，出身于海军世家的他，12 岁就参加了英国皇家海军。这是他从小就打定的主意，只有当上海军成为像他祖父一样的舰长，才能驶出本岛，才能远涉重洋，才能有朝一日踏上中国的“王道乐土”。

凡是到过中国的人他都景仰。他崇拜过马可·波罗，更羡慕和钦佩他的前辈——一位因游历中国而成为名门望族的马戛尔尼。

1792 年，璞鼎查还在摇篮之中，马戛尔尼就奉英王之命出使中国。

是马戛尔尼将中国风情引向英伦三岛，可以说当时不仅是英国而且是整个欧洲都对中国着了迷。英国女王喜欢穿唐人服装，满汉全席的中国宴成了上帝都眼馋的佳肴，皇室宫殿里装饰着的是中国的龙凤呈祥麒麟送子的刺绣织锦和松竹梅兰的蓝染土布，而景德镇的瓷器更成了王公侯爵的抢手货。

从那时起，幼年的璞鼎查就生活在中国的童话之中，他想象已经来到中国，穿长袍马褂戴瓜皮帽，用中国瓷盅喝中国的绿茶，在他的中国漆器的文具盒上临摹描画中国绣像小说中羽扇纶巾的传奇人物。他那富裕的少年朋友家的花园都兴中国的园林艺术，放学闲暇时他常到同学家沿着那装点着并不实用的拱形小桥的小溪散步，那时他走着走着就发誓将来要走到中国去。

1803年，他的这个愿望开始实现了，那年他14岁，志愿随海军远征印度。长达40年的殖民活动使他从一个见习生、侍卫官逐渐成为一个老谋深算的铁血政客，特别是1840年在侵略阿富汗的战争中号称“沙漠狂狐”的他又建功勋，被英国女王晋封为男爵。

但是他并不满足，他最终的目的地是中国，最大的欲望是当总督。小小的葡萄牙在中国的澳门扎根已有250年了，英国人必须得到另一个澳门。因此，他把他人生的标枪瞄准中国的香港，一生的追求全在于此。

为了涉猎中国，他早在十年前就开始学习汉文，能说一口流利的中国话甚至通晓广东的粤语方言，还练就了一手毛笔字。在通览了欧洲出版的关于中国的著作之后，他又托东印度公司搜寻了许多中国的典籍史料包括明清的笔记小说，将他的心得写成文章寄回国内发表。在他的上司和同僚眼中，他不仅是个称职的远征军人，而且是个优秀的资深学者，一个博古达今的“中国通”。

他的英文全名是Henry Potting，自己按音译遴选了“璞鼎查”三个汉字。他自诩：璞是天然蕴藏的美玉代表财富，鼎则象征中国的神权，查呢，不是稽查、巡查、考查、普查就是查办。中国人对自己的名字十分看重，一个名字注定终身的兴衰悲欢。他觉得自己这个中国化的名字，内涵颇深，分量很重，从这个汉文名字在他眼前定格的那一刻起，他就像天神附体一般，精力勃发，周身的血管都膨胀开来。

在经过一番对中国历史刨根探源的调查研究之后，璞鼎查不得不承认中国是个文明古国，在发明方面总是跑在前头，气球、麻醉药、纺纱织布，都是中国先有的，特别是创造了“四大发明”，使中国人世世代代骄傲不尽。

可悲的是，中国人的劣根不仅是墨守成规泥古不化，而且夜郎自大固步自封。

中国人发明了火药，早在宋代就被运用于军事，出现了火箭，以至火炮，从而结束了人类社会的冷兵器时代。但是经过几个世纪，到了明清时期，中国工匠制造火药、火炮的知识，却反不如西方传教士丰富。丰富多彩的是中国民间五花八门的烟花爆竹。

再说，中国人发明了纸和印刷术，然而，中国的史籍文书却屡遭禁毁。

最有趣的是指南针了，本来它的磁针朝北，中国人却偏说它指南，连大清王朝乾隆皇帝的祖父康熙也坚信中华祖先给指南针的命名合乎天理。

在中国，天、地、君、亲、师，天为大。皇帝称为天子。天子是金口玉言，话一出口就成为金科玉律。同时，至高无上的皇帝统治的这个泱泱大国，又是忌讳百出而且极端迷信的国度。君主臣民崇拜南方，认为南方聚集力量和精气，万物繁荣，所以，民居、寺庙、衙门及紫禁城都只能全部坐北朝南。

更令人稀罕的是，中国的女人都要裹足，美其名为“三寸金莲”；吃饭不用简单方便的刀叉，而是从小训练用叫作“筷”——实际运作并不快的两支小竹棒夹饭搛菜，并且不能用左手，因为右为上……仅此种种，足可以证明中国人的封建、迂腐、刻板和循规蹈矩到了极点。

在了解到中国的国情后，对本来指北却硬说指南的事就不奇怪了。

奇怪的是，中国人发明了指南针，几个世纪过后，欧洲人从中国人那里借来了指南针并依靠它出海远航发现了各大洲。更奇怪的是，早在哥伦布之前中国人就曾远航至非洲东海岸，当时绘制的《郑和航海图》是世界上最早的航海图集，郑和船队采用的“罗盘定向”和“牵星过洋”等航海技术，开天文导航之先河。可惜，就在欧洲人靠着中国人发明的指南针和罗盘来到远东登陆时，中国人却不曾再离开过自己的海域。为什么轰轰烈烈的航海业经过宋、元、明初的盛世之后到了清朝便虎头蛇尾一蹶不振了呢？

这个问号，他在1830年版的《不列颠百科全书》和1832年版的《美国百科全书》里找到了答案：中国人是一个“具有奴性，做事勤奋，生意精明的民族”，但“心智的进展，该国久已停顿”。因此他推断中国这艘古老的航船已经腐朽了，要让它重新击楫扬帆只有等待上帝。

他认为他便是上帝的使者。

在他之前，来华的西方人士都打着传教的圣旗，自告奋勇东来“解放中国”，传布基督圣火，“照耀和拯救异教徒蒙昧的心灵”。早期的神父，如利玛窦和汤若望，是用天文历算几何代数来做上帝的先驱，但中国人对他们的皇历奉若神明，而那一把祖传的算盘更是拨打得珠光横飞；后来的新教牧师改用医术去接近民众，可是中国人信赖的是阴阳五行天人合一和望闻问切十二脉，西医不是动辄开刀就是脱光了身子全面检查，岂不是屠夫举止和亵渎行为？

嘿，想传教布道，中国人首先不吃这一套！

在一群一茬传教士失望之后，璞鼎查来了。

他为了自己的东方之行，几乎准备了近半个世纪，也就是说从一个学童到一个年逾半百的老人，他都没有忘却《马可·波罗游记》对他的诱惑。

璞鼎查曾经如饥似渴地捧读《马可·波罗游记》，他对中国最初的知识都是由此而来。他读着这本游记，一边对遥远的东方大国产生了浓厚的兴趣，一边对马可·波罗叙述的大汗皇帝佩服得五体投地。当少年马可·波罗漂洋过海至福建刺桐港登陆，踏上中国的土地时，那位令全世界震悚的“众王之王”——大汗忽必烈（元世祖），已经快60岁了，老了。

但是，忽必烈朝廷的显赫威仪已臻极顶。那东起海滨西至欧洲，北临北冰洋地带，南接印度、缅甸和暹罗的庞大领域，连同庄严华丽的宫殿和山呼万岁的朝拜正簇拥着忽必烈的金銮宝座，他的威力比世界上任何皇帝都大，连罗马教皇和法王路易九世也被他甩在脑后踩在脚下。他崇拜的只有他的祖父，那个被酋领和万千民众公认为“成吉思汗”的铁木真。

铁木真的坐骑驰骋亚欧，他的箭簇一直射向黑海，世界历史上还没有第二个帝国能够望其项背。

不可否认，成吉思汗是伟大的。他征服了东自大海、西抵多瑙河畔的大片土地，也打通了东西方的陆上通道。从此，商人们将东方的香料——胡椒、丁香、桂皮、姜、肉豆蔻，加上檀香木和染料，这些在气候温和的欧洲所不能生产的东方专卖品，源源不断地运往西方。除了香料这种用来保存和腌制食物的生活必需品外，中国的一些奢侈品——丝绸和瓷器也通过波斯中间商经陆路销往欧洲，受到欧洲人的喜爱。

这条链接东西方的陆上通道被马可·波罗称之为“丝绸之路”。

由于马可·波罗那“遍地黄金，香料盈野”的恣意渲染，欧洲各国的国王、贵族和商人都魂牵梦萦着中国这块热土。然而，只有驼铃和堆叠着白骨、干旱而少水的沙漠之旅是骇人听闻的，多少向往东方的人想另寻出路。

应该感谢葡萄牙航海家麦哲伦的环球航行，开辟了由欧洲通往亚洲的新航道。步葡萄牙、西班牙和荷兰的后尘，第四个来到中国的便是在海上打败了老牌海上强国葡萄牙、西班牙、荷兰的英国。

1637 年 6 月（明崇祯十年），由约翰·威忒尔（John Aeddell）率领的一支由 4 艘双桅船和 1 艘轻帆船组成的英国舰队驶抵中国的虎门。璞鼎查认为，这是一次不应被历史湮灭的足以证明英国人成功走向东方的胜利远征，然而，它与它的后来者——马戛尔尼一样都没有受到中国皇帝的欢迎。

早在伊丽莎白一世时代（1558 – 1603），怎样打通中国的航路，就愈来愈引起女王臣民的兴趣。

1573 年，威廉·布尔爵士发表了《论海上霸权》一书，声称“左右商业的人左右世界的财富，控制海洋的人也就控制了世界”。并指出从英国到中国有五条通道：一、取道好望角；二、渡过大西洋，经麦哲伦海峡；三、向北航行，通过北极；四、向东北航行，绕过俄罗斯；五、向西北航行，经过北美。第一、第二条航道控制在葡萄牙和西班牙人手里，第三、第四条航道没有人敢走。

这时，理查·伊敦出版了《东西印度旅行集》，鼓吹最方便的航道是由西北经北美驶向中国。从此，唐宁街灯火通明，所有的英国人都高吟低诵这样的歌词：

统治吧，英国，

英国，统治那浩荡的波浪。

800 万英国人既然“统治了大海”，也就能以主人的身份对3亿中国人包括皇帝在内说话了。

不过，一贯心坚如铁的伊丽莎白女王一开始的口吻是温和的，笔法是婉转的。

第一封写给中国皇帝的信以“天命英格兰诸国之女王伊丽莎白，致最伟大及不可战胜之君主陛下”，这样诚挚友好的语气开头：

呈上此信之吾国忠实臣民约翰·纽伯莱，得吾人之允许而前往贵国各地旅行。彼之能做此难事，在于完全相信陛下之宽宏与仁慈，认为在经历若干危险后，必能获得陛下之宽大接待，何况此行于贵国无任何损害，且有利于贵国人民。吾人认为：我西方诸国君王从相互贸易中所获得之利益，陛下及所有臣属陛下之人均可获得。此利益在于输出吾人富有之物及输入吾人所需之物。吾人以为：我等天生为相互需要者，必须互相帮助，希望陛下能同意此点。如陛下能促成此事，且给予安全通行之权，并给予吾人在与贵国臣民贸易中所极需之其它特权，则陛下实乃尊贵仁慈之国君，而吾人将永不能忘陛下之功业。吾人极愿此请求能为陛下之洪恩所允许，而当陛下之仁慈降及吾人及吾邻居时，吾人将力图报答陛下也。

愿上天保佑陛下。

女王信中所说的约翰·纽伯莱是个商人，派遣他到中国去，实际上是一次试探性的贸易活动。不幸，这次活动一开始就夭折了。商人一出海就遭到葡萄牙人的逮捕。

执拗的伊丽莎白一世与葡萄牙和西班牙人在海上打了十几年仗，一喘过气来，便决定再派使臣本杰民·伍德随同两名英商一同前往中国，并带去她致中国皇帝的第二封信。信里，除了用第一封信那样的口气，说明两位商人赴华通商的动机外，又恳切地请求：

> 今求至尊之陛下，凡我国人来贵国某处、某港、某地、某镇或某城贸易时，务请赐以自由出入之权，俾得与贵国人贸易，在陛下仁慈治下，使其享受自由特典及权利，与其他国人在贵国贸易所享受者一无等差。则吾人不独对于陛下仅具事上国之道，且为我两国国君及臣民之互爱与贸易起见，愿对于贵国人民之入境贸易者，到处予以自由，并加以保护（如陛下以为善者）。

但是，他们驾驶的三艘船，一艘失事在好望角，两艘遇上葡萄牙舰队，激战18天，最后只剩一艘，不幸又在布通岛覆没了。

那信，也泥牛入海。

一系列的失败没有使英王放弃初衷，像接力赛似的，依然不停地努力，直到1637年约翰·威忒尔的出现。

约翰·威忒尔接受英国东印度公司科腾商团的使命，率领两桅战船“飞龙”号、“凯瑟琳”号、“太阳”号、“殖民者”号及轻帆船“安妮”号组成的英国舰队驶抵澳门附近的横琴岛，葡萄牙澳门当局不许英人登陆，威忒尔决定率舰队直驶广州。广州的明朝官府又禁止他们进入内河，威忒尔火了，于两个月后武力攻陷虎门炮台。

尽管威忒尔掳走虎门炮台35门大炮，以此要挟，可明朝的官员个个是榆木脑袋不低头。威忒尔软硬兼施，硬的不行来软的，送交了保证书，保证"遵守中国律例，永不违反"，也不行。威忒尔垂头丧气了。他来自一个横冲直撞的海洋国家，好不容易来到中国，船就在岸边，几乎是走过跳板便可踏上陆地，却始终只能缩在船上呆在水上，这多么让人厌烦！

厌烦有鸟用？一直等到清兵入关，明朝灭亡，威忒尔也没有能在中国插下一只脚。

中国的海禁太厉害了！

后来，清朝的康熙皇帝倒很开明，试行开放黄埔、厦门、宁波、云台山，终于有了四口通商。

但口子一直很小。

为了让英国的产品开拓出中国市场，1787年（乾隆五十二年），英王乔治三世任命卡茨卡特为大使访华。使命是，设法改进英国在华商务，破除种种限制；消释中国对英国的疑虑，说明英国人的目的只在通商，并无领土野心，请求中国予以保护；希望获得一块地方或一个岛屿作为货栈，若这点要求达不到，则谋求英人不受中国裁判，最后一条是彼此交换使臣。

但是，这位使臣却于来华途中在邦加海峡，出师未捷身先死。船队返航，使命中断。

再过了5年（1792），英王正式任命马戛尔尼为特使，率领使团600余人，携带能使中国上下高兴又可炫耀英国文明的礼品——蒸汽机模型、火车模型、汽球、天文仪、地球仪、望远镜、八音匣、万花筒、自鸣钟、滚动印刷机和镀铜榴弹炮等等——整整600大箱，分乘"狮子"号炮舰、"印度斯坦"号货船和“豺狼”号运输船，离开英国南部的朴茨茅斯港，驶向中国。理由是为大清王朝的乾隆皇帝补祝八十寿辰。

但是马戛尔尼犯了一个错误。

在向世界上最古老、最辽阔和人口最多，而且也是最封闭又最封建的帝国航行的路上，马戛尔尼不断想着自己要先向中国的大臣再向中国的皇帝宣传这样一个真理：地球是圆的，东半球最高的是乾隆，而乔治三世则占了西半球的首位。两者显然是对等的。但是，地球上百分之七十是水，英国是名副其实的“海上的君主”。

岂知，他到了中国的京城，一关一关地过，又辗转奔赴热河赶往承德避暑山庄，觐见在那里狩猎的中国皇帝，再经过一道道繁文缛节，总算获悉皇帝要真正接见他。只觉得遗憾扫兴的是，接见不在皇宫宝殿，而在热河的皇家狩猎场，皇帝要在一座马毛毡搭成的帐篷中接见他。虽然，京城以北的那个地方风景很美，素以奇山怪石和流泉飞瀑闻名于世，那些在乾隆七十大寿时建造的猎场馆舍又颇具几分班禅喇嘛西藏宫殿的气概，风光山色确实让马戛尔尼这个“外国佬”别开生面，但接见场合的选择却反映了另外一种轻慢。在皇宫接见，那就是两个平等国家之间的礼仪会面，而临时性的帐篷不仅表明了皇帝的藐视，并且也暗示了这次见面的无足轻重。

首先，这种安排盖源出于中国的唯我独尊。历来，中国称自己为“中央文明”和“中央帝国”——这两个词都不是就地理位置而言，它只是表明一种信念——世界的中心毋庸置疑是中国这块土地。来到这块土地上的外国访问者统称“朝贡者”。而“朝贡”一词则表明，中国人认为所有其他国家都不及中国。

1793 年 9 月 14 日清晨，马戛尔尼见到了乾隆。皇帝已经开始走向暮年，但他并不意识他的帝国也在走向衰落。自 1735 年乾隆登基以来，中国已经成为世界上最富庶、人口最多的国家。在他的统治下，帝国的财富和疆域扩大了一倍，帝国军队吞并了整个中亚、外蒙古。在中国的史书上，把这一时期与乾隆的祖父康熙皇帝连在一起称为“康乾盛世”。再有，与朝廷大臣一样，乾隆也是一位学者，精于诗词，工于书法，还是一位狂热的书籍收藏家和旅游专家。他六下江南，命宫廷画家将他所到之处的景色永远留存在画中，并兴建了八座耗资巨大的寺庙和堪称建筑史杰作的圆明园皇家园林。天下和畅，一片歌舞升平，乾隆当然高傲了！

然而，马戛尔尼也不是等闲人物。他出生在爱尔兰一个贫穷但有教养的家庭，凭个人奋斗，开始在英格兰担任律师，27 岁时被封为爵士，被派往俄国担任特命大使。据传闻，他被选中担当此任，不仅因其非凡的外交技巧，而且因为外貌英俊，这点在好色的俄国凯瑟琳女皇面前非常有效。三年后，马戛尔尼带着女皇的宠爱回到英格兰，这种宠爱就是女皇赠送的一只珠宝箱。很快，马戛尔尼因其温文尔雅和谈吐得体而被上流社会接纳，并以惊人的速度升迁。从议员到爱尔兰首席大臣，到西印度加勒比群岛总督并擢升为男爵，接着出任印度马德拉斯总督又加升为子爵。

子爵马戛尔尼此次出访中国，向乾隆皇帝补祝寿辰只是一个牵强附会的由头，其真正目的是完成乔治三世政府的使命：在北京建立英国使馆，以便英国船只获准在广州以外的港口停靠。当时，广州是中国唯一允许外国商船停靠的港口。对华贸易激增，利润可观，但是在外商人满为患的广州，他们遭遇了难以突破的瓶颈，英国人因此急于打开中国大门。马戛尔尼奉命而来，哪知，到达中国海岸的时候，按照中国皇上的旨意，他的随从和行李被换乘到中国船上，而且那船上的桅杆悬挂巨幅告示，告示用大号黑色汉字写着“红夷进贡”，然后才被允许经白河一路辗转缓缓地到达皇都北京。

当马戛尔尼费尽周折终于踏上了热河的黄龙地毡，一见面，乾隆就笑了。

开心？不！奚笑。

83 岁高龄的乾隆帝不仅气色保养得只像 60 岁，头脑也清楚得如同壮年。他的奚笑是有由头的，因为乾隆帝已经在头一天听陪同英国使团的大臣徵瑞禀奏过马戛尔尼的那套“理论”，发笑了：既然地球百分之七十是水，那不叫地球是水球，既然英国是名副其实的“海上君主”，那就等于“水球大王”。“水球大王”干脆呆在水上好了，干嘛上岸？

哈哈！

更糟糕的是，马戛尔尼还没有来得及将自己的观点面对乾隆阐述明白，却又忽视了一个常识，不，马戛尔尼根本不领会什么中国人的“入家问讳，入国问俗”，他明知中国自称是世界上的“礼仪之邦”，偏偏拒绝磕头——遵照大清的宫廷礼仪，他应在皇帝面前诚惶诚恐地跪下来匍伏在地实行“三叩九拜”。

这个礼节实际上包括鞠躬、下跪，然后才是下跪者把前额磕到地上，一共要九响。马戛尔尼当然做不到。为了这次见面，他盛装前往。身着大红外套，佩戴肩带、钻石徽章，还有表明他在英国特权阶层“巴斯骑士”之列的星标。此外，随他一同前往的随从多达一百多人。由于英王乔治三世无法亲临，这位深谋远虑的子爵随身带着一幅国王等身的画像。作为地球上最骄傲的国家的使臣，马戛尔尼也要求皇帝的大臣向他的主子施以同样的礼节。清廷大臣当然不愿向一幅油画磕头。

因此，马戛尔尼也没有“三叩九拜”，更没有匍伏在地，而是带着桀骜不驯的目光，举止高傲地屈起一条腿！

对皇帝的轻蔑就是对堂堂大清王朝的侮辱！

乾隆帝立即在心里关闭了那扇向西方“番夷小邦”的英国开放的大门。

表面看上去微不足道的小事导致了马戛尔尼的失败，他在北京像被打入冷宫似的滞留了很久，什么事也没有办成，所有的要求都被乾隆一一回绝。他在给马戛尔尼的一份谕旨上说：

天朝抚有四海，唯励精图治，办理政务。奇珍异宝，并不贵重。尔国王此次赍进各物，念其诚心远献，特谕管理衙门收纳。其实天朝德威远播，万国来仪，种种贵重之物，梯航毕集，无所不有，此乃尔之正使亲眼所见，并无更需尔国制办物件。

第二天，乾隆帝觉得头天的话还没有说绝，又给马戛尔尼第二道谕旨：

昨据尔使臣，以尔国贸易之事，禀请大臣转奏，皆系更张定制，不便准行。向来西洋各国及尔国夷商赴天朝贸易，悉于澳门互市，历久相沿，已非一日。天朝物产丰盛，无所不有，原不借外夷货物以通有无。特因天朝所产茶叶、瓷器、丝绸，为西洋各国必需之物，是以加恩体恤，在澳门开放洋行，俾得日用有资，并沾余润。

乾隆帝的这两道谕旨，不仅对马戛尔尼而且对大英帝国，不啻一道闭门羹！

马戛尔尼最后只好“像小偷似的灰溜溜地离去”。

有人说，马戛尔尼的绅士风度和人格抵个零，葡萄牙教士整天叩头，清朝的大臣叫他怎么叩他就怎么叩，不是叩来一个长久的立身之地“澳门”？处在马戛尔尼的地位，为了达到贸易通商的目的，不要说叫他叩九个头，叩九十个、九百个头，也值！

璞鼎查不这样想。

他认为马戛尔尼既然要维护大英帝国的尊严，那就连躬身弯腰也不必，不要说还蹲下了一条左腿！

按照璞鼎查的思路，他认为中国是上帝的一个愚钝而偏执的孩子。他们对西方人统统斥之为“夷”，殊不知，那位曾经受过他们礼遇的马可·波罗，却在书中通篇称中国为“蛮”——粗野，凶恶，不通情理。传教士们说，向中国施加思想上的影响远胜于仅仅给予它商业实惠；商人们说，给它输入鸦片，就会让大清帝国成为俯首贴耳的臣民。可惜，传教士和商人都没有把路走通，只有军人的意图正确：在中国要让大清皇帝实行贸易开放，只有凭借压力，而最有效的施压手段是战争。

璞鼎查就是这种观点，对中国人，应该先惩后教。也就是说先揍一顿，打服帖了再说。

他最欣赏的一句中国话，那就是“棒打出孝子”了。

但他依靠什么呢？

他依靠的是“坚船利炮”。

他要用武力打开中国的国门，而后再说其他。瞧，这位“救世主”，俨然一个殖民狂人！

正因为他苦心孤诣研究中国，侵略亚洲富有疯狂的经验，所以深受英国外交大臣巴麦尊的赏识。

巴麦尊，爱尔兰贵族出身，剑桥大学毕业后就踏上政治舞台，先任英国海军军部部务委员，接任军务大臣、内政大臣、外交大臣（后来又连续担任英国首相近十年），是英国资产阶级宦海里一个惯于见风使舵的不倒翁。在英国本土，他是一个疯狂推行种族歧视镇压人民的魔王，在远东，他积极推行殖民统治，扼杀印度民族起义，发动克里米亚战争，到处放火，是一个十足的海盗头子。

在对华政策上，巴麦尊一贯采取掠夺与扩张方针。

早在1833年，当他担任英国外交大臣不久，即训令英国首任驻华商务监督律劳卑前往中国的三项任务是：推销鸦片，任其走私；开辟商埠，设法推广英国的商务到广州以外的地方；取得海军据点，以便英国海军可以安全活动。并面授机宜，要他越过清政府规定的公行制度直接向两广总督通话，以便借机挑衅，为武装侵略中国制造借口。

巴麦尊的策略是“战而后商”。

为达此目的，他派出以胡夏米为首的“阿美士德”号间谍船，由澳门出发，经广州、厦门、福州、舟山、宁波、吴淞口和威海，从南向北直抵朝鲜半岛，然后踅返琉球、台湾，回到澳门，将中国沿海口岸所设炮台、战船数量一一搜集，并测量和绘制了沿途航道、海湾和内河水道的地图。在做好一切作战准备之后，他于1836年6月提拔对中国主张强硬政策的义律为驻华商务总监督，紧接着又派遣东印度防区舰队司令马它仑率舰队赴华，加强义律向中国的挑衅力量并掩护英国鸦片贩子的走私活动。

1839年林则徐到广州禁烟，6月3日，虎门海滩上一片冲天的白色烟雾，使英国通过鸦片贸易在中国获取暴利的途径遭到毁灭性打击。巴麦尊对此暴跳如雷，他凶相毕露地叫嚣：对付中国的唯一办法“就是先揍它一顿”。

这年10月1日，英国内阁“决定派遣一支舰队到中国海去”。

10月18日，巴麦尊指示义律“要对中国实行强力行动”。11月4日他又明确指示义律：第一步行动是封锁珠江，第二步是占领舟山群岛，最后将舰队驶进白河口。第二年（1840）2月，他在给侵华全权正副代表懿律和义律的第一号命令中除重申上述各条外更强调要求：香港或几个沿岸岛屿的割让；开放广州、厦门、福州、宁波和上海的五口通商；英国驻华的商务监督或总领事可以“任意制定规则和章程并设立法庭，以管理侨华的英国臣民”。

英国议会于4月9日通过对华发动战争的议案。

6月21日起，英国“东方远征军”陆续从印度到达中国。

鸦片战争就这样拉开了帷幕。

殊料，1841年1月义律迫使两广总督琦善签订的所谓《穿鼻草约》于4月寄回到英国，巴麦尊逐条细读后却大动肝火，草约？草约算什么东西，简直闻所未闻。于是他立即赶往白金汉宫，向维多利亚女王告了义律一状。

得到女王首肯后，巴麦尊便致函义律，“我对你交涉的结果极其失望，对你进行交涉的方法，也不赞同。”接着气愤地斥责义律，“在你整个处理过程中，你似乎已经把我的训令当成可以不屑一瞥的废纸，而你却完全随心所欲按照你自己的幻想处理国家的利益。”尔后向义律宣布，“你将不可继续保持你在中国的职位。”

随即在 4 月 30 日的英国内阁会议上，巴麦尊提议并裁定将义律召回，同时向首相迈尔本保荐璞鼎查接任驻华全权公使。

璞鼎查受命之后，与海军上将文森特的侄子、同时任命为东方远征军总司令的海军大臣巴尔克以 67 天的惊人速度抵达澳门。

早在璞鼎查赴华之初的 1841 年 9 月底，英国政府就决定让他统率一支强大的军队，训令印度总督奥兰克务必在 4 个月内把军队集中到新加坡，开往中国。加上义律交接的东方远征军，计有载炮战舰 50 余艘，快速武装汽船 20 余艘，连同医院船和测量船等辅助船只共 130 多艘，总兵力 20000 余人，归属于璞鼎查的麾下。

璞鼎查野心勃勃，决意在未来的征途和仕途上来一番新的纵横捭阖，显示他不凡的身手。他不愿重蹈覆辙。

他洞彻，义律丢官削职并非因为冒犯或怠慢了巴麦尊，而是因为这位貌似凶狠的一介武夫实质外强中干，关键时候手软。无论何时何地，璞鼎查都牢牢记住了临行之际巴麦尊给他的特别训令："交涉如果不成功，使用武力已成必要。除非你从中国政府适当授权的一个官员处，得到中国皇帝对你以英国政府名义所提出的一切要求，完全无条件依允，才能停止军事行动。"

璞鼎查磨刀霍霍准备大动干戈了。

## 2.

问题是从哪儿下手？

中国的兵书上说，水趋下则顺，兵击虚则利。纵览时下中国的海防，从南方广州到北方的白河口，何处是实何处为虚呢？璞鼎查绞尽脑汁揆度：眼前的中国好似一只被刺激了的老虎，广州就是老虎的头，三元里平英团和天地会根本不把英国陆军司令卧乌古指挥的洋枪队放在眼里，到处是“赶走英夷，收复国土”的怒吼，义律、乔治和伯麦都曾望风转舵，他璞鼎查也应该躲其锋芒避实就虚，不打虎头攻虎腹，也就说拣软档子打。

他首选厦门。

号称“八闽门户”的厦门是中国东南重镇，倚陆向海，山环水绕，形势十分险要，历来是兵家瞩目之地。依据“阿美士德”号船长胡夏米的报告，璞鼎查早就对它了如指掌，不仅知道它是一个天然的不冻港，水深流缓，远洋巨轮可直泊港内；而且海上航线四通八达，往北可达宁波、上海、天津、青岛和大连，东渡台湾海峡可达中国的台湾，往西南到香港只有500多公里，并可直通新加坡、菲律宾以及南洋各地。

与厦门像食指与拇指一样毗连的是《马可·波罗游记》中称颂过的刺桐城（泉州）：

> 刺桐城的沿海有一个港口，船舶往来如织，装载着各种商品，驶往蛮子国的各地出售。这里的胡椒出口量非常大，但其中运往亚历山大港以供应西方各地所需的数量微乎其微，恐怕还不到百分之一。

马可·波罗说，刺桐是世界最大的港口之一，大批商人云集于此，货物堆积如山，买卖的盛况令人难以想象。

不过，马可·波罗游历的是13世纪的中国，经过600年的大海沧桑，厦门港尽管仍是泉州府下辖的一个镇，但在远道而来的现代西方人的眼里地理位置重要多了。胡夏米船长曾经形容，气候宜人的厦门，风光像爱尔兰的巴伦植物园一样秀美，非泉州可比。万笏朝天的狮山号称中国的第二个“世外桃源”，而那四季花开不落、亭台楼阁交错的鼓浪屿更是遐迩闻名的“海上花园”。

中国人把这块“风水宝地”起了个嘎嘎欲飞的名字——鹭岛。但在璞鼎查的想象中它不是动物，而是美味可口的食物——涂满奶酪牛油香喷喷的大蛋糕，让所有的英国商人和军人们垂涎欲滴。

1839 年，英国商人就向英国政府提出，要采取强硬手段占领厦门，切断台湾对福建的粮米供应；同年，英国外交大臣给首相的信中提出，“占领中国沿海几个岛屿，其中包括一个小岛上的厦门镇。”1840 年曼彻斯特商会主席要求英国政府在中国占领一处居留地，他说，“要是我们有权选择地点的话，我喜欢厦门、福州或舟山。”为此，巴麦尊给英军总司令懿律一道密函，命令他占领厦门。

巴麦尊过于信任懿律了。

在璞鼎查的眼里，懿律和他的兄弟义律虽不是懦夫莽汉，但充其量也只是一对穿着皇家海军将官服饰的轻量级拳击手而已。

他们根本就不会打仗！

果不其然。在“东方远征军”移交的备忘录中记载着懿律的失败：

1840 年 5 月 22 日，英舰“希尔拉士”号驶进厦门穿山洋，遭厦门出海巡逻的水勇出其不意的攻击，英舰仓促应战。20 多名清兵跳帮登上英舰，与英兵肉搏，打死打伤英兵几十人。后来，南风大起，“希尔拉士”号砍断船缆，急速撤退。

1840 年 7 月 2 日，懿律亲自率领“东方远征军”到达厦门海面，首先派出载炮 42 门的三桅战舰“布朗迪”号，从青屿进入厦门港侦察形势。不久，即遇“厦防厅巡船”盘问。“布朗迪”号舰长胞诅命少尉弗莱得里克·尼科尔逊及翻译伯聃，乘小船打着白旗，借口送信意欲上岸，当靠近岸边时，立即受到清兵打击，只好缩回战舰。

3 日中午，“布朗迪”号驶近厦门炮台附近，派出的舢舨正欲靠岸，被清兵发现勒令立即离开，英舰强硬威胁，“如果不让上岸，就要开炮！”厦门守军不听，放箭射中一名英兵，又投掷长矛刺死一名英兵。英兵逃回战舰，以 32 磅重弹向岸轰击，击毁炮台及民房，打死清兵和居民多人。厦门守军的炮台和港里的水师战船一齐开炮还击，英舰死伤多人，被迫撤离。

8 月 22 日晚，懿律命令英舰两艘利用夜色驶入青屿口，一边向水操台开炮，一边高挂满帆直冲内港。不料，福建水师 10 余艘兵船早已隐蔽在此，开炮堵击，炮火击中一艘英舰的火药库，烟焰突起，迫使英舰火速突围，落荒而逃。

23 日、24 日，英舰又数次发起进攻，不仅没有能冲进内港，而且一艘英舰被清军炮火击中，5 名英兵身负重伤。

懿律啃不动厦门这块硬骨头，只好留下“伯兰汉”号军舰和一艘武装运输船封锁厦门港，率主力北犯定海……

这都是早已掀过去一年多的旧日历了。现在掌握“东方远征军”指挥棒的已经不是懿律也不是义律了，而是号称“沙漠狂狐”的璞鼎查！

璞鼎查历来就瞧不起懿律，他觉得要让中国的皇帝真正屈服，非他莫属。他要让懿律兄弟看看，他是怎样占领厦门的！

为什么认为厦门是他可以打开的缺口？

理由有三：一是威震闽浙的主战派邓廷桢已经与林则徐一起被道光皇帝撤职查办，厦门的防卫就失去了主心骨；二是驻守厦门号称“陈老虎”的福建水师提督陈化成调往吴淞，厦门的防卫等于少了根顶梁柱；三是新上任的总督颜伯焘虽是个极端的排外主义者，但自恃骁勇又有点刚愎自用。据密探报告，颜伯焘一到任就请求朝廷拨款300万两，制造水师战船50多艘，招募新兵、水勇数千人，在厦门外的青屿、浯屿、大担、小担增设炮台，在白石头、安海、水操台等处安设大炮270多门，并在白石头至沙坡尾一带沿海岸建石壁500丈，添置大炮100门，准备与英军大战。岂料，这位自认为通天的满族将领将计划奏禀朝廷，道光皇帝却大为恼火，说，“国库紧张，哪有银两容你浪费。既已议和，不可造次。”颜伯焘无奈，只好遵旨“撤兵省费”，数千水勇遭到遣散，军事部署随之停顿，因此，厦门的防卫貌似坚固，实质上是虚掩门户。

璞鼎查把海军司令巴尔克和陆军司令卧乌古召来商议。

他们认为，中国北方进入10月就不能顺利进行军事行动，必须抓紧时间进攻闽浙。于是决定留下少数陆军及“鳄鱼”号、“前锋”号、“硫磺”号、“司塔林”号和“青春女神”号5艘军舰驻守香港，其余50艘战舰由乘坐“皇后”号的璞鼎查统率，长驱北上。

舰队分成三队。

“威里士厘”号（载炮74门）、“伯兰汉”号（载炮74门）、“布郎迪”号（载炮42门）、“都鲁壹”号（载炮44门）、“摩底士底”号（载炮18门）、“卑拉底士”号（载炮18门）、“巡洋”号（载炮16门）、“哥伦拜恩”号（载炮16门）、“阿吉林”号（载炮10门）、“响尾蛇”号（载炮10门）以及汽船“西索斯梯斯”号、“弗来吉森”号、“复仇神”号。此外还有“马良”号等运输船16艘，分载英军18团、26团、55团、49

团和马德拉斯来复枪队、大炮、机械师和炮兵，另外6艘运输船装载粮食和煤。

庞大的舰队由“班廷克”号测量船探路引导，浩浩荡荡不可一世。

第一攻击目标——厦门！

## 3.

1841年8月25日，英国舰队抵达厦门附近的青屿、大担海面。

守军炮台发炮警告，英舰也开炮示威。但由于距离较远，双方没有接战。

当晚，颜伯焘立即调遣金门镇总兵江继云前来参战，命令以江继云为左翼，中军参将陈胜元为右翼，游击张然、把总杨肇基、纪国庆等指挥水操台炮台，分兵据守。

翌日清晨，璞鼎查乘“弗莱吉森”号前来窥探厦门各炮台的防御工事。

厦门当局派遣一名通晓英语的商人陈某为使者，驾驶小船，投书英舰。声明：英国舰队来到厦门，假如不是为了通商，就应当立即撤退，否则将“激起圣怒”。

璞鼎查冷冷一笑，随即修书一封让商人带回。

这不是一封普通平常的信件，实质上它是一份充满火药味的挑战书——

福建水师提督麾下台鉴：

鉴于大不列颠与中国两国间所存某些争端迄未消除，签字人全权大臣及总司令已奉本国国王之命，除接受去年天津所提出要求并达成明确协议外，否则即诉诸战争。但我们出于怜悯，急切请求水师提督放弃城池及厦门一切堡垒，交与英军，暂由英国士兵据守。水师提督如能遵行，我方当准许内中全体官兵携带个人武器行囊撤出，对居民不加伤害，及至此等争端解决，而大不列颠之要求全蒙许可时，即将全部缴还中国。如蒙允准，请于堡垒上悬挂白旗。

大不列颠女王全权大臣璞鼎查、海军少将巴尔克、陆军少将卧乌古。1841 年 8 月 26 日于厦门港外“威里士厘”号上。

此书本是递交福建水师提督的，提督窦振彪出海巡视未归，闽浙总督颜伯焘拆开一看禁不住火冒三丈。他立即率领兴泉永道刘耀椿和金门总兵江继云，指挥白石头、屿子尾、鼓浪屿守兵，水陆联手迎击英军。

下午 1 时，英军舰队从南太武向厦门港进发。

璞鼎查的部署是：以“摩底士底”号、“布朗迪”号、“都鲁壹”号进攻鼓浪屿炮台；以“卑拉底士”号、“哥伦拜恩”号、“巡洋”号进攻厦门港口的炮台；以“西索斯梯斯”号、“皇后”号、“班廷克”号进攻石壁；其他军舰负责拦截海上的水师战船，掩护满载英兵的“复仇神”号和“弗莱吉森”号登陆；主力舰“威里士厘”号和“伯兰汉”号殿后接应。

厦门水师的兵船虽然不及英舰高大，但颜伯焘依仗在自己的家门口熟门熟路，将他的兵船在鼓浪屿外的海面一字排开，像一道堑壕似的挡住英舰。

英舰横冲直撞。

颜伯焘举起千里镜，看见一片挂着“米”字旗的三桅战舰扑面而来，越来越近了，当进入射程之内时，他毫无畏惧地咬了咬牙，“都说洋人可怕，我倒要看看他们长几个脑袋!”说罢，传令所有兵船一齐开炮。

一阵排炮，居然击中了5艘英舰。

颜伯焘扬眉吐气，所辖兵船上的清兵更是趾高气扬。

一片旗开得胜的欢呼声响彻海面。

璞鼎查声色不露。

他不愧久经海战，是一个富有战略头脑的英军将领，凭经验他知道清军的炮声虽大但火药的威力不大。

果然，5艘中了清兵炮火的英舰不过是桅樯摇晃了几下，最厉害也只是擦了点漆皮而已。他淡淡一笑，土法上马的中国兵船竟敢跟大英帝国的海上劲旅抗衡，岂不是又用得上中国人的一句古话“螳臂挡车，不自量力”了?

璞鼎查何以如此霸道?是什么魔力给他壮胆?

要解开这道绳结，先得弄清大英帝国的历史。

## 4.

英国是个岛国。

那岛叫做不列颠岛。就整个欧洲大陆而言，它简直就是个“角落”。

殊不知这个“角落”里的人却敢于雄视天下，10世纪时他们就自称为“不列颠海洋之主”，后来，他们又要求别国船只在“不列颠海洋”航行必须向英国的国旗行礼，以示承认英国在这个海域的霸权。

不过，15世纪以前的英国主要在近海一带活动，从15世纪末才开始向海外扩张。走在他们前面的是葡萄牙。

论资排辈，葡萄牙其实是英国的“女婿”。

1385 年 8 月，葡萄牙遭受欧洲伊比利亚半岛上的卡斯提尔王国的突然袭击。

英格兰王国出兵援助使葡萄牙取得了胜利，为了答谢英王并誓与英国世代相亲，葡萄牙国王若昂一世迎娶了英格兰王族约翰的女儿菲利普。

这次联姻，诞生了葡萄牙的“航海王子”亨利。之后，若昂二世继承了亨利的探险事业。海外有黄金——成了驱使葡萄牙人横渡重洋的咒语，那种对财富的占有欲更驱使他们向海外扩张。1487 年，一支葡萄牙舰队在巴托罗谬·狄亚士率领下到达非洲南端，发现了好望角，从而为寻求直达东方大陆的航线开辟了通道。

紧跟葡萄牙人之后来到海上的是西班牙人。

西班牙人出手不凡。1492 年 8 月，西班牙国王派遣利斯托弗·哥伦布横渡大西洋。

哥伦布的航行引发了葡萄牙和西班牙的海上较量。葡萄牙不愿意西班牙人染指他们享有的海上权力，扬言要诉诸武力夺取哥伦布发现的新大陆。

1497 年，葡萄牙国王派出了一支由瓦斯科·达·伽马率领的舰队，携带 20 门大炮，绕过好望角到达了印度西南海岸的卡利库特。

过了不到三年，伽马舰队再次东征。

在加尔各答葡萄牙人购买了大量中国的瓷器和丝绸茶叶，回国便引起王公贵族们的兴趣。薄若蝉翼的丝绸又轻柔又美丽，“素肌玉骨”的青花瓷器又薄又光泽，比水晶和大理石还要纯净典雅，而喝惯了苦咖啡的欧洲人一饮茶水，倍觉舌清喉爽，更加醒脑提神。

曼努埃尔一世问伽马：

“这些宝贝是哪儿来的?”

伽马回答：

“是从印度的阿拉伯商人那里换来的，据说这些东西在中国并不稀奇。不过目前我们只能从阿拉伯人那里转手获得，如果陛下派出一支舰队直接到中国去贸易，这些宝贝不但销路很广而且利润更大。”

曼努埃尔一世大喜过望，一面嘉勉伽马，一面积极准备规模更大的远征。

1509 年第乌岛一战，葡萄牙人击败了印度与埃及的联合舰队，从此控制了印度洋。

葡萄牙人的愿望实现了。他们从海上起家，逐步建立了一个从直布罗陀经好望角到马六甲海峡直至远东的庞大殖民基地网。象牙、宝石、黄金、珍珠、香料、丝绸、瓷器……大批不义之财源源不断地涌进葡萄牙人的腰包。

葡萄牙人肥了！

西班牙人急了！

当葡萄牙人在非洲和亚洲横行之际，西班牙人完成了对中、南美洲的征服。

1519 年由麦哲伦率领的西班牙舰队绕过南美洲的南端驶入太平洋，到达菲律宾群岛，再经好望角回到西班牙。舰队从什么地方出发又回到什么地方，人们这才发觉地球是圆的。其实这不重要，重要的是财富。麦哲伦的环球航行使西班牙人的海上霸主地位得到了最大效果的张扬，这不仅是口头炫耀的资本，而且收益匪浅。殖民地是个取之不竭的聚宝盆，役夫的峥峥白骨变成了掠夺者手中的灿灿金银。仅 1521 年到 1560 年间，西班牙人就从殖民地拿走了 15 万 7 千公斤黄金和 467 万公斤白银。

西班牙人发了！

英国人眼红了！

起初，英国人只是小打小闹，派出一些船队绕过西班牙和葡萄牙的海上霸区，去探寻通往东方的航道，直到 16 世纪中期葡萄牙和西班牙人成了世界巨富，英国人这才明白过来，谁统治了海洋谁就能主宰世界，于是紧锣密鼓地开始了它的海洋扩张。

1586 年，英国揭露了一起阴谋刺杀伊丽莎白的案件。一批英国的天主教徒在西班牙和罗马教皇的支持下准备杀死女王，然后发动暴乱，借西班牙的力量消灭英国舰队，拥立亲西班牙的玛利·司徒亚特为国王。

阴谋破产后，英西战争爆发。

1588 年，西班牙腓力二世装备了一支庞大的“无敌舰队”，这支舰队拥有 134 艘军舰、3000 门大炮和数以万计的武装士兵，浩浩荡荡驶往英吉利海峡，准备与驻守尼德兰的西班牙军队汇合，然后进攻英国本土。

羽毛渐丰的英国海军根本没把西班牙的“无敌舰队”放在眼里。

“无敌舰队”的舰只虽大但不灵活，只适用于豪华排场的海上阅兵而不适合战斗，何况劳师远征兵员疲惫不堪。

处于近海防卫的英国舰队以逸待劳，舰只虽小但速度快且炮火猛烈，伺机出动，突然袭击，致使“无敌舰队”走投无路，大败而退。退却的路上又遇上大风暴，撞毁沉没，惨状空前。

“无敌舰队”的覆没，使元气大伤的西班牙再也无力与英国抗衡。

英国终于在海上称王称霸了。

正当满载炮火与传教士的英国舰队跨越大西洋、印度洋，驶进太平洋的时候，却迎面碰上了一个强劲的海上敌手——荷兰。

荷兰人会造船，仅阿姆斯特丹一处就有数十家造船厂。造船业全盛时期，荷兰同时开工造船多达几百艘。到 17 世纪中叶荷兰已建立了一支拥有 16000 多艘船只的商船队，总吨位相当于英、法、葡、西四国的总和。当英国和西班牙在大西洋拼命厮杀的时候，荷兰人的目光射向远东，将舰队开进了印度洋。1606 年，荷兰舰队在马六甲大败西、葡舰队，取得了绝对的军事优势。到了 17 世纪中叶，荷兰已经控制了东南亚广大富庶地区，其势力伸进了印度、日本和中国的台湾。

经过几番争夺，葡萄牙人在东方的殖民地大部分落入荷兰人的手中。

荷兰人神气了！

一贯觊觎东方的英国人对荷兰人在东方的殖民优势和海上贸易的垄断恨得咬牙切齿。为了摧毁荷兰的海上力量，英国大力加强海军，从 1649 年到 1651 年组建了一支大舰队，装备了 40 艘在吨位和武备上都超过荷兰的战舰。同时，英国议会在 1650 年通过了一项针对荷兰的重要法令，规定非经英国政府许可，外国商人不得与英国殖民地通商。紧接着英国议会又颁布了措词强硬的《航海条约》，规定一切在亚洲、非洲和美洲生产的商品，只有在英国船员管理的英国船上才能运入英国本土，不准进口通过某种外来的中介运来的该地区不生产的商品；而在保护英国的渔业方面，不是英国船捕捞、英国船运输的鱼制品一律不容进口。这对专营海上转手贸易的荷兰不啻致命一击，因此，它拒绝承认英国的《航海条约》。

第一次英荷海战就这样爆发了。

海战双方参加的战船有200多艘，数万名水兵和8000门大炮。结果荷兰失败，被迫承认《航海条约》，保证赔偿英国东印度公司的损失。然而，战争并未平息矛盾。英荷海战又爆发了第二次和第三次。但无论是在北海、地中海，还是在印度洋，三次海战均以英国胜利画了句号。

荷兰从此一蹶不振。

到1781年，英国海军已有400余艘装备先进卡伦炮的战舰，一年之后，英国的发明家瓦特制成了蒸气机，又犹如使英国人获得了一盏“阿拉丁神灯”。这种蒸气机很快安装在取代风帆木船的铁甲轮船和军舰上，英国的海军实力由此空前强大。

然而，在彻底打败荷兰之后，法国人又开始让英国人头脑发胀起来。

在璞鼎查的军事笔记中，有一个显赫而令人闻之丧胆的名字——拿破仑。

这位出身于科西嘉岛的法国将军，率领部队在蒙泰诺特、洛迪、卡斯蒂廖内、巴萨诺、阿尔科莱、里沃利等地连续作战节节胜利，迫使奥地利签订和约，从而使反法联盟土崩瓦解，新生的法兰西共和国得以生存。3年后，又是这位统帅率军攻打意大利，在马伦戈和霍恩林两次会战中挫败对手。此后10年内，还是这位卓越的统帅连续打败了第三、四、五次反法联盟。

了不起呀，拿破仑跺一脚，整个欧洲都在发抖！

所以，璞鼎查对拿破仑的军事指挥才能佩服得五体投地，他这次率领英国东方远征军进攻中国，要学的就是拿破仑的这种一鼓作气不容对手喘息的作战艺术。

然而，拿破仑是个陆军，指挥海军却不是个高手。

为了同英国争夺海上霸权，拿破仑率领的法国军队攻占了埃及的亚力山大港，以此为基地积极集聚海上兵力。

然而，1798 年 8 月 1 日 ，英国海军统帅纳尔逊指挥英国舰队在亚力山大港以东阿布基尔海域沉重打击了拿破仑的舰队，摧毁其大部分主力，连庞大的旗舰“东方”号也难逃厄运，近千名舰员和重炮与舰桅上的法兰西国旗一起葬身海底。

接着，在璞鼎查已有 4 年海军兵龄的时候，也就是 1805 年 12 月 21 日，目空一切死不认输的拿破仑以近臣维勒纳夫为海上总指挥率领联合舰队，再一次在西班牙特拉法尔加角海域与纳尔逊指挥的英国舰队交战，不幸全军覆没。

从此，拿破仑不仅失去了进攻英国本土的作战能力，同时在海洋上节节龟缩，而大英帝国的威名也就如日中天，成了名副其实独一无二的海上霸主。

## 5.

今天，海上霸主的东方远征军不远万里来到中国，与中国人握手言欢?

不，目的是城下逼盟!

在锐气十足的英军面前，颜伯焘确实高兴得过早了。刚庆祝胜利，就听见不同凡响的炮声在海面响起。

炮轰之后，清军的木壳兵船被击沉多艘。

寡不敌众，颜伯焘只好委屈地退守炮台。

鼓浪屿一带的炮台和白石头沿岸石壁上的炮台，数百门大炮同时开炮，顽强抵抗。

璞鼎查采取集中兵力、各个击破战术，集中七八艘军舰的火力猛攻一座炮台，打破一座，再攻一座。他将英军分成左右两个分队。左分队，“摩底士底”号率领“布朗迪”号、“都鲁壹”号攻打鼓浪屿和内港入口处的炮台。右分队的战舰“伯兰汉”号及汽船“西索斯梯斯”号、“皇后”号和“班廷克”号攻打白石头，即全长1200码、架设重炮100门的长列炮台。

26日下午1时，左分队的战舰逼近鼓浪屿诸炮台，在手枪射程以内的地方以排炮轰击。清军的大炮安置在炮台的墙门内，不能高低俯仰也不可左右转动，英军利用死角，一避开炮路，鼓浪屿的炮台便失去作用。待工事摧毁殆尽，英军水兵兵团的爱利斯上校率领水兵登陆。清军拼死抵抗。此时，“摩底士底”号立即起锚，冲入内港，几乎是72门重炮同时开炮，以密集的炮火掩护登陆部队抢滩登陆。下午3时，鼓浪屿方面的所有炮台全被英军攻占。

右分队的战舰受到白石头的长列炮台的阻击，“西索斯梯斯”号和“皇后”抵近海岸石壁，只见那石壁上的炮台工事十分坚固，于是英舰“威里士厘”号和“伯兰汉”号火速增援，每艘舰都发射了12000多枚炮弹，炮台依然故我。

璞鼎查命令英军换乘100多艘舢舨从文汛口、安海汛、南普陀附近强行登陆，石壁炮台立即腹背受敌。

英军分路上岸，清兵终于溃败。

颜伯焘举起砍刀，与敌肉搏。但血肉之躯怎抵挡得住敌人的枪林弹雨?

副将凌志血流如注，仍抡起大刀砍杀敌人。游击张然手提大刀砍死10多个英兵，大刀折断，他身负枪伤仍拔出短剑与敌搏斗，直到精疲力竭靠在树上僵立而死。金门总兵江继云，把总纪国庆、杨肇基、李启明，游击杨靖江、丘旺朱，都司王世俊等与士兵一起抗敌，直到流尽最后一滴血……

眼看着身边的总兵、副将、都司和把总一个个力战身亡，大势已去孤立无援了，颜伯焘只好带领残部撤往同安县城。

厦门沦陷。

英军进入厦门城后，烧杀奸淫，掳掠金条银条价值两万元。厦门水师造船厂、铸炮所、火药库和所有的炮台连同620门大炮统统被摧毁。狼烟遍地，烽火连天。

好端端的一个“海上花园”变成了人间地狱。

## 6.

1841年9月5日，璞鼎查留下“都鲁壹”号、“卑拉士底”号和“阿吉林”号和3艘运输船及500名英兵驻守鼓浪屿，率其余31艘舰船，登陆兵3个团，约2000兵力，离开厦门。

9月25日，舰队来到舟山群岛。

璞鼎查的第二个攻击目标是懿律曾经占领却被清兵很快收复的定海。

定海像一只巨大的簸箕，东、西、北三面均有重山环抱，只有南面濒临大海。港湾之南有大小五奎山、大小盘峙山、大小渠山等岛屿屹立海中，天然地构成了吉祥、竹山、大渠山三个外洋入港门户，是少有的天然良港。港湾离城墙仅二三里。城南为道头，城北大山叫青峦山，城西北有座山峰名“晓峰岭”，岭下有座小竹山。从小竹山至青峦山沿海岸筑有1430余丈的土墙，设“久安”、“长治”两门，昼开宵闭；竹山、东港浦和关山均筑有炮台，架设大炮90余门。这是义律占领定海留下的数据。

为了摸清现状，璞鼎查让海军司令巴尔克和陆军司令卧乌古分乘“复仇神”号与“弗莱吉森”号，前往侦察。

侦察的结果，发觉防御工事大大加强了。

原来1841年2月26日英军撤走后，定海镇总兵葛云飞、寿春镇总兵王锡朋、处州镇总兵郑国鸿率清兵3000接收定海。不久，伊里布以胆怯无能被革职，江苏巡抚裕谦担任两江总督。裕谦是主战派，积极备战，定海兵力增至5600人。防御部署为：寿春镇总兵王锡朋率标兵800人防守晓峰岭；处州镇总兵郑国鸿率标兵1200人防守竹山一带海岸；定海镇总兵葛云飞率标兵2400人防守道头至东港浦海岸，其余兵力约1200人驻守定海县城。

自9月25日到30日，仗打了六天六夜，炮来炮往，僵持不下。

10月1日拂晓，英军运载登陆兵的舰队，在占领了海中大小五奎山的英军炮兵掩护下，利用大雾开进了港内。

英军各舰对各登陆地段前沿目标和炮台进行压制性射击，掩护英兵登陆。

近午，由皇家爱尔兰联队第18团、第55团编成的左纵队1500人在竹山楔登陆成功，弗塞特陆军少校率领主力向晓峰岭进攻。

镇守该处的总兵王锡朋带领官兵左冲右突，他手刃数名英兵，不幸被打断一腿阵亡。

英军占领晓峰岭后，以一部兵力进攻定海县城，主力南攻竹山，在竹山楔登陆英军的协同下夺占了竹山。

总兵郑国鸿中炮牺牲。

夺取了晓峰岭和竹山的英军左纵队，顺着竹山与青峦山的海岸土墙向东推进，配合右纵队夹击关山炮台。

此时，由皇家爱尔兰联队第49团和水兵编成的右纵队从东港浦登陆成功。

关山炮台吃紧，葛云飞率兵驰援。

曾记得，1840年7月，英军以突然袭击的方式强占了定海，当时葛云飞因父亲去世正在原籍服丧。消息传至，他立即奔赴镇海前线，决心收复失地。一次，一个名叫安突德的英军炮兵军官在定海附近偷绘地图，被山民抓获。有人要释放安突德以备日后向英军乞和，葛云飞则力主以安突德为交换条件，迫使英军退出定海。谈判时，英军居心叵测地提出先释放俘虏，后交城池。葛云飞义正词严地加以拒绝。他一面指挥官兵严阵以待，一面警告敌军：只限你半个时辰，如再异议，我们就将夷人就地正法，然后水陆两路向你夹击。英军见葛云飞来势勇猛，只好先撤出了定海。定海收复后，葛云飞重建定海防务，筹划增建炮台，加强防御设施。清廷不拨经费，他提出预借自己三年俸薪来修筑定海城防，但遭拒绝。有人劝他，既然当局昏庸，你何不一走了之？他慨然回答："大丈夫以身许国，事已至此，当竭力杀敌，一死报国。"今英军再犯定海。葛云飞临阵宣誓："城亡亦亡，不离定海半步！"他们单凭土炮、刀箭，在孤军无援的情况下，前队阵亡，后队继进，与敌短兵相接，血战五昼夜。

10月1日，英军经过充分准备，纠合所有兵力，发动全面进攻。城西和城南的阵地相继失守，敌军向葛云飞坚守的阵地进行三面夹攻。

葛云飞头扎青巾，身穿麻袍，脚登铁齿靴，冒着敌人的炮火，一边指挥战斗，一边亲自操炮轰击敌人。最后，他带领剩下的两百余名勇士冲向敌阵，与敌人展开肉搏，吓得英兵纷纷后退。正当战斗出现转机时，葛云飞不幸头部受伤，右眼突出，鲜血淋漓，但他仍然与敌人拼杀不止。在全身布满四十多处弹伤的情况下，他还亲自杀死了被俘释放的英国军官安突德。后来，敌人凶狠地从他背后射来一颗子弹，弹头穿过了他的胸膛，临死不屈的总兵葛云飞就这样在阵前以身殉国……

英军夺取关山炮台之后，立即进攻定海县城。

守城清兵由东门败退镇海。

定海失陷。

## 7.

英军攻占定海后，兵员疲惫，给养不足，同时北方天气逐渐变冷，不宜到北方作战，因此必须寻找一个休整和给养补充地。

璞鼎查认为定海范围小，物产有限。1840 年 7 月，英军第一次占领定海后，因疾病流行，1500 余人染上痢疾，448 人死亡，处境十分狼狈，这次他璞鼎查绝不能再蹈懿律的覆辙。他把目标转向宁波。

宁波是浙东的门户和战略要冲，自唐宋以来就是中国的对外贸易港口，是个农产富庶渔业丰饶的鱼米之乡。

璞鼎查决定夺取宁波，在此做好战争准备，以便来年继续北犯。但是，要夺取宁波必须先夺镇海。镇海位于甬江口北岸，南援象山、石浦，北应慈溪、余姚。甬江是舰队通向宁波唯一通道，镇海则是必经之路。

于是，英军首先攻打镇海。

镇海守军原有 3600 人，加上定海失守后从三镇撤回的兵力共4000余人，由两江总督裕谦指挥。

其防御部署是：裕谦带领宁、绍、台道和镇海知县率江西兵1000余人守镇海城；狼山镇总兵谢朝恩和江苏候补知府黄冕率兵1000余人防守金鸡山；浙江提督余步云、游击张从龙率兵1000余人分驻东岳宫和威远城；镇海西北的拦口埠炮台直对江口，与金鸡、招宝两山互为犄角，由衢州镇总兵李廷扬率兵防守。此外，甬江口两侧海岸筑有石堤，堤上均置炮台，堤外设有木桩障碍，并暗布火舟。

汲取了进攻定海与清兵相持太久的教训，璞鼎查这次准备速战速决。

他以海军进攻北岸招宝山，“威里士厘”号、“伯兰汉”号、“布朗迪”号和“摩底士底”号在招宝山正北就位，向招宝山炮击。以陆战队进攻南岸金鸡山，由“巡洋”号、“哥伦拜恩”号和“班廷克”号掩护登陆。英军登陆部队左纵队由陆军司令卧乌古少将直接指挥，陆军中校马利斯指挥中央纵队，荷伯特船长指挥右纵队，共计2475人，拥有迫击炮4门、山炮4门、榴弹炮2门、野战炮2门。

10月10清晨，英军中央纵队步兵、炮兵和工兵505人乘汽船“复仇神”号，由战舰“巡洋”号炮火掩护，在甬江南岸强行登陆，进攻金鸡山；英军左纵队步兵、炮兵、工兵和来复枪队1173人，乘汽船“弗莱克森”号由小浃港道登陆，包抄金鸡山后路，与中央纵队前后夹攻金鸡山。

金鸡山一战，清兵十分骁勇，多次与英兵肉搏，但在英军来复枪的镇压下，清兵死伤无数，金鸡山终被英军占领。

于此同时，北岸招宝山炮台亦被英舰“威里士厘”号、“伯兰汉”号、“布朗迪”号和“摩底士底”号强大的炮火所摧毁。

上午 11 时，英军突破招宝山西北海塘守军，由山后仙人洞上山，占据山上的威远城炮台，以迫击炮俯轰镇海城关，掩护右纵队 797 名英兵攻城。中午，英军从东城架梯入城，城中兵民从西门逃出。裕谦见城失陷，投塘自尽。

此次镇海殉国官员，除两江总督钦差大臣裕谦之外，还有狼山镇总兵谢朝恩、镇海县丞李向阳、黄岩守备王万隆、黄岩把总汪宗宾和解天培、黄岩外委林庚和吴廷江等将官及数千兵弁，唯独浙江提督余步云贪生怕死，在英军还未向招宝山发起攻击时，他就逃往宁波。

宁波岂是一个避风港？

英军占领镇海之后，一刻不停地溯甬江而上。

攻打宁波的英军由“摩底士底”号、“哥伦拜恩”号、“巡洋”号和“班廷克”号 4 艘战舰以及“西索斯梯斯”号、“皇后”号、“弗莱吉森”号和“复仇神”号 4 艘汽船组成。

哪知，杀鸡不须用牛刀。当英舰停泊城东灵桥门下时，只见城墙高大的宁波城，早已城门洞开。

原来，余步云从镇海逃到宁波后，对知府邓廷彩、鄞县知县王鼎勋说，英军神枪飞弹锐不可当，吓得他们跟上他弃城逃往上虞。于是全郡文武官员溃散一空。

英军如入无人之境。第 18 团的乐队演奏着《盖莱·欧文》的乐曲，海军司令巴尔克亲自指挥在宁波城头上升起了英国国旗。一个拥有 60 万人口的浙江第二大城市，不费一枪一弹，就如此轻松地被英军占领了。

璞鼎查犹如掀动了一副多米诺骨牌：占厦门——占定海——占镇海。

占领了宁波后，英军又四处出击，连破余姚、慈溪、奉化三城。真是一路冲杀，势如破竹。

看来，中国人不难征服。

## 8.

璞鼎查信心更足了。

在宁波，英军休整统治了 7 个月，掳去足够供应英军两年的粮食，建造了数十只内河行驶的小船，又从著名藏书楼“天一阁”翻箱倒柜搜出《大清一统志》和一本手工描绘的长江水域图。

璞鼎查此间回了一趟香港，宣布香港和定海为自由贸易口岸，而且颐指气使地勒令清朝的钦差大臣奕山停止在珠江口建造炮台。他觉得他的腰杆子粗了，在中国他将一路绿灯，畅行无阻了，这才心安理得地再次北航。

重返宁波的璞鼎查，见到他设立的军政府将一切准备得如此充足，他的眼睛简直眯成了一道缝。

更开心的是，宁波士绅不仅捧献犒军白银 120 万元，而且俯首帖耳毕恭毕敬地列队宁波灵桥，在英军笛鼓的高鸣声中欢送英军离城。

离开宁波的那一刻，就是璞鼎查实施“扬子江战役”的开始。

巴麦尊已经呈请女王批准了东方远征军的计划，进犯长江，切断大运河，将战争推向高潮。

于是，璞鼎查指挥英军像一头养精蓄锐的下山虎，张牙舞爪似的扑向它新的猎物——乍浦。

乍浦城系明朝为防备倭寇建立的一个衔接江浙两省的海防重

镇，“控据海岸，翼蔽金山，与江苏省互为唇齿。登高南望，宁波、绍兴诸山，隐隐在目，实为西浙之咽喉，东吴之门户”。从地图上看，它位于杭州湾之北，距镇海不足百里。再根据掌握的情报，清朝设一副都统驻扎此地。城池不大，但围以高大的城墙和护城河，城内四分之一由一道胸墙与其他部分隔开，叫做葫芦城，由满人居住，守军约有8000人，其中1700人是驻防旗的满洲兵，还有火药厂、铸炮所，储藏大量的军火。

5月17日，英军神不知鬼不觉地降临了。

“皋华丽”号、“布郎迪”号、“摩底士底”号、“哥伦拜恩”号、“伯劳弗”号和“司培林”号等7艘炮舰以及“复仇神”号、“弗莱吉森”号、“伯鲁多”号与“西索斯梯斯”号武装汽船，在西行汛、天后宫及葫芦城一带酷似绞索般首尾衔接，阵势十分吓人。

但璞鼎查明白，解决乍浦的战斗主要是阵地战，于是他将这次行动分为左、中、右三个纵队。

左纵队由陆军上校叔得指挥苏格兰第26团来复枪联队和第55团及工兵；右纵队由陆军中校马利斯指挥皇家爱尔兰联队第18团和49团及工兵；中路纵队由陆军中校蒙哥马利指挥皇家炮兵和马德拉斯工兵及马德拉斯本地步兵第36团来复枪联队。

三个纵队投入的兵力是士兵2104人，军官106名。

太阳初升。能见度加大之时，璞鼎查命令各舰向海塘开炮，掩护右纵队从金山湾小港登陆。陆军司令卧乌古亲自督阵，几乎没有受到什么抵抗就占领了乍浦城外的一个高地。接着左纵队和中路纵队绕高地的山麓推进。

正当英军顺利推进时，在观山呑天尊庙遭到清军的坚决抵抗。

把守天尊庙的是佐领福隆率领的三百多名绿营旗兵。他们击退了英军数次冲锋，不管英军火力多猛，天尊庙岿然不动。激战三小时，匍匐接近天尊庙的英军用火药袋叠到四周，再用火箭射击。

天尊庙被炸毁了。

福隆从火中突围，挥舞佩刀砍死数名英军后自刎。

这一仗是乍浦战役中最为壮烈的一幕，清兵奋勇上阵，前仆后继，其顽强的情形令璞鼎查吃惊。英军 7 人死亡，44 人受伤。军官阵亡有陆军上校汤林森，受伤的有雷诺兹陆军上尉、周德瑞尔陆军中尉和伯郎陆军中尉等。

天尊庙被毁后，英军进攻葫芦城。

葫芦城失守后，英军挺进镇城。清兵为阻止英军入城，将东门桥毁坏。英军工兵队的陆军中尉戈登靠舢舨运载掷弹兵过河，他们架梯登上城垛，占领了东门。东门大开，英军蜂拥而进，此时海军司令巴尔克率领海军陆战旅加入攻城队伍，很快，所有城门全被占领。

清兵殊死搏斗。乍浦副都统长喜投水自杀，同知韦逢甲亲率义勇防堵英军被大炮打死，左营八旗前锋翼领英登布、左营正黄旗佐领额特赫、右营镶白旗防御贵顺、左营镶蓝旗骁骑校根顺等壮烈牺牲。左营正蓝旗骁骑校伊勒哈畚擅长射箭，伏于林中用冷箭射死许多英兵，最后矢尽被擒英勇就义。560 多名清兵阵亡。侥幸突围的清兵逃往余杭。

由于清兵的顽强抵抗并杀伤英军官佐，所以英军在占据乍浦后就迁怒于城中的居民，大肆屠杀。

城内工商士民，死亡甚众。

天尊庙的和尚达真与其徒壬林被肢解，监生曹文昭城陷自缢，生员刘懋松被逼写伪告不从而遭枪杀，英兵逼令木工徐元业搜寻妇女不从而自杀身亡。然而一个徐元业保护不了一城妇女，妇女被英兵追逐投井跳河不计其数。

据英军书记官宾汉报告：“我们这天的损失超乎寻常，9 名阵亡，55 名受伤。但中国人受到了严重损失，我们亲自就埋葬了 1200 到 1500 人。”火药厂和铸炮所全被摧毁，500 架抬枪和 11 门黄铜大炮，被英军掳夺上船。

炮声断绝，璞鼎查命令英军纵火焚城。

乍浦城在地图上被璞鼎查一笔勾销了！

## 9.

得胜的璞鼎查欣喜若狂。他在“皋华丽”号上摆下庆功酒，宴请巴尔克和卧乌古。他举起酒杯，说：“此次乍浦一仗，我军虽有伤亡，但挫败了清兵，沉重打击了中国皇帝的气焰。我们的目的只有一个，那就是彻底取得让女王满意的受降条件。我们的要求一天不满足，仗就一天接一天地打下去，直到清廷屈服为止！”

“打！”卧乌古和璞鼎查碰了碰杯，宣誓地叫道。

巴尔克问了一句：

“下一步，是不是打开进入中国腹地的吴淞口？”

“对！”璞鼎查胸有成竹地拔高了嗓音，“愿上帝保佑我们，顺利进军吴淞口！”

“干杯！”

第一章

# 陈公，设阱以待虎

依塘列帐的陈化成料定大批英舰已经逼近吴淞口。豺狼做梦也叼鸡，那么，陈公设阱以待虎！

## 10.

吴淞口，在中国的旧式版图上——不管这版图像片桑叶、海棠叶，还是像只昂首挺胸的雄鸡，它都处于中华大地东临大海的边缘腰部。

有人形象逼真地比喻，说，中国漫长而弯曲凸现的东海岸像一张绷紧的强弩硬弓，而长江俨如一支搭在弓上引而不发的箭，箭头呢，就是吴淞口。

这是诗人的语言。

史学家则在史书上给它界定："南为上海门户，西为苏常藩篱，乃扼制东南江海第一险要。"

又说，"吴淞一口，为长江下流，崇明蔽其外，实七省锁匙。朝廷命宿将督重兵坐镇此间，近又练成自强一军，自金陵移驻，盖防江即以防海焉。”

如此险要之处为什么不像广东的虎门、浙江的镇海起个显赫的威名，而语不惊人地叫做吴淞口呢？

单从字面上揣摩，好像是从它的源头吴淞江因袭而来，其实不然。

老人们说，实际上是先有吴淞口后有吴淞江。那江，原叫松陵江，发迹于太湖，东经笠泽，冲撞奔突七十里，水分三股，最大的一股相传为战国时楚公子春申君黄歇出资疏浚，雅号春申江，又叫黄浦江。滔滔江水流经松江、上海之后在这儿与滚滚东来的长江巨流合为一辙，汹涌的水势像一群发狂的吊睛猛虎张开血盆大口，对着东海，咆哮怒吼。所以一开始时，“虎松口”就成了这儿的俗称。大概这地名过于嚣张唬人，后来，一班咬文嚼字的斯文人就顺着口音将虎松口改成——吴淞口。

也许，这只是一段不足为凭的野史。

检索正史，这吴淞口历来兵家必争。

明太祖洪武十九年（1386），朱元璋钦定长江岸畔修筑6个卫所，吴淞口是其中的千户之一。

明成祖永乐二年，三宝太监郑和准备首下西洋，曾派员到此勘探水道，只因长江、黄浦江“江浦合流”与东海汇流于此形成一股“三夹水”，湍急非常，扬帆远航的船队必须降篷绕行，所以郑和将船队启程的地点改在吴淞口右首的浏河口。郑和没有经这儿出航，可东海上的捕鱼船却都喜欢来这儿停泊避风。天长日久，这里就成了一个颇为热闹的渔市集镇。

清顺治十六年（1659），郑成功高举反清复明的大旗亲率大军进入长江，5月19日舰队在吴淞口集结，溯江而上直逼南京城下。虽然郑成功因麻痹轻敌而功败垂成，但他的进攻使清廷受到巨大震动。因此，第二年（1660）江南提督郎廷佐奉命在吴淞口西岸杨家嘴修筑炮台。

康熙五十七年（1718），又在杨家嘴对岸增加了一座炮台。东西两座炮台夹江对峙，使吴淞口成为远近闻名的海上雄关。

到了雍正三年（1725），雍正皇帝在奏折中朱笔御批吴淞口为吴淞要塞，而它身后那个面江临海的胡苍庄也就正式定名为吴淞镇，隶属宝山县。

大唐盛世之前，那宝山地域连同这吴淞口岸，还是一片潮汐起伏、芦荻丛生的适淹滩涂，那时，古海岸线曾一度稳定在松江以南自青浦徐泾、闵行马桥，入海至大、小金山一线。宋末元初，太湖下游的泄洪渠道不断朝这儿输送泥沙，江流海潮又经年累世不息地往这儿淤积贝壳残骸，层层叠压，便形成了一道“限沧溟而全吴人”的高于西侧湖沼平原和东侧海平面的带状贝壳沙堤。沙堤内那片方圆数十里的新生陆地，南宋属昆山县，元初属嘉定县。明朝永乐十年（1412）为郑和第三次远航，平江伯陈暄在吴淞口东岸筑土山，点烽火，作为导航标志，明成祖朱棣御书“宝山”二字刻石立碑。到了清朝雍正二年（1724）自嘉定县析出东境建立新县，便借用“宝山”定为县名。

不过，这宝山既无山又缺宝，名声与景象最惹人心醉神摇的还是吴淞口的吴淞镇。沿革到道光年间，镇上已有数十家船主五六百户海夫，除了铁匠铺、竹器店和连成片的渔行之外，茶馆、钱庄、客栈、药房、南货店，连同戏园子也跟内陆大镇一样应有尽有。往年，到了这春末夏初，黄鱼汛和鲚鱼汛一到，毗连吴淞口的蕴藻浜里挤满了各式渔船，一条蜿蜒斗折十里长的吴淞镇每个门户都成了生意红火的鱼行，人来人往，磕头碰脑，热闹非凡。更有一帮达官富贾有闲人家每逢春夏渔汛，大老远策马乘轿赶庙会似的聚到这儿，一边尝海鲜，一边赏海景。云开雾散，千帆竞发犹如彩蝶纷飞，夜幕低垂，数十里海面全是渔火，密密匝匝的一望无垠，真是风情万种，扎实迷人。殊料，一个喧腾的渔港，眼下却变得如此的萧条冷清。

都是因为洋鬼子、老毛子要来，惹不起还躲不起吗？这才使好端端一个鱼蹦虾跳灯红酒绿的吴淞镇人走楼空。

吴淞镇成了一个空镇，吴淞口却是兵民簇拥。几百名提标营的士兵和从上海、崇明、宝山以及本地吴淞镇召集来的数千名民夫，正在加固海塘，扩建土堡，整修东西炮台。

如雷的夯声连成一片，震天动地般响彻整个吴淞要塞。

就在这一片夯声之中，突然，传来一阵紧一阵“哒哒哒哒”爆豆似的马蹄声。有人带头呼喊：

“军门大人到了！”

果然，大堤上一彪轻骑抖鬃奋蹄扬着烟尘呼啸着由远而近。

提标左营中军参将韦印福骑一匹黄骏马跑在前头，吴淞营中军参将周世荣骑一匹青鬃马殿后，居中是一匹人称“火龙驹”的枣红战马。这马特别高大，修剪过的鬃毛和卷曲成龙鳞状的体表，红得赛如一团熊熊烈火。马上一位老将军，一手紧攥缰绳，一手按住腰刀，在西炮台口勒马驻足，海风将那绵甲上的黑色大氅吹鼓起来，打老远乍一看酷似古代龙门石刻中的天王像那样威风凛凛，神圣不可冒犯。

他是谁？

他就是声名与关天培比肩齐眉威震海疆的江南水师提督陈化成。

## 11.

道光二十年（1840），高踞于万乘之上金銮宝殿的道光皇帝旻宁，开始寝食不安坐卧不宁了。

这一年，一个曾被他的祖父乾隆帝不屑一顾地视为“蕞尔小邦，朝贡小国”的“英夷”仿佛一夜间变得凶猛强悍起来，而一个浩然上国的威武尊严竟然抵挡不住一支一时拼凑的远涉重洋的风帆舰队，道光皇帝不由得火上龙脊。

遵照道光皇帝的旨意，钦差大臣林则徐在广州正式宣布封港，停止中英贸易。

大批英舰云集珠江口外，虎吼狮啸。

中英大战，在劫难逃。

就在这海事鼎沸关防告急之际，道光皇帝的一道谕旨将时任福建水师提督的陈化成召向京畿。

北京的紫禁城，陈化成一点也不陌生，他曾三次奉召进京叩见道光皇帝。这一次，道光皇帝在内苑养心殿接见他，可谓一种殊荣。

陈化成听见皇上叫他，连忙甩下马蹄袖，提起朝服下摆，向前跨出一小步，诚惶诚恐地跪拜着，只见红缨花翎顶戴和琥珀朝珠垂临在毡垫上，不见脸型。

道光帝端详着眼前这顶红缨花翎顶戴。

清朝的官品大小，顶戴上一清二楚。文武高官的礼帽均缀满红缨。帽顶中央为珠形帽饰，以珊瑚、蓝宝石、青金石、水晶、砗磲、金和铜制成，按品分色，一品二品为红色，三品四品为蓝色，五品六品为白色，六品以下是黄铜色。而花翎也就是孔雀翎，以翎眼多寡分等级。通常普通的都是一眼，公爵才冠以双眼，三眼一般只有贝子才有这份待遇。这是乾隆以前的规矩，从嘉庆起，因外患内乱骤起，皇上逐渐放宽赏赐，凡满族五品以上官员及汉族官员军功卓著者均可加封晋赏。

道光帝一看就知道陈化成是一品武官，心想再赏赐一眼花翎，从示恩宠。正想着，只见陈化成行过三叩九拜大礼，器宇轩昂地说：

“微臣江南水师提督陈化成恭请皇上圣安。”

道光皇帝见陈化成声音洪大，很高兴地传谕平身。

陈化成叩谢后起身伫立。

此前，道光曾见奏报，说陈化成“技擅猿臂，名高虎头，蹋壁则直上五寻，涉水而能游数里，朱伺铁面，状若鬼神”；又说他“斗米十肉，大将皆然。陈公来，道宪（地方官）饷以点心，食包子百二十枚，酒与肉不计也”……现在展目一望，果然那身架，从外貌到气质，既有边关将帅的勇武，又有一股沉静大度的气魄。但细看之下，颧骨隆实，黝黑的脸上有太多风浪撕打烈日灼伤的痕迹，看过去好像是脱了油的皮革一样干瘪，再瞧那双手背也是皱纹阡陌，而那胡须早已花白了。

是啊，陈化成年近七旬，老啦。

按大清礼法，士大夫到了70岁，便由朝廷赐金赏荫准许退隐家园颐养天年，以体现天子对老臣的一种体恤优待。古云：三十而室，四十而仕，五十强仕，六十而老，七十而悬车。意思是30岁成家，40岁入仕做官，50岁阅历资深最有作为，60岁逐渐衰老健忘，70岁称“耄”，尸位素餐，艰巨难胜，因此就该告老还乡了，这是从乾隆皇帝就沿袭的通例。查阅乾隆二十二年选调部员，凡55岁之人要慎重甄别，就是说如其因衰老不能尽职不如将其罢免。那时人才济济，候选的后生众多，国家政治兴隆简直可与盛唐媲美。可如今，真如龚自珍诗云："九州生气恃风雷，万马齐喑究可哀。我劝天公重抖擞，不拘一格降人材!"

朝廷缺才，而海氛不靖，海防更缺才啊!

从马背上走来的大清王朝不乏骑射为本逐鹿中原的陆上将领，但像陈化成这样出生入死于波涛扬威驰骋于海上的水师名将却屈指可数。

道光帝旻宁对这位镇守海防的老将历来就很赏识器重。

早在他父皇嘉庆帝二十五年（1820），闽浙总督董教增就上奏朝廷，称陈化成自幼熟习水性，精武艺，久历闽粤水师，智勇双全，共生擒海盗480余人，功不可没，拟请擢升他为澎湖水师副将。介于大清旧制，不宜就地为官，便改任他为浙江瑞安协副将。

翌年，嘉庆帝大行，道光帝登基，恰逢澎湖水师副将离任，那澎湖地处东南屏障，不可一日无将，道光帝权衡斟酌破例将此重任委于陈化成。

陈化成到任驭军有纪，约己尤严，不久晋升为金门镇总兵和台湾镇总兵，道光十年（1830）升任福建水师提督。

道光十二年（1832），英国东印度公司受巴麦尊之命派遣"阿美士德"号窜至厦门，陈化成召见该舰头领胡夏米，严词驳斥，并令水师监押驱逐出港。后英舰又闯入闽、浙各洋，陈化成督率水师巡逻堵截，经年不息。

道光十三年（1833），陈化成率领水师搜索厦门、金门一带的鸦片走私巢穴，四面兜擒，人船俱获，并对陈头八乡按户清查，窝巢尽毁。

道光十五年（1835），英舰到闽挑衅，被陈化成驱逐。

道光十七年（1837）英舰又窜至闽安五虎洋面，闽安副将周廷祥出面制止，英领事换乘小船入港投书，借口接送居住漳浦的英国“难民”回国，陈化成不予接见，并派员转谕：海面“难民”应照例翻译说明情况，由我国护送至广州回国，现“难民”未供系英国人，而且英领事亦未将“难民”姓名指证，难以凭信。即令水师将小船押至英舰，驱出领海。

道光十九年（1839）春，英国鸦片船在广东活动受阻便转向福建。入秋，英舰3艘停泊泉州梅林洋面，陈化成率水师驱逐，英舰不动，陈化成号令发炮。英舰一面扯帆一面用炮还击，陈化成穷追猛打，逼得英舰只好向外洋逃窜……

因他屡立战功，道光皇帝曾当着朝廷众臣赞扬陈化成“身经百战，勇敌万人，熟谙水师，才识兼优”，是一位“宜膺重任”不可多得的海防人才。

皇上对陈化成如此厚爱，不仅因为他对陈化成武艺高强、胆识过人早有所闻，而且因为道光帝本人就崇尚勇武，传说他童稚之年就弓马娴熟，10岁时跟着祖父乾隆帝去木兰秋狩，张弓搭箭就射中一只飞奔的麋鹿，简直百步穿杨，一发即中。乾隆帝12岁时曾在木兰围猎场射中一熊，幼孙射鹿比他还小2岁，因此龙颜大悦，即刻颁赐黄马褂、花翎，以示褒奖。

喜欢做诗的乾隆帝，还当场赋诗一首：

尧年避暑奉慈宁，桦室安居聪敬听。
老我策聪尚武服，幼孙射鹿赐花翎。
是宜志事成七律，所喜争先早二龄。
家法永尊绵奕叶，承天恩祝慎仪刑。

这故事，从皇室一直传到民间，妇孺皆知，简直成了人们从军习武的典范。而道光帝能承继基业荣登皇帝宝座，那故事，就愈发精彩更加传奇了。

道光帝本是嘉庆次子绵宁。嘉庆十八年（1813）秋，嘉庆皇帝离京去承德，銮驾在避暑山庄还未停稳，京城皇宫里竟发生了一场几乎倾覆大清王朝的夺宫之变。

当时活动在京都、直隶、河南、山东等地的天理教（又叫八卦教）教徒，在北京坎卦首领林清和自称李自成转世的河南教徒李文成的领导下，约定这年闰八月的中秋节，同时举旗反清。他们以重金收买宫中太监，打听到嘉庆帝不在京都，便企图乘大内御林军主力随皇上远去承德之际占领皇宫而改朝换代。中秋节之夜，被林清收买的太监刘德才、杨进忠接应200多名教徒分别从东华门、西华门杀进紫禁城。隆宗门被冲开后，教徒们又搭成人梯准备越墙杀向养心殿。王公、妃嫔、宫女和太监蜷缩在养心殿内，个个吓得魂不附体，唯独身手不凡的绵宁处变不惊，他操起鸟铳，扬手噗噗几枪，已经登上宫墙的几个教徒，便像风吹蜡烛一样齐刷刷地栽了下去。又一个脑袋从墙外蹿上来，绵宁抽出腰刀，只见他“嗖”地出手一掷，刀光闪处，人头落地。这时，神武门的护军赶到，绵宁又亲率兵丁左冲右突，激烈搏杀，将窜犯教徒全歼于宫中。嘉庆帝从热河回京，当即封他为“智亲王”，还将其射杀逆贼的鸟铳赐名“威烈”，不久又册立他为皇太子。仁宗驾崩，他即继位做了宣宗皇帝，年号道光，绵宁则改为旻宁。

陈化成对端坐在暖阁龙床上的道光皇帝由衷的臣服，并非出于这种传说。

道光皇帝是在陈化成擢升为副将的那年登基的。

那年陈化成45岁。

一晃20年过去，这20年中，道光皇帝堪称“上遵祖训，下体民情”，兢兢守成，孜孜求治，虽不能说是宵衣旰食，但“君王从此不早朝”的事从未有过。他勤于政务，日理万机，事无巨细，亲自过问，而国家多事，奏章频繁，真所谓“蝇头细书，高可盈尺”。

有人说道光皇帝生性悭吝，但是，在陈化成的心目中，当今皇上却是“躬行节俭为天下先”。

照例，作为一个皇帝，可谓是天即朕，朕即天，食有一掷千金之宴，穿有纹锦皮裘之装，居有雕栏玉砌之宫，应该说是天下第一富足了，然而陈化成不止一次地拜读道光皇帝还是在登基前写的《节用而爱人论》，那文章中写道，“人君治国，必先以节用爱人为贵。节用者，节所当节，不可奢侈，要量入为出，凡举行祭典、修筑宫室，都须节俭在前，不致府库匮乏仓廪空虚，一旦有事而张皇失措。”

道光帝这样说了就这样去做。

登基那天，举行大典，太和殿东西两廊虽然铺排金钟击罄鼗鼓和篪号琴瑟，可道光帝却谕令“设乐而不作”。

登基后就是天子，天子巡幸是清朝历代皇帝的嗜好。乾隆帝六下江南，铺排奢糜，花费浩大。道光帝却舍不得，谕令停止木兰秋围和江南巡幸。

皇家另一大耗费是贡品，道光帝即位之初便谕令“一切贡献，概行停止，即食品也不准进呈”。宫娥彩女大量放还出宫，后妃以下不穿绫罗绸缎，连皇子公主的婚仪也要从俭。

道光帝不仅要求子民，而且以身作则。

他乘坐的玉辇是沿用父皇的，坏了就修，不许更新。

他的高祖父康熙帝和祖父乾隆帝都爱好书法，楷法之风由此大开，沿习到他登极之初，内务府特制了40方御用“龙砚”，这是惯例。在乾清宫东配殿里就珍藏着康熙、雍正、乾隆三朝所用的砚和墨，砚都是用松花江石精雕细刻，每朝各40方，形形色色。乾隆帝最喜欢收藏名砚，汉代的“未央”、“铜雀”，唐代的“六螭”、“八棱”，宋代的“虎符”、“壁水”，元代的“澄泉”和米芾的“远岫”与文天祥的“玉带生”，等等，都是价值连城的极品珍宝。可是道光帝却不以为然，传旨，“宫中收贮历代砚墨，并非寻常御用之物，实属装饰摆设，应立即截止。”他认为砚台能够研墨就行，不必名贵，也无须众多，因此将为他特制的40方只留两方，其余分赐内廷诸臣，并诏令地方不再备制贡品砚台。对御用毛笔他也有规定，以往皇帝的御笔极为讲究，用来朱批、墨批的笔，有竹管、檀管，管上镌有“万年青”、“经天纬地”、“云汉为章”的鎏金字，笔毛用紫毫，即紫色兔毛。白居易诗云，“江南石上有老兔，吃竹饮泉生紫毫。宣城工人采为笔，千万毛中选一毫。”道光帝见如此劳民伤财，便传喻不再征用，改用普通的羊毛与兔毛合制成的毛笔，笔管上也不要镌刻金字。这一改，不知省了多少银子。

他的饮食也不讲究。通常御膳要上二十几道菜，另备四盒分赐枢臣和嫔侍。道光帝一改惯例，平时御膳不得多于四样菜，有时只要一碗豆腐烧猪肝。平日如此，就是节日庆典也省俭得出奇。皇后做生日叫做“千秋节”，属于大庆典，照例要宴赏内廷诸臣，可有幸赴宴的大臣们得到的只是和皇帝皇后有福同享的一碗打卤面而已。穿呢？其他不提，只说坐朝的龙袍，绣满金龙祥云的龙袍是威仪的象征，万万节省不得，但朝臣京官都在私下传说道光皇帝的龙袍内的两个膝头都打着掌子。

更让陈化成臣服的，是道光皇帝视为第一要事的“整饬吏治”。

在道光帝还做储君的时候，愤世嫉俗的龚自珍曾以“将萎之华，惨于槁木”、“日之将夕，悲风骤至”形容大清王朝，道光帝绝不苟同，但也承认大清朝从乾隆盛世之后便每况愈下，百病滋生，而人口日益增多，黄河为患日甚，开捐加赋与抬高盐价，就如割臀肉以肥脑，自食其肉，无济于事。此外，人心风俗追逐骄奢淫逸，吸鸦片，习邪教，不从学，不做工，厌倦农商，游手好闲，尤以京师八旗子弟为甚。如不整治，国家将成一副空架子。究其原因，吏治污而民气郁，于是，道光帝刚登基便向陋规劣习开刀。

在名目繁多的陋规中，最厉害的就是贪污“火耗余羡”。所谓“火耗”是指地方官征收地丁税时收上零碎银子，按成色铸成整锭上交国库，熔铸过程会有损耗；而“余羡”是指地方官员征粮后在仓储和漕运中的损耗。朝廷允许地方官员按一定比例增加浮税予以弥补，雍正时规定“火耗余羡”一律归公纳入正税，但允许地方官员提取部分归己，称“养廉银”。不料，地方官员巧立名目损公肥私。还有，地方官员要定期孝敬京官，夏有“冰敬”，冬有“炭敬”，外放官临行要向上司送“别敬银”，京官出差向地方索要“程仪”，连水师巡洋，商贾渔民也要孝敬“水礼”，不一而足。道光帝谕令各省督抚藩司严加整治，“应存者存，应革者革，秉公详议，期于久远可行，使府厅州县足敷办公即可，如再以赔累为托词，多取于民者，一经发觉，即行从重治罪，不稍宽贷。”

然而，贪官污吏的触角伸向各个角落，远至水陆边疆穷乡僻壤，近至天子脚下皇宫内院，就连戒备森严的朝廷大库，他们也敢染指。相传，库兵之职是家传世业，从小就练习用肛门夹物，先夹鸡蛋，依次换鸭蛋、鹅蛋，以至铁蛋。功夫练深了，一个库兵一次可夹带十枚光滑的白银圆锭，有百两之重，因此库兵无不患有脱肛和痔漏。但库兵盗银还只是小打小闹，掌管大库的官员才是大处落墨身手不凡，动辄几十万、上百万“移用”，神不知而鬼不觉。道光帝密令盘查，查出库银亏空竟有925万两之多。于是严加惩处。

再说官场刑狱。酷吏勒索钱财，贪官草菅人命，种种恶行令人发指。犯人入狱先交“烧纸钱”，不交就遭毒打。为了逼供敲诈，州县衙门滥施酷刑。把犯人关进既不能转身又不能弯腿的笼子，叫“站笼”；倒悬墙上鞭挞，叫“壁上琵琶”；拴住一个指（趾）头吊起来，叫“魁星踢斗”；铁钎抵咽喉，叫“饿鬼吹箫”……道光帝登极后，多次下诏申谕“私设一切非刑，概行禁止”。谕令严禁狱吏虐待人犯，斥责滥施酷刑的官吏，说，“此等卑劣官吏不顾天理，不念人情，不管百姓疾苦，轻视大清法规，听任书吏差役如狼似虎，扰害民间，灭尽天良，竟无丝毫仁政之心。”

道光四年，山西榆次县人阎思虎强奸赵二姑，案发后，阎思虎托熟人到衙门疏通，贿赂了书吏、差役和县官，将强奸判为合奸，赵二姑不服，就用刑相逼屈打成招，后激愤自杀。赵家赴京控告。道光帝谕令山西巡抚邱树堂亲审，邱树堂草率从事，只由下属问案，太原知府又官官相护，结果维持原判。御史宗中靖闻知，上奏参劾。道光帝谕令原案人证、卷宗提解刑部重审，终于查清案情，并严惩涉此冤案的官吏胥役，知县革职，知府充军，巡抚降用。同时，道光帝又申谕各地督抚：“外省民人赴京控告之案，实乃原审错断，小民负冤所致，虽最终水落石出，然不足百分之一二。究其原因为徇私附和、官官相护。今后遇有京控案件，督抚、将军、都统等须亲自审断，使冤抑得以伸张，不得延误。”

道光七年，通州人王文弼呈递封章控告协办大学士、理藩院尚书英和的家人张天成，依仗主人权势，勾结官吏，私自抬高租息，欺压无辜百姓。道光帝细览奏报，认定张天成所以敢为非作歹，根在英和。因此在惩处张天成和地方官吏的同时，也将英和的顶戴花翎革除，并“夺回紫缰”。“紫缰”是皇帝赏赐勋臣的紫色马缰，是一种殊荣标志，夺回则表示失宠。对此，道光帝申谕，“英和受三朝厚恩，理应戒满戒骄，却不自加检束，声势显耀，非其所属州县亦有人存心讨好，附炎趋上。这与明朝末年宦官专擅恣肆、招摇生事极为相似。从前（乾隆时）和珅专擅，起初也不过一二无识之徒趋承依附，后渐渐自作威福，内外诸臣敢怒不敢言。今后满汉大臣务必以此为戒，倍加谨慎，永葆命名，如若不顾操守，违反祖训，惩之无情。”

道光十五年，湖南湘潭县知县灵秀，听说手下捕役之女天生丽质，顿起淫心，威逼利诱娶做小妾，蹂躏之后又转辗拐卖而获取重利。案发后，道光帝大为震怒，谕令将灵秀革职发往伊犁充当苦役，终生不许还籍。此案本与省里官员无关，但道光帝认为知县胆敢胡作非为，是因为上司呵护包庇，督查不力，因此将湖广总督、湖南巡抚及布政使、按察使一并交部议处降职。

道光帝不仅惩处高官重臣，而且对营私舞弊的太监和违法的宗亲显贵也不姑息。

前面说过，道光帝崇尚节俭。平日所穿一条套裤膝盖处破了一个洞，他不愿舍弃，乃令身边一个太监拿去找裁缝打了一个补丁，仍穿着上朝。大臣们见了也纷纷效仿，都穿打补丁的裤子上朝，以示响应。一天，大学士曹振镛因奏事跪近御座，道光见他穿了一条打补丁的裤子，便随口问起打一个补丁需要多少银子？曹振镛说不过十文铜子。道光帝大吃一惊，原来就打这么一个补丁，太监竟报了五两银子，可见太监们的贪污心黑手狠到了何等地步。道光帝把这事记在心里，不动声色。又一回，他见养心殿东暖阁一扇大门的户枢被蛀坏，又令那个太监去找人来修理，区区一个门转轴，竟要报销一千两银子。至此，道光帝已清楚是太监伙同内务府在作弊，一个补丁报五两银子心虽黑，毕竟数目小，不值计较，这一千两可不是区区小数。于是勃然大怒，当即传谕，派人调查。这下内务府慌了神，不等调查结果上报，自己先叩头请罪，并说其实只需十两银子，因写单据时笔误——十字上多写了一撇，成了一千。道光不依不饶，撤了这个官员的职，又将这个太监痛打一顿，贬去看守皇陵。

再说宗亲显贵。豫亲王裕兴垂涎使女寅格的美貌，无奈寅格不肯就范。嘉庆皇帝的棺木运回京城后举行大奠，各亲王都带着妻儿去磕头致哀，裕兴伺机溜回府中强奸了寅格。寅格羞恨自缢。宗人府获知奸情，立刻参奏。道光帝传谕：裕兴竟敢于大孝期间淫乱，着即赐死。后瑞亲王等人以大孝期间不宜动典重刑为由请求从轻发落，道光帝接受劝告，革除裕兴的王爵，交宗人府三年圈禁。

道光帝很讲孝悌，很重手足情义。但三弟绵恺与妻不和却跟宫中太监私相往来终日狎昵，对此“败坏纲纪”之卑鄙事，道光帝毫不留情，传谕将绵恺从亲王爵位降为郡王，并罚俸三年。

皇侄奕纪，一度受道光帝宠信，任户部尚书、总管内务府大臣和御前大臣兼管理藩院，显赫一时，内外官员仰其鼻息纷纷巴结。奕纪渐生骄横，道光帝有所体察，决定借哲布尊丹巴呼图克图设置旗伞一事，予以处罚。哲布尊丹巴是喀尔喀蒙古最大的活佛，统辖外蒙古，因设置旗伞与理藩院发生争执，理藩院不许哲布尊丹巴设置旗伞，哲布尊丹巴则援引乾隆年间设置旗伞成例而据理力争。道光帝闻奏，旨斥理藩院处置失当，旗伞不设事小，民族不和则社稷不稳事大，于是革去奕纪御前大臣、户部尚书和总管内务府大臣职，夺回紫缰，不再管理理藩院事务。不久，又查出奕纪收受外藩银两，八天后才退还。道光帝决定重处，将他发配黑龙江充当苦役。

朝野震悚。

这是道光二十年春，也就是陈化成奉旨进京不久之前发生的事。因此，陈化成在对道光帝的臣服之中又增添了一份佩服。他觉得作为皇帝，道光帝在日理万机之中细心推断民间的案情，不时地为民洗冤，而且，决心铲除贪官污吏和官官相护的积习，锐意重振朝纲，所作所为堪称难能可贵。更可贵的是道光帝身为万乘之尊，理应坐享荣华富贵，却生性节俭过人。这样的皇帝，论为人则是天底下第一好人，论为官则是天字第一号的清官！中国的古圣贤文章，所以可作万世的典籍，就是因为论证弘扬齐家治国平天下，全是由修己入手，既为帝王就须负“父、师”之责，不仅要护纲守纪率先垂范，而且要随时准备担待亡国败家之罪，其劳心劳神非平常百姓所能承当。因此，古时候的巢父、许由等人，虽遇着可以为君的机会却坚辞而不为，何故？怯也。俗话说，小人不能为官，好人不能为帝。帝王之尊必须是一代伟人。显而易见，道光皇帝是个好人，但算不算一代伟人呢？陈化成不敢随便歌功颂德。只明白道光帝生不逢时，大清王朝传到他这一代，腐化颓废已是不可逆转。皇室中的王公贝勒，有的躺在尼姑庵里吸食鸦片，有的狎妓嫖娼花天酒地，有的开室聚赌讹诈钱财，有的卖官鬻爵公然纳贿，有的骚扰衙署干预公务……道光帝发现一件惩处一帮，有时气愤得大骂“卑下无耻”、“灭尽天良”，有时又哀叹“纲纪败坏”、“世风日下”。尽管道光帝殚精竭虑身体力行，但终归是单丝不线，患生于所忽，祸起于细微，以至内乱不息而外患不止。古语云：独力难支，众擎易举。在此内外交困之际，光靠道光皇帝一人是招架不住的。陈化成心想自己不能成为皇帝的左膀右臂，但他志愿成为朝廷众擎之一员！

首先，他认为必须整军强兵。

应该说，清军的实力从数量上看并不单薄，到道光二十年已达百万之众。这百万清军，满、蒙、汉分治，界限分明且等级森严。兵分两种：八旗兵和绿旗兵。

明万历四十二年（1614），努尔哈赤将所辖各部编成了八旗兵，它是清廷的嫡系部队，亦是清军的精锐。驻守京都的叫京营八旗，也叫禁卫兵，其中上三旗（镶黄、正黄、正白旗）是天子的亲军，下五旗（镶白、正红、镶红、正蓝、镶蓝）由骁骑营、步军营和护京营组成，负责京城警卫与守卫陵寝。以上八旗计有 13 万多兵力。驻扎各省水陆要冲的叫驻防八旗，计有 12 万兵力。但旗兵毕竟有限，要统镇全国只有靠汉兵补充，因此，其余 70 多万人马全是由汉人组成的绿旗兵也称绿营兵。绿营兵除京师的五城巡捕营隶属禁卫兵外，其余大部分部署于全国，称京外绿营。京外绿营分为标、协、营、汛四级，而一省或数省的最高长官是总督，除统辖督标、抚标、提标、镇标、军标、河标、漕标外，还节制本辖区的各省巡抚、提督、总兵。绿营又分陆师和水师，建制为营，营设参将、游击、都司、守备，与州县官相等，分兵把守城镇要隘。

在这百万清军中，水师编制为 6 万人。分为黑龙江水师、吉林水师、奉天水师、天津水师、乍浦水师、福州水师、广州水师、荆州水师、江南水师和禁卫水师。其中，江南水师实力最强，禁卫水师等级最高。为表明朝廷对水师的恩宠，皇上在清漪园还特地创设水兵训练基地，昆明湖上最多时有赶缯船 32 艘，供 1000 多名八旗官兵练习水战。陈化成的部属曾奉旨在这儿担任过教习把总。

此外，尚有地方的乡勇、团练。十户为牌，十牌为甲，十甲为保，三保为一团，各户皆出壮丁。真是保甲联环，壁垒森严。

这样的阵容布局，还有什么可让皇帝寝食不安担惊受怕的呢?

然而，大清这个曾经将赫赫大明朝打得落花流水的马背王朝，渐渐安居乐业，督抚不理兵政，武将不事营务，官兵不事操练，甚至皇帝亲临检阅，万目睽睽之下，竟然射箭箭虚发，驰马人坠地。因此，陈化成向道光皇帝大胆进言：

“启禀皇上，方今英夷以坚船利炮强行压境，鹰瞵鹗视，环绕游弋而捕捉战机。可我海疆绵长而军备守旧，一处失防则全线遭殃。此亦非本朝之过，中国三代之前文武未尝分途，汉唐犹存此意，宋明以来重文轻武，重陆轻海，自是文人不屑习武，而习武者都是粗疏之材，水师之中更多虚冒冗滥，且以常居陆上，巡防会哨几与陆兵无异。长此以往，积弱不振，外侮迭侵，皆由于此。殊不知，兵可百年不用，不可一日不备。依愚臣之见，当务之急应加速坚固海口，以炮防为主。然坚固海防切不能崇尚空谈，以炮防为主亦不能狃于近战，更不可浪战。在我水师实力不足之际，自守之策有二：一为守外洋不如守海口，守海口不如守内河；二为调客兵不如练土兵，调水师不如练水勇。选将练兵以联声势，建筑炮台以扼要冲，而尤为重要者，在乎多筑海塘土垒，设阱以待虎。盖有海塘土垒则踞高临下，敌必难攻，我却藉以遮避易于伺击。海口坚固，门户不开，则国土无虑。愚臣拙言，供皇上定夺。”

陈化成说完，抬起头来向道光皇帝投去精诚忠贞的一瞥。

道光帝也是厚爱万分地望着他，觉得他的进谏很合朕意。

大清的海防，没有谁比道光帝更清楚的了。虽然早在九龙海战之后，林则徐就曾经上书，“剿夷而不谋船炮水军，是自取败也。”确实，大清水师战船不及夷船高大，欲求必胜，自当更造巨舰。按照林则徐的设想，建设一支新水师，“果有大船百只，中小船半之，大小炮千位，水军五千，舵工水手一千，南北洋无不可以径驶者。逆贼以舟为巢穴，有大帮水军追逐于巨浸之中，彼敢舍舟而扰陆路，战之城垣，吾不信也。”道光帝听了也深感合情。然而，要办新水师，造巨舰，全要花钱。作为皇上，他最清楚大清王朝眼下的实力了，乾隆时库银尚有 7000 余万两，嘉庆朝只存 1240 万两，到了自己的手上，去年还有 1035 万两，今年急剧缩减为 680 万两不到，真令人忧心如焚。

每当想起这一切，道光帝不无感叹，“废弛易而整理难，此乃一定之理。即朕十数年来，诸事以诚以实，犹未大见起色，亦仅能或挽狂澜耳。朕之冰兢，朕自知之。无非孜孜慎勉，以期终始如一。”

唉！当家才知柴米贵，养儿方知父母恩。琢磨着这两句平民百姓挂在嘴边的民俗俚语，道光皇帝不由得又想起那个主张“更法、改图、变功令”的龚自珍的诗来，有两句一直让他做皇上的警戒在心——“秋气不惊堂内燕，夕阳还恋路旁鸦！”龚自珍是在旁敲侧击冷嘲热讽呀，言下之意是大清王朝经历了轰轰烈烈的“康乾盛世”，现在正要走下坡路了。常言道，国家兴亡，匹夫有责。他希望少几个发牢骚的龚自珍，而多几个干实事的陈化成。

现在听陈化成一说高垒炮防之策，君臣之心不禁引起一股共振。

透过暖窗，所有宫殿的琉璃瓦檐上都覆盖着皑皑白雪，养心殿外的几株松柏也是银妆素裹。冰棱子挂在枝干上沉甸甸的，让人担心它会随时折断。道光帝看着，深感岁寒知松柏，军危识将才的道理。于是，由衷地勉励陈化成，说：

“爱卿所言击中要害。据两广总督林则徐所奏，目前海防空虚，除浙江以外，还有江南一隅。倘若英夷乘虚而入，突破海口，切断漕运，后果不堪设想。朕久闻爱卿忠心耿耿，经历海防数十年，于福建防务，苦心经营，令敌胆寒。如今执掌江南防务，当依卿所奏各项，尽速整饬，务必使其固若金汤。想我大清国自从康熙爷开始，从没在夷人面前丢脸示弱，天威所至，四夷臣伏。现英夷居然屡犯不止，必须毫不留情，大张挞伐，定要使其头破血流，跪地求饶，方显我大清的尊威！”

“微臣遵旨！”陈化成跪拜道。

接着，道光皇帝令太监捧出玉盏一对，赐与陈化成。

陈化成叩谢过后，说道：

“微臣自顾才力绵薄，难堪重任。但化成身受皇上隆恩，大敌当前，亦知国家兴亡，匹夫有责。在此危难之际，化成理当倾尽全力，捍卫皇天国土，精忠报国，万死不辞！”

“跪安吧！”道光帝的声音一下子又年轻了许多。

## 12.

陈化成策马赴任。

江南提督署坐落在松江城西。

那本是明代少司寇徐陡的私人官邸。嘉庆初年，调来的提督名分上是位武将，实际上是个附庸风雅的文官。他的精力不放在海防整治上，而在这后方衙署大兴土木，修花园，砌假山，凿荷池，再造石桥石舫四面厅。终日闲暇，无所事事，便在四面厅把酒临风纸上谈兵。此风代代相沿。到了前任提督手上，那四面厅已经繁荣演变成八角亭，每个角檐下各摆一只彩陶大缸，缸里躺着睡莲游着红鲢。

好一派缱绻缠绵的太平景象！

陈化成一见就气不打一处出，举目环顾，除了一块青砖地坪可做练拳舞剑之用，其余无一处堪与署衙军营相称。

按照清军建制，江南提督是一省绿营水师的最高指挥，水陆兼辖，节制五镇。统辖前后中左右 5 个提标营和 12 个城守营，兼辖太湖、淞北二协。战事告急，还要调集远方旗兵和水师战船。

作为提督，焉能安居于此？

陈化成坐不住了，上任的第三天就召集属僚巡察松江本标和上海、吴淞一带的的水陆营地。

这一带，沿江傍海，历来是水师集中之地。顺治十四年（1657），为对付郑成功水军的进攻而成立的水师，就驻防在吴淞江和崇明海口。历经康熙、雍正、乾隆和嘉庆数朝，到道光年代，这支水师幅员不断扩大。

查点花名簿，提标中营营官为参将，官兵757人驻松江，配有唬船1艘、巡船15艘、中号四橹哨船2艘，桨橹快哨船2艘。提标左营营官为游击，官兵760人驻松江，配有唬船3艘、巡船15艘、中号四橹哨船2艘。提标右营营官为游击，官兵919人驻上海，配有浦江游巡哨船4艘、桨船和二橹哨船各1艘、巡船7艘。提标前营营官为游击，官兵757人驻松江，配有中号四橹哨船2艘，桨橹快哨船2艘、巡船22艘。提标后营营官为游击，官兵756人驻嘉定，配有唬船1艘、中号四橹哨船2艘、桨橹快哨船2艘、巡船8艘。

除了提标之外，江南提督还节制众多城守营。松江营营官为游击，率官兵773人，哨船6艘。金山营营官为参将，率官兵812人，巡船13艘。柘林营营官为都司，率官兵264人，巡船4艘。青村营营官为都司，率官兵283人，巡船3艘。浏河营营官为游击，率官兵781人，巡船8艘。江阴营营官为游击，率官兵406人，唬船2艘，巡船7艘。靖江营营官为守备，率官兵335人，唬船2艘。杨舍营营官为都司，率官兵249人，巡船2艘。常州营营官为游击，率官兵621人，大小巡船29艘。南汇水师营营官为都司，率官兵283人，大罟船2艘，小哨船4艘。川沙水师营营官为参将，率官兵935人，大罟船8艘，小哨船2艘，二橹哨船2艘。吴淞水师营营官为参将，率官兴975人，配有沙船3艘，犁船4艘。

此外，崇明水师镇设总兵直辖6个水师营，领兵3000，沙船7艘、赶缯船5艘。福山水师镇设游击，领兵800，沙船4艘、官渡船4艘、巡船16艘，负责巡逻浒浦、鹿苑、徐六泾和七丫口等水面。狼山水师镇设游击，领兵800，辖管通州营、泰州营、掘港水师营、三江水师营和外海水师营。太湖水师协和松北水师协的协官为副将，各领兵1000，配有沙船、快船、大小哨船和巴唬船30余艘。

照此，江南水师实力不菲。

然而，所到之处，均见营房破陋，堤堰失修，仅有的几艘木板战船，也是“薄板旧钉，遇击即破”，不少巡船哨船横陈滩头，任凭日晒风蚀，敝坏居多，或柁折桅倾，或篷烂缆断，稍为像样的，不过涂饰颜色，以彩画为工，总之帆不张篷不举没精打采，实堪驾驶者竟属无几。尤其吴淞要塞更加徒有虚名，炮台毁损，土堡凋敝，大炮陈旧而弹药库存奇缺，那几十里海塘登高望去就像根烂草绳子一扯就断。

这哪里是抗敌拒寇的海防重地，简直是颓垣残壁百孔千疮，根本就无险可守！

在吴淞江口，陈化成长时间勒马伫立。

天虽宽，海虽阔，但江南的防务却如此松弛而不堪一击，顿使陈化成忧心如焚。

江风凛冽。陈化成感慨万端地对着他的属僚，说：

“吴淞口东临大海，西通吴郡，南接闽浙，北达长江，处于江海之间，既是进入上海的门户，又是封锁长江的咽喉，英夷胆敢长驱进犯，此关绝不可任其逾越！”

望着滚滚东流的江水，一个锁甲连环的备战方案在陈化成的胸中立马形成。

兵戎之机，刻不容缓。摆在陈化成面前最紧迫的则是培厚海塘，修筑土堡，加固和扩建东西炮台，让吴淞要塞真正成为抵抗外敌入侵的险隘雄关。

他一次次亲临前沿观察地形，一边巡查一边与属僚筹谋策划。

回到提督署，他便赶写奏章，请求朝廷追加钱款，扩充军备。

可是，就在陈化成准备大张旗鼓的关卡，他却遇上了一个“克星”。

谁?

两江总督伊里布。

## 13.

早春的江南，乍暖还寒。

吴淞大堤上，一片飞雪。

陈化成得悉两江总督伊里布接到他的报章，应允前来巡查防务，于是，清晨便顶风冒雪带着早已拟就的布防方案和扩建规划骑马来到临江营地。他准备借这个难得的机会，当面向总督陈述吴淞要塞布防的紧迫性和重要性，尔后，再引导总督实地勘察一遍，恳望总督能向朝廷禀明真情，以求得道光皇帝批准他的奏章。

望眼欲穿。一直等到晌午，风停雪止，那原本东倒西歪七跷八跛的旧大堤被白雪一覆盖像条素布孝带似的，冷冷清清，落落寞寞，上面只有几串鸟雀觅食的印痕，压根儿不见总督的仪仗人影。

正徘徊着，忽听有人惊呼：

“宪台大人来了!”

陈化成闻声登上土垒，一望，只见远处一溜人马从宝山城方向缓缓走来，那耀武扬威的执事，顶马打着衔牌、旗幡和数百名督标亲兵，前护后拥着几顶绿呢暖轿，看那份架势那种排场，平头百姓就要垂肩叩首肃静回避。

陈化成虽是朝廷一品大员，但提督归两江总督管束，有道是官大一级压死人啊，因此不等队伍接近大堤，他便率领属僚及守营军士快步赶上前去，官兵分列于道路两旁，恭恭敬敬地迎候总督大人。

官居两江总督的伊里布根本就不领情，他穿着软袍蜷缩在暖轿里，闭目养神。

显然，宪台大人肚子里正在做着的是一篇虚与委蛇的应景文章。

乍一看，这位伊大人长相干瘪精瘦，山羊胡子眯细眼，一脸不屑的神色，给人的感觉好像是个弱不禁风的暮年糟老头。其实不然，这位伊大人并非毫无根基的浅薄之徒等闲之辈。他比陈化成年长4岁，出身于满洲镶黄旗的爱新觉罗氏家族，嘉庆六年中进士，从知府、知州做起一路官升至按察使、布政使和三省巡抚，调任两江总督前他已当过两年的协办大学士了。

可是，作为朝廷的重臣，在道光皇帝倡导的禁烟运动中，他却一向力陈“弛禁”。

而在弛禁派渐占上风之际，他的话又很能够蛊惑人心。

依他的说法，英夷用武力压境，不过为开通贸易贪图利润而已，本无兼并之心。因此，他向朝廷献策：对待英夷无须刀兵相见，上上之策应是“以德制威，以柔克刚”，而英夷也一定会在操戈之前“感德乞恩”。

所以，伊里布与直隶总督琦善和户部尚书耆英遥相呼应，力主和谈。

主和派是无心备战的。

浮沉出没于宦海的伊里布，早把皇帝的心思揣摩得清清楚楚，深知此时的道光帝正是弛严相扰，和耶？战耶？举棋不定。

他之所以答应陈化成的请求前来巡察吴淞要塞，实际上是篇官样文章。此举可谓左右逢源，一石二鸟，既表示自己礼贤下士敬重老将陈化成，又表示自己重视海防军务，摆一个花架子给当今皇上看看：伊里布风尘仆仆巡要塞，老大臣鞠躬尽瘁效忠心！

想到此，他不禁半眯半睁着双眼，笑了一笑。

岂料，天不作美，大雪纷飞而雪后奇寒。因此，他姗姗而来，来了也不愿轻易下轿。

陈化成却是个耿直之人，心想，伊大人既然远道而来，哪有不下轿的呢，于是认准那仪仗簇拥的绿呢大轿便抢上一步，伸手撩开门帘，朗朗地说道：

“卑职陈化成率本标水师和绿营众将士，恭请宪台大人！”

伊里布无奈，只得起身下轿。他礼节性地接受了陈化成和属僚的参见之后，跟上陈化成走上海塘登临古炮台。看了看身边的陈化成，年近七旬的人还这样腰背刚直气宇轩昂面如重枣声如洪钟，对比之下，自己腮垂腹松多走两步就气喘吁吁，真有点相形见绌。因而，言不由衷地夸赞道：

“陈老将军，你真是宝刀不老，老当益壮！”

“大人过奖，过奖了。”陈化成谦和地笑了笑，又一脸正气地说，“不过，化成虽老而不服老。请宪台大人恕化成妄言，倘若上阵杀敌，嘿，天戈所指，莫不宁顺，老将出马，一个顶俩！”说着，他宣誓般拍了拍胸脯。

那胸脯宽阔厚实，像一垛石垒砖砌的城墙，重器撞击之下发出訇訇的响声。

伊里布一怔，旋即，从寒暄转入正题：

“依陈老将军所言，意欲在此与英夷决战？”

“此乃化成夙愿，今调守江南，不改初衷！”说着，陈化成喟然叹息一声，挥手向海空一指，“无奈海塘支离破碎，炮台年久失修，英夷正节节进逼，如兵临吴淞江口，恐难御敌啊！”

“陈老将军，你能肯定英夷到此会战火频仍，恶兵相犯？”伊里布的话音里明显带着一种狐疑。

“大人，化成偶读史书，稍知古今各国无一不是弱肉强食，虎视鲸吞的。现英夷穷兵黩武，炮舰日趋坚利，兵器日益精良，奇技新法层出不穷，他们不守本土而远涉重洋，何为？名义上叫做开辟通商之道，实际是窥视别国财富，夺地杀人！”

这席话，不甘雌伏，好一篇无懈可击的主战檄文！

然而，话虽在理，却与伊里布“止戈息武”的所思所求冰炭不同炉水火不相容。假如说这番话的是个年轻后生少壮武弁，伊里布肯定会不分青红皂白劈头盖脸一声棒喝：放肆！可眼前慷慨陈词的偏偏是老将陈化成，尽管陈化成在他总督的名份之下，可是这个江南提督却是当今皇上亲自点的将，万万轻蔑不起小觑不得。因此，伊里布刚欲绷紧的脸孔又骤然舒展，哂哂一笑，先扯顺风旗，再下逆水篙：

“陈老将军，所言极是。不过，有几句话还望将军记取，兵凶战危，生灵涂炭，因此非万不得已，圣君贤臣断不肯易玉帛而为干戈！”

陈化成琢磨着宪台大人的话，像咀嚼着冰棱雪棒，除了冷嗖嗖之外品不出任何滋味。

海风料峭。雪花又飞扬起来。

伊里布踮足引颈朝海塘江堤草草地望了两眼，雪泥鸿爪，一副悲怆之影，便不想久待了。他吩咐陈化成“速速拟个奏章，赶紧呈送”之后，拔脚下了炮台，朝随行官员们一摆水袖，匆匆忙忙钻进绿呢暖轿，拿粉底靴跺了一下踏板，再撇着嗓子干咳两声，立即打道回府。

他的府第远在500里之外的古城江宁。

两江总督虚晃一枪，连应景文章也没做全就走了，陈化成心里很不踏实。但是，不管顶头上司如何轻视吴淞的布防，他作为江南提督备战的决心雷打不动。再说，重建江南水师，整饬吴淞防务，这可是道光皇帝的亲口谕旨呀。

真是寝不安席，食不甘味，想来想去，陈化成决定给当今皇上续写一份翔实的奏章。

他白天踏波涉浪穿行于海口江面，一段接一段勘察海塘，何处设垒，何处架炮，一一实地谋划，回到督衙又挑灯夜战。很快，便拟就了一份吴淞要塞的布防奏章，派心腹家将韦印福专程奔赴江宁总督府，面呈伊大人，请伊大人转奏皇上。

岂料，石沉大海。

## 14.

屈指又是一月，杳如黄鹤。

陈化成正度日如年，庆幸到任了一位新巡抚。

这个新巡抚叫裕谦，蒙古镶黄旗人，进士出身，是大清王朝开国元勋一等诚勇公班第的后裔。在当朝，他和林则徐肝胆相照极力主战，可以说是蒙古贵族中声名远播的抵抗派首领。有人赞誉他是一副侠胆傲骨，不会附炎趋势只会仗义执言。

仗义执言，谈何容易？

弄不好，顶戴革除事小，脑袋搬家事大。

其时，士林风气大变，刚正之气潜消，柔媚之风渐长。朝廷除林则徐这样铁心抗英的大臣外，“英拔之士，尽自藏焉”。原因是，道光皇帝言听计从的首席军机大臣，是蝉联十年恩眷不衰的穆彰阿。他专擅大权，排斥异己，国史、玉牒、实录诸馆，皆为总裁。门生故吏遍于中外，知名之士多被援引，一时号曰“穆党”。有他在朝，谁也不敢乱说乱动，连颇受道光帝礼遇的汉人大学士、军机大臣潘世恩，也只不过“默默伴食”而已。倘若出言不慎，就有血光之灾了。本人杀头，师友受累，罪及三族，罚连桑梓。谁无家室师友之念？谁无父子儿女之情？因此，群臣谨小慎微，避罪远祸。

偏偏裕谦不怕。他给道光皇帝的奏章中，不仅多次直呈“严加海口防范，抵御英夷入侵”，而且敢于斥责封疆大臣琦善“投降卖国”，尤其难能可贵的是他上书朝廷，明确提出“吴淞要塞乃江南第一紧要口岸”，必领“从速整饬”。

有这样一位浩然正气又倾心海防的巡抚做后盾，陈化成顿觉分外的舒心畅怀。

虽然，陈化成生性不善应酬，也不愿在官场钻营走动，但这一回他发下愿心，决定登门拜访裕谦。

江苏巡抚驻守苏州。

来到苏州官前街的巡抚衙门，陈化成就被府第前招贴牌上的一张的告示吸引住了。

只见那告示上这样写道——

为谢绝诸亲众友，携礼祝贺，特恭录康熙朝福建巡抚张伯行大人《禁止馈送檄》于此：一丝一料，我之名节，一厘一毫，民之膏脂。宽一分，民受赐不止一分；取一文，我为人不值一文。谁云交际之常，廉耻实份，倘非不义之财，此物何来？

再看衙门两侧，有一副新挂的对联：

头上有青天，做事须循天理
眼前皆瘠地，存心不刮地皮

陈化成细读告示，默诵对联，心里直呼“痛快”！

临来前，有人也提醒过他，按常例俗习他今天拜访新任巡抚理应备一份不大不小的仪程，但他却空手而来。此刻一想，不带仪程才对呢！

显而易见，巡抚大人与他秉性相同，他陈化成不也是这样一种脾气？想他当年巡阅台湾，随行将卒也是前护后拥，但对各地文武官员所有馈送，一概不受，因而人称“所过如未尝有兵”；他的生日，营弁部属特制一面金字旗前来祝寿，他一见便气愤交加，立命撕裂……照这么说，他此番赴宁就是“倔提督”晋见“犟巡抚”了！

果然，俩人一见如故。

裕谦听说堂堂江南提督赫赫有名的陈老将军登门造访又是远道而来，便减少一切繁文缛节，特请陈化成到内庭书房，以朋友之礼相待。

陈化成先打量裕谦。

只见他年岁不高大概四十出头，但仪表不俗而气质非凡，青缎软帽绿缎袍，再罩上一件浅灰绣花坎肩，这随行便服与他的举手投足，都十分得体，一眼看去就有股扑面而来的儒雅之风和书卷之气。

裕谦在敬茶之后，也留神端详了一下陈化成。

老将军果真名不虚传，黧黑的瘦脸上一对慈眉善目，但胸很宽，腰更直，那红顶花翎、蟒袍朝珠和巴图鲁马褂穿戴在他身上，显得格外的庄严，尤其是走动之中虎虎生风，站则稳如泰山雷打不动，一看就知道是位叱咤风云的战将。

谁也用不着客套。

在这捕务废弛，夷船肆无畏忌之时，海匪山贼拳盗窝娼异端邪教已不是主要对手，市井琐闻街长巷短也不是他们的话题，双方关心的只是吴淞要塞的整修与布防。

陈化成直言不讳：

“大人曾言‘吴淞要塞乃江南第一紧要口岸，历来兵家必争’，可眼下吴淞要塞的现状实在堪忧。陆路则粮额多虚，官员竞相繁文而薄骑射。水师则江防海防，类多疏纵。营中刀枪等件，窳脆不可实用。末将调来江南之初，即请总督伊大人前去实地考察，并拟就加强防务之奏章，恳求伊大人转奏皇上，增添军银，补足兵员，修缮炮台，铸造新炮和赶制弹药，然而，伊大人只委抚上海道张观察择地扩修西炮台，其余皆无下文。一晃百日有余，西炮台工程迟迟不见竣工，预备架设的大炮还未铸就，弹药更是有名无实。照此拖延时间，一旦江南有警，岂不贻误战机!”

裕谦拍案而起。

虽说他看上去一派斯文，激怒之下周身却暴发出一股震撼三军的威严。

摆在他这位新任巡抚面前的，显然都是不争的事实：

江苏营伍，废弛已久。拟铸八千斤大炮，可江苏缺少铸炮的紫板铁，只好以铸钱的铜代替。欲造大船，船厂颇多，但无从购买所需木材，只好奏请在闽赶造。福建本是前线，经费支绌，而且本省也须造船铸炮，又怎能兼顾他省？向总督禀报，总督心系浙江。而浙江因调兵练勇，制器设防，需费甚巨。朝廷准拨之款业已用尽，应支给的盐菜口粮等项，费无所出。

唉，库银空虚，朝廷缺钱啊！

其他人不说，他最清楚自己的一本账。论资材，他这个巡抚也是个穷官！有人嘲笑他们，胡诌了一副对联：

东奔西驰，满目长街跑着一群花子

前呼后拥，八人大轿抬了两个债精

这对联过于恶作，可浙讧巡抚刘韵珂致他的一信均是实情。信上说，上年奏请拨到浙江的250万两帑银用去240余万两，仅余10万两，实际平均每月用银50万两左右，照此算来，10余万两不足一旬的开销。一待现存之银支用完毕，此后无银可支，必致贻误军务，因此直逼得韵珂年兄“仰屋而叹，万分焦灼”。

刘巡抚向他诉苦，其实江苏同样处处告急。

崇明是长江要冲，向来粮食皆从安徽采买，但近年安徽米价暴涨，造成崇明“食米短缺，官民俱甚惴惴”。镇江是南京的屏障，漕运的咽喉，可也“粮储不敷接济”。江宁“藩司仓库军粮无多，亦甚堪虞”，鸟枪、火药、铅片等军用物资与火器“并无足备”，而守兵尤其单弱，可谓“兵数、火药、军粮，皆属拮据”。然而，这方方面面都可按轻重缓急暂且不保，也要千方百计保证江南水师。

谁不知江南水师驻守的吴淞要塞是江苏防务的重中之重！

事实呢？

陈化成刚才所言，均是事实。

裕谦早有耳闻那张观察似有徇私舞弊之嫌，立意派员前往勘查，不料总督衙门亲管此事，他一时难以插手。现听陈化成据实一说，工程杳杳无期，他岂能不气不急？

但是，仿佛人在江湖身不由己一样，生性嫉恶如仇的他，也有无可奈何的时候。

想当年，初入仕途，年轻气盛的他刚当上一个七品芝麻官，掌管一县，就立下鸿愿，非将那县治理成尧舜天下贞观盛世不可。一位年伯笑着对他吟了两句唐诗："不知腐鼠成滋味，猜意鹓雏竟未休。"他知道这是志趣高洁的李商隐写的。诗的字面大意是，鹓雏根本不屑于把那腐臭的老鼠当作美味，但猫头鹰却一直怀疑它要跟自己争夺那只腐臭的老鼠。他求年伯解释，年伯说，官场明争暗斗，巧抢豪夺，明明你的所作所为毫无庸俗卑鄙的意图，但竟然无休止地受到那些心术不正的家伙的猜忌和怀疑。这就是官场。官场并非无好官，可好官必须是好人。好人，又并非讨好别人的老好人，而应是上应天意下顺民心，好整以暇，敢于匡正辟邪、肃纪而从容之人。非如此好人不能成其为好官，可这样的好人好官有多少呢？年伯又说，等你官瘾过足了，老到了，你就会发现小县城大朝廷，虽然普天一理，但实际上是"问心天理少，掣肘地方多"呀。果然，多年经历下来，慢慢地，他悟出了年伯说话的用意，可他生性偏执，认为位卑不顶事，官大压死人，等他握有治理一方的生杀予夺大权，他还是要履行他的初衷！

然而，可悲的事就在眼下。按理作为巡抚，乃一省掌管民政、军政的钦命大臣，责任就是巡查职守，以严肃纲纪而抚恤军民，但碍于上峰伊大人的官声，在无真凭实据之时，他又不便在此过早妄加评议。

因此，他随手端起桌上的盖碗茶，坐下，一饮而尽。

陈化成此时不便多言。只是暗地点头：这位巡抚大人，显然为人清正。

裕谦见陈化成默默站着，便深为自己刚才冲动失态而颇觉歉意，于是平了平心火，起身说道：

“陈大人，日前给总督的折本，下官亦已拜读。所呈各项，条条在理。确实，在此敌强我弱之际，守外洋不如守海口，倘若以江南水师现有战船与英夷兵舰硬拼，无疑挟山赶海，投卵击石。但是，英军远离本土，长驱劳碌，粮饷军火不可持久，我清兵守候国门，独占地利而补给方便，正是以逸待劳。因此，陈大人所提‘坚固海口、炮防为主’的布防方略，与林则徐大人的‘以守为战’不谋而合，亦与下官所见略同。不过……”

裕谦说到此处却沉吟起来。

陈化成望着裕谦。

其实裕谦肚里有话，“此时皇上和战不定，伊大人明显无心备战”，但他不好明讲，只得改口道：

“不过，据下官所知，绿营训练，荒芜日久，各营备将，相率因循，水师尤甚。所以，工程急须抓紧，训练之事亦不可滞后。至于增添银两一项，近日我已得到扬州和上海盐商的承允，资助钱款很快即到。”

陈化成一听，心头顿时踏实多了，说：

“训练之事，我已从福建水师带来专司教练的军士，除弓矢、刀斧、钩镰、装弹发炮之外，还增练火绳排枪，此项训练之事，请巡抚大人尽管放心。”

裕谦面露喜色，略一点头。

陈化成喝了一口茶，试探地进言：

“至于后续工程与修造炮台和铸炮制药，是否也交末将监管?”

陈化成的用意，裕谦自然一听就懂。吴淞要塞炮台整治工程名分上由总督伊大人统筹，实质上只委派分巡苏淞太兵备道巫宜契兼管和上海道张观察协办，然而工程浩大，工期紧迫，除修塘筑堡之外，铸炮制药还牵涉制械局、火药局和支应局好几处衙门，征发役夫又须动用州县官府，错综复杂又政出多门，肯定是掣肘不灵，疏漏百出。再说，总督大人即使有心备战，稳坐江宁也是鞭长莫及，须有如陈大人这样德高望重又果断强干之人竭心尽力，工程方可确保无虞。现陈化成不避风险，甘负重任，正是求之不得之事，岂有不允之理！于是，他双手抱拳，恭敬地说道：

“既然陈老将军担纲，肯定大功告成!”

话已说明了，还有什么不告辞的呢，但陈化成起身之后，却提醒巡抚大人：

“大人，不是末将过虑，这事，总督伊大人会不会阻挠?”

“兵来将挡，水来土掩。”裕谦豪爽地一挥手，话音犹如板上钉钉一般，说，“总督伊大人那里，自有本官为陈大人逢山开路，遇水搭桥!”

“谢大人!”

## 15.

七月的江南，骄阳猛似虎。

吴淞要塞十里长堤像被烧红了似的，蹿着熊熊烈焰。

民夫、军士挥汗如雨，肩挑手推，搬砖运石，人不息脚马不停蹄地抢修海塘，好像要与日头比试，一片热火朝天。

陈化成跟普通军士一样汗流浃背，日夜不歇地奔波于海塘工地。尽管，皇上的谕令至今未到，主战主和令人扑朔迷离，而奏章中请求追加的款项有无下文，早已成了酒肆茶楼上的老生常谈，但待修的海塘不能等，迫在眉睫的战事和即将到来的八月大潮更是不等人。因此，陈化成与松江知府商量，在松江、上海、宝山、嘉定和吴淞等城镇张贴重修海塘的告示，有钱出钱，没钱出力。

三天不到，商贾士绅船户地主纷纷解囊捐资，而那没钱的农夫海夫闲散游民则排着队等着做工。

这时，裕谦应允的款项也到了。

钱款与人力不再紧缺，陈化成给所属提标营各标的千总和吴淞绿营前后左右各哨的把总以及乡勇、团练下了军令状，他要抢在潮汛到来之前将大堤的地基夯实打牢。

开弓没有回头箭。从四月初破土动工，十天一旬，屈指八、九旬过去，一道长达十里、用青砖条石砌筑的新大堤便颇具规模地横贯于海塘旧址之上。

7月10日，陈化成带着一班属僚巡行在大堤上，正计划下一步的工程，忽见提署衙役驰马飞奔而来。

“小的，拜见军门大人!”衙役下马一跪，气喘吁吁地说。

“何事令你如此慌张?”陈化成问。

衙役从衣襟内抽出一份火印文书，急吼吼地朝上一递：

“衙门都司命小人火速面呈!”

这是一份《战事阅抄》，陈化成打开一看，扉页先有一首《祭诗》：

同时生死事难量，独有文臣竟国殇。

半夜毒蛇争边陲，诸军鹅鹳不成行。
攻城顿使千夫溃，骂贼先闻一尉亡。
何处更寻新令尹，凄凉灯火照沙场。

陈化成一惊，是谁殉难？是谁阵亡？赶紧掀到第二页，倏地，一行令人顿足捶胸的大字赫然在目：

定海失陷！

犹如一个滔天巨浪迎头扑来，陈化成被霎时打蒙了。

然而，定海早晚会要失陷，已在陈化成的意料之中。

此前，陈化成已经收到过数份《战事阅抄》，消息纷纭，形势历历在目——

1840 年 4 月底，新任的英夷东方远征军总司令懿律乘坐“麦尔威里”号旗舰，在“摩底士底”号和“哥伦拜恩”号的护卫下，由英国普敦港出发，长驱印度，在加尔各答与其他舰船汇合后，驶往中国。

6 月 9 日，“鳄鱼”号最先到达金星门洋面。随后几日，海军司令伯麦乘坐“威里士厘”号、懿律的兄弟义律乘坐“窝拉疑”号也来到了澳门外洋面，他们登上懿律那艘载炮近百门的“麦尔威里”号大型战舰，统一口径，于 6 月 22 日颁发了封锁广州河道和港口的公告：

现奉英女王陛下政府命令，本总司令特此布告，从本月 22 日起，对广州入口所有河道港口一律进行封锁，仰各知照。此布。

接着，26日又以义律的名义公布了“给粤省沿海居民的通知”：

……中国政府高级官员林、邓两人，背信弃义，滥施暴行，藐视皇上以公正温和相待之谕令，伪造报告，上奏天朝。为此英国女王陛下，决定派出特命之官员，前往中国之海岸，以便将事实真相向皇帝陛下陈明。现奉英国女王陛下之命，正式宣布本地船舶不准进出指定之港口或其他港口，但渔船将准予在白天通过，出入广州港口，不受阻碍。来自其他城镇、乡村之本地商艇，准予往来，以便到英国船舶停泊处互市交换货物，仰各商民人等一体遵照执行。

挖人家墙角拆人家篱笆的强盗，竟然贼喊捉贼，倒打一耙盗贼装成了受害者，要中国的皇帝为他们申冤？天底下哪来如此欺行霸道之事！

说他们霸道，就霸道。

至6月底，东方远征军全部到齐。那舰名船名叽里呱啦听不明白，听明白的都很凶残可怖，什么“豺狼”、“鳄鱼”、“响尾蛇”……战舰、兵船一共43艘，总兵力超过4000人。

东方远征军的总司令懿律原计划，先封锁珠江口，再挑起战端进攻虎门，尔后直逼广州。

英国人岂知，广东自林则徐抵粤后，一直重视加强防务，因此能取得九龙之战的胜利，随后又击退了英军在穿鼻洋和官涌海面的多次挑衅。中英贸易停止后，林则徐和关天培密切协同，用火攻方式摧毁了不少英船盘踞的窝点。接着，林则徐加快广东的防御步伐，他“设法密购西洋大铜炮及他夷精制生铁大炮，自五千斤至八九千斤不等”，用以加强虎门各炮台的火力。同时，向澳门周围增派援军，又赶修完竣尖沙嘴新建的两座炮台。此外，招募水勇5000人，调集各营大号唬船20只，雇红单船20只、拖风船36只，并从美国人手中购买英船“剑桥”号，改成载炮34门的战舰，组成一支实力可观的船队，做好了一切迎战准备。在实力准备的同时，发布《英夷鸱张安民告示》，大声疾呼地宣传道义：

英吉利国夷人本多狡诈，且以鸦片害我人民性命，骗我内地资财，亦我民所同仇共愤。乃自断其贸易以后，该夷人尚不迅速回国，又不悔罪输诚，近更传言有兵船来粤。其来意之善恶，到汉之顺逆，虽不可尽知，而彼既自外生成，我无难力制其命。故此，本部堂（院）今与尔等相约：如英夷兵船一进内河，许尔人人持刀痛杀，凡杀有白鬼一名，赏洋一百元，杀死黑鬼一名，赏洋五十元。

这真是，扎紧篱笆，严防野狗！

由于林则徐率关天培等将领严密防范，英军无隙可乘，便于6月30日任命士密为粤海舰队司令，留下“都鲁壹”号、“拉呢”号、“海阿新”号、“哥伦拜恩”号炮舰和汽船“进取”号等10余艘舰船，继续封锁珠江口，其余31艘舰船，北上进犯闽浙。

7月2日，英国舰队到达厦门海面。

殊料，主战派大臣、闽浙总督邓廷桢在英军到来之前就收到林则徐派人送来的紧急函件：

驰报闽浙总督邓大人台鉴，今日英夷舰只北移，望速准备，以迅雷不及掩耳之势予以迎头痛惩。弟则徐与兄同御寇仇，胆赤心忠，英夷何以能为！

因此，邓廷桢统辖的福建水师早已戒备在先。

对福建的防务，陈化成当然清楚不过。它因与广东毗连，海岸线又长，鸦片流毒仅次广东。以往福建大小文武，多染指于鸦片走私，包送鸦片过境和向鸦片船提供水米之事司空见惯。而海防形同虚设，海口炮台大者不过周围 10 丈，安炮不过 4 位、6 位，重不过千斤。陈化成刚升水师提督不久，邓廷桢调任闽浙总督。一到职，他立即支持陈化成大刀阔斧地禁烟和驱逐夷船，表示要“一鼓作气，坚持有进无退之心”，随即严办了一批走私惯犯和包容鸦片走私的官吏营员，同时亲赴各海口查察海防，对守军晓以大义，激励兵弁“并力攻击，使其不敢留恋”。为加强武备，邓廷桢谕令各海口添设炮墩，并从广东购买 14 门外国重炮，安置于厦门。此外，又增加了水师战船。

邓廷桢与林则徐英雄所见略同，他说：笼牢犬难入！

可不！当英军一股呈金字塔形进入闽粤交界的南澳岛，就遭到金沙兵备道刘曜春所率水师战船火攻炮击。

英舰迅速败退。

另一股英舰窜入厦门港青屿海面，被陈化成当年的部下、水师提标中军参将陈胜元督率水师两面夹击，同样以败退告终。

邓廷桢坐镇的厦门简直无懈可击，英军于是转舵北上进攻定海。

定海是江浙海防重镇。

然而，这座海防重镇却没有设防。原来，浙江巡抚乌尔恭额认为，定海孤悬海中，既然无险可守，不如减少兵员，还可节省饷银。于是把绿营兵和水师营原有的一万人削减到两千余人，几乎完全撤消了防卫。

防卫一撤，当地的官吏以为天下太平，一度沉醉于莺歌燕舞春花秋月之中，而仅有的驻防清兵更是毫无战守戒备之心。真所谓“武备不修，将不知兵，兵不知战”。

对此，陈化成甚有忧虑，但他远在淞江鞭长莫及，只好向伊里布大人进言。伊大人却不以为然地说了句“分兵把口，各司其职”，言下之意，舟山的防务归浙江提督管辖，不用你江南水师提督操心！

想不到，陈化成的忧虑很快就成为事实。

1840 年 7 月初，英国东方远征军主力舰船陆续到达舟山海面。

7 月 3 日，英国武装汽船“马打牙士加”号和“阿脱兰塔”号驶入定海北港的道头，测量港口深浅。次日，海军司令伯麦和陆军司令布尔利率领“威里士厘”号和“康威”号、“谷巴士”号、“巡洋”号在港外来回游弋，不见岛上动静。懿律和义律用望远镜反复观察，也看不出岛上有过多的清兵屯守，断定没有设防，便下令直驶定海港。

当英舰横冲直撞地驶进港口，水师总兵张朝发竟对着报告军情的巡捕一拂手，十分麻痹地说，“夷船避风而来，无足深讶！”

直到英军发炮攻城，城头坍塌之后，麻木不仁的文官武将方才大梦初醒。

晚矣！

进攻定海的英军共有炮舰 5 艘和武装运输船 24 艘。兵临城下，英舰“威里士厘”号首先开炮轰击护城的清军水师，张朝发懊悔不迭，奋勇率领战船与敌激战，不料左股中弹落水，水师船只也纷纷被英军炮火击沉，全线混乱，溃不能战。

英军乘胜登陆，占领关山，四更自东门架梯登城。

守城清兵寡不敌众，县城被敌袭取。

刚到职不满两个月的新任知县姚怀祥逃出北门，自知“守士之义，不可以不死”，行经普慈寺，投梵宫池殉难。

定海，一个拥有 2600 人的绿营驻军，30 万百姓，方圆 900 里的浙江第一大岛屿，眨眼之间便沦陷了。

陈化成急速看完《战事阅抄》，这才明白扉页的诗是时人祭奠知县姚怀祥的，含泪再读一遍，不禁义愤填膺，怒火中烧。

他真想朝在场的部属大声疾呼：赶走英夷，冲上去，杀！

可他咬咬牙克制往自己。

他虽以勇猛著称，但不是一介莽夫，他的脉管里奔突的不单是猛将张飞的血液，相反，每临大事有静气是他的习性。诚然，兵书上说过，合军聚众，务在激气。又说，兵之所战者气也，气之所生者怒也，兵以义怒，可以百战。这些，确实是带兵征战的至理名言。倘若他此刻驻守舟山，肯定要借此创巨痛深之际，挥泪誓众，激励官兵奋勇杀敌收复失土，为死难的同胞报仇雪恨！然而，这里是吴淞，吴淞的兵民虽有守备之心，却缺守备之力呀，海塘炮台毁损废弛，加固抢修不啻临渴掘井，临阵磨刀，而大敌已经当前，在这种水漫脚脖、火上屋脊的时候，千万不可妄自骚动，干扰军心。

他的目光从身旁的属僚那一张张神色期待的脸面上扫过，再从兵民穿梭的大堤将目光一直投扫向尽头的苇荡。

秋天的芦花在夕阳斜照下泛动着一片银光，远处是波澜不惊的大海，突然，不知何人向苇荡里抛掷了一块石头，安详而宜人的风光顿时被一行噗嗖嗖飞出嘎嘎嘎鸣叫的野凫打破了。

这景象给人一种风声鹤唳的感觉。

陈化成略有所思，声色不露地将《战事阅抄》重新折好，回转给衙役，随后向属僚们交待了几句，他便转身上马，带着衙役飞驰回衙。

当晚，陈化成召集韦印福、周世荣等将官密商战策。

陈化成说：

“英夷乃无信无义小国，自古以来罕有息战休兵之时，素与西葡荷法鹬蚌相争，联姻之国沦为仇家，唇齿之邦激成水火。他们为图一己之利，百般纵容鸦片走私，名辟商埠，实为并吞。今公然派遣大队舰船，伤我百姓，占我疆土，倒行逆施，已臻极点。依本督所料，英夷于定海得手后绝不会就此罢休，必将进犯长江，直入内地。”

在取得众将共识之后，陈化成断然决定亲率提标营兵马奔赴吴淞，会同吴淞绿营官兵，依塘列帐，死守吴淞口。

## 16.

然而，远在北方的朝廷却是恐慌一片。

道光皇帝束手无策，压根儿没有料到英夷会攻城掠地侵占定海，倘若英夷得寸进尺，将军舰开到大沽口，岂不是要直逼津京？

“弛禁派”像只斗败的公鸡忽然啄食了酒酿，顿时来了精神，上蹿下跳，纷纷谴责“严禁派”首领林则徐“措置不当，轻开边衅”。直隶总督琦善在一班主和派大臣的支持下，力劝道光皇帝与英夷妥协议和。

一时间，甚嚣尘上的“抚夷”之声，不绝于耳。

道光皇帝整日消沉。

军机大臣穆彰阿出班启奏：

“陛下容臣禀奏，定海失守，虽是张朝发、姚怀祥无能，但林则徐在广东轻开战端，不能不说是祸之起因！”

这个穆彰阿是林则徐的死对头。林则徐一到广州就重办了他的小舅子，弄得他的爱妾成天缠住他又哭又闹，后来林则徐又查抄了他在汉口的永盛记，害得他损失了大半个家当，旧恨新仇汇聚一道，恨不得借皇上的怒火一刀将林则徐斩了！

然而，此时的道光帝虽心烦意乱，但还不至于偏听偏信优柔寡断。他一听军机大臣开口就追究林则徐的罪责，三追四究不是要追究到朕的头上？因为林则徐赴粤禁烟和严惩英夷并与之断交，都是他皇上的主意。

这主意一开始并不错，父祖辈就是这样严禁的。

雍正五年（1727），英夷第一次向中国偷运进二百箱鸦片，这事很快被雍正皇帝知道了，马上发布禁令，严禁贩卖吸食鸦片，如有违犯者斩。乾隆皇帝在位时，对鸦片也明令禁止，并处决过几个违反禁令的鸦片贩子。所以，雍正乾隆的七十多年中，鸦片未能泛滥。

嘉庆年间，吏治有所涣散，鸦片输入激增，嘉庆皇帝责令两广总督查实。方知距广州四十里的伶仃洋停泊众多趸船，犹如陆上货栈，英夷将鸦片从印度运来卸于趸船，再由俗称“快蟹”的小船运来白银换走鸦片。尔后，这些鸦片由暗地经营的大窑口偷偷摸摸贩运到乡镇小窑口，再销往民间。其行踪诡秘，手段隐蔽。有时假借出殡，而棺材中装满鸦片；甚至有人杀害拐骗来的幼童，剖腹取出内脏然后装满鸦片，把死孩当活孩抱在怀中坐舟乘车送运鸦片。

当两广总督将此等隐情上奏嘉庆，嘉庆大吃一惊。

再说那鸦片，刚流入中国时有个很讨人喜爱的名字，叫做“福寿膏”，初始一吸便觉神仙附体一般心旌飘摇，再吸即会成瘾，倾家荡产非吸不可。因此，大量鸦片输入，无数白银外流，银价不断上涨，百姓频频造反。而大清兵勇渐染吸食鸦片恶习，终日吞云吐雾，操练荒芜，根本不能上阵。

有一首《潮州乐府》凝聚了兵民的愤怒：

罂粟之瘴医难治，
黄茅青草众避之，
此毒中者甘如饴。

床头荧荧一灯小，
竹筒呼吸连昏晓，
渴可代饮饥可饱。

块土之价值万钱，
终岁难供一口烟，
久之黧黑两耸肩。

双眼垂泪鼻出涕，
一息奄奄死相继。
呜呼！
田中罂粟尚可拔，
番舶来时那可遏！

这乐府歌谣很快流传到京都。

受害兵民对鸦片的诅咒渐渐演变成朝廷对夷人的痛恨。

于是嘉庆帝诏令：

纵观国情，鸦片非禁不可。严禁鸦片乃釜底抽薪之计，不禁则不能阻塞漏卮以培国本！

可是嘉庆皇帝未能实施禁烟，就去世了。

道光初年，鸦片继续输入，白银继续外流，吏治败坏日甚一日，直等到他即位十九年（1839），刑部侍郎黄爵滋上奏：“以中国有用之财，填海外无穷之壑，易此害人之物，渐成病国之忧。日复一日，年复一年，臣不知伊于胡底。”两广总督林则徐的奏折更加一针见血，“鸦片流毒于天下则为害甚巨，若犹泄泄视之，是使数十年之后，中原几无可以御敌之兵，且无可以充饷之银。”

还有一次，林则徐奉旨面君，他将奏折中的话当面向皇上说得更为透彻：

“自古以来，官不能行令，则民乱。而今，官不能行令，则鸦片不止。鸦片不止，则百姓困苦，国库空虚。百姓困苦，则易生事端，几可酿成祸乱之源；国库空虚，则无可用之粮，无可御敌之兵，兵衰粮竭，大清江山则不能稳定。臣观洋人对我大清贸易市场垂涎欲滴，必会趁机以武力迫我开放口岸，甚至于强行割据地盘，形成国中之国。皇上，当今之世，鸦片已经成为我大清头号祸乱之源，已经到了非严禁不可的紧要关口，如果再不痛下决心，后果不堪设想。请皇上明断！”

自从夷人的鸦片走私变得肆无忌惮之后，道光帝就一天接一天心余力绌，没有好好地睡过一个囫囵觉。

在他的少壮年代，记得大清王朝同洋夷的贸易还是得多失少。单就茶叶、丝绸的出口，每年的交易额至少可以达到1000万两白银。那年头真令皇室上下舒心畅怀，那些黄毛碧眼白癜风一样难看的洋人，并没有让中国人矮到那里去，相反，觉得洋夷到中国来是仰慕大清的物华天宝，“普天之下，莫非王土”的感觉特别得好。

然而，嘉庆以后，洋人成批地贩运鸦片，这情形就像鹞子翻身倒了过来，只大前年一年，洋人就捞走了3000万两白银，搞得现银短绌，银价上涨，各省铜钱不值价，要1300文才抵一两白银。地方上周转不力，连内务府开支也是捉襟见肘。弄得官员抱怨连天，百姓叫苦不迭。

道光帝闻奏，觉得愧对父祖，必须禁止洋人的鸦片进入大清国的领地！

于是钦命林则徐驰赴广东禁烟。

殊料，这一禁却频频惹起风波。

想当初，道光帝听从林则徐的奏议，下令严禁鸦片，归根结底是为银子着想。

至于，对大清百年基业的危害，他这位皇上并不担心。甚至，他还巴不得那些像林清之乱中的刁民个个吸烟成癖，精神委顿，再无犯上作乱之力。他觉得危及大清江山骚扰社稷的，并不是外来的洋人，而是土著刁民。大清自立国以来，四夷慑服，还没有哪一方外夷成过气候，倒是刁民暴动才会令人头痛。至于招兵，大清4万万子民，没钱吸“福寿膏”的穷人多的是，何愁缺少兵丁？恨只恨，洋人贪得无厌又无孔不钻，不上几年时间，就捞走大清成千上万两的白银，眼看着白花花的银子像止不住的海水一样流向外洋，他的心尖都疼得滴血。

不给这帮老毛子一点教训，任其胡作非为绝对不行！

因此，他才下令禁烟。

但在他下令禁烟的同时，心里却打着另一把如意算盘：禁须有度。禁烟不能将洋人禁跑了，所以，得有人出面表示大清王朝的宽宏大量，要把洋人诓回来，稳住，买大清的茶叶、大黄、丝绸和瓷器，让那些鼓满腰包的洋人乖乖地把银子再掏出来。这样先威后德，必能令四夷慑服，天朝之威也就远播四海了。

道光帝心头明白，若论施威，非林则徐莫属；而要布德，又非琦善等人不可。

因此，林则徐和琦善成了道光帝手上的两柄利剑两张牌。

舞剑人和庄家是他道光皇帝。

于是，有了严禁派和抚夷派。

于是，分歧不断，争论不休，看不完的唇枪舌战。

眼下是抚夷派略占上风。

抚夷议和，岂不是要弛禁鸦片？

一旦弛禁，还不更要流失白银？

他一气，立即革除了浙江巡抚乌尔恭额和提督祝廷彪的花翎顶戴，谕令福建提督余步云带兵驰援，令闽浙总督邓廷祯派舟师赴浙会剿英军。同时，任命两江总督伊里布为钦差大臣巡视浙江防务。

裕谦接任两江总督。

真是天遂人愿。

## 17.

可再来的巡抚是何秉性呢?

移帐于吴淞口的陈化成，正巴望着，希冀着。哪知又是天遂人愿，接任的新巡抚梁章钜跟裕谦一样让他备感亲切。

这位梁大人，字闳中，福建长乐人氏，刚由广西调任江苏巡抚，一到任立即下令抽调抚标人马赶到上海县加强防务。毋庸置疑，这是位与陈化成一脉相承的主战派。大概是心志相投而乡音相通，俩人都大有相见恨晚之感。

现在，梁章钜听说陈老将军年近古稀之人，移帐于风口浪尖的吴淞，实在有些放心不下，于是风尘仆仆赶来探望。

这一日，梁大人的官轿出了宝山县城，远远就望见那海塘边由南向北十几里搭起一长排营帐。最大的一座，也是最破旧的一座营帐上，凌空招展着一面红绫大旗，一个斗大的隶书“陈”字，在正午的阳光下格外耀眼。

不用问，这就是军门大人的行辕座帐了。

梁章钜驱轿疾走，走到跟前，不等轿仗停稳他便掀帘下轿。

早已静候多时的陈化成迎上前去。

在此国土失陷海防告急之时，同乡重逢，感触弥深。

寒暄之后，陈化成领梁章钜进了帐。

帐内陈设简朴得令梁章钜益发吃惊。

梁章钜虽与陈化成初交，但陈老将军的简朴与清廉，梁章钜却早有所闻。台湾知府姚莹所撰《东槎纪略》，对陈化成赞誉备至，敬佩犹深。书中不仅感叹他“为民办事，当机立断”，而且惊叹他“舟师所过，丝毫不染；轻车简从，绝无铺张”。这几句绝非阿谀奉承之语，全是实情，说的是陈化成在福建水师提督任上巡视台湾的事。一省水师主帅出巡，一顶青布小轿，一身戎装箭衣，没有繁文缛节，杜绝盛宴饯行，如此高风亮节，怎不令沿途军民耳目一新！常言，耳闻是虚，眼见是实，今天梁章钜可算亲眼目睹了，钦佩之余，不免又生矜惜。

因此，待宾主坐下，品茗片刻，梁章钜不得不关爱地向陈化成进言：

“兄长戎马平生，战功彪炳，身为朝廷一品大员，肩负统率江南兵马的重任，岂有屈居此等营帐之理？闻说陈大人终日奔波于松江与吴淞之间，路途遥远且乡道崎岖，颇受颠簸之苦，再则于指挥确有不便，既然如此，小弟已在宝山城内备下公馆一座，还望陈大人笑纳。”

陈化成一听，连忙摆手，坚辞不受。他说：

“梁大人与兄弟神交已久，应知兄弟生性不喜排场，再说居此营帐与军士部属结伴相邻，可以一呼百应，又与要塞近在咫尺，无须再疲于奔命，兄弟得此居所备感满足。况且，国家正在危难之中，既为江南提督，定当镇守江南门户，岂有抛开左营右哨只顾个人安危苦乐之理？梁大人虽是一片好意，可是，那样一做，非陷兄弟我于不义呀！”

梁章钜默然了。

这铮铮之言，肺腑之音，不禁令身为一省巡抚的梁章钜振聋发聩；而这种身先士卒勇赴国难的的高风亮节更让梁章钜对陈化成钦佩得五体投地。然而，既然大老远从苏州的巡抚衙门跑来，总应该为好友做点什么吧？他环顾了一下，立即朝同来的宝山知县周恭寿吩咐道：

“马上派人，为陈大人赶制新营帐一顶，急速送来！”

“遵命。”周知县应了一声，仄过脸就冲亲随丢了个眼神。

那亲随会意，转身欲走。

“慢！”陈化成抢前一步，挡住去路，双手抱拳向梁章钜作了一揖，说，“多谢梁大人和诸位盛情。不是化成不知礼义，无奈吴淞绿营与水师营帐均皆破旧不堪，我怎能一人独住新帐？如梁大人体恤众员，不妨先为参将、把总和守备诸员各备一顶新帐！”

梁章钜赧然一怔。

座帐内鸦雀无声。

有人禁不住悄声耳语，说：

“陈老将军真是将了巡抚大人一军。”

陈化成揶揄一笑，冲梁章钜摆摆手说：

“刚才所言，过于唐突，大人权做笑谈，笑谈……”

“不！”梁章钜顶真了，冲陈化成一拱手，诚诚恳恳地说，“提督巡抚，一武一文，理应和衷共事，戮力同心。现本官既知实况，当即火速筹措银两，月内定为吴淞绿营和水师营全体将士统统制换新的营帐。”

“果真？”

“军中无戏言！”

“谢大人！”陈化成几乎一躬到底。

一言九鼎。梁章钜很快兑现了诺言。

吴淞海塘的绿营帐棚几乎全部更新。

## 18.

总督衙门坐落江宁，而前线在吴淞，千里之隔，鞭长莫及。

裕谦决定坐镇宝山。梁章钜为陈化成准备的那所公馆，便成了总督的临时行辕。

这一日，黄昏降临，大雨洗落了乌云，夕阳浸入不舍昼夜奔腾不息的江流。无风。本是晚凉时分却天气热得令人窒息。

胸闷，烦躁，裕谦只好在书房静坐。

看蜻蜓在窗外旋飞，更觉百无聊赖。

忽然，马弁送上一信。折开一看，原来是到浙江巡察的伊里布大人写来的。

他一怔，颇感意外。看信。

信里首先言及定海失陷，皆因驻军战前松弛，而临战又虾荒蟹乱，钝兵挫锐。经他这位朝廷命官竭力斡旋，如今英夷退出定海，兵戈已息，局势渐平。

一开头，那字里行间就飘逸着一种盲目的乐观，对此，裕谦却不敢苟同；而那种贪天之功据为己功的言行，裕谦更加感到反感。

他将信看了一半便搁到一边。

因为，他已经了解真实情况：

英舰北上天津与琦善会谈时，留守在定海的英军已经成为过街老鼠，陷入了穷途末路。人民实行自发地坚壁清野，定海街上买不到一点食物，郊区连一只鸡也看不见。英兵只好到河边钓鱼。疫病流行，数百名英兵死亡。为摆脱困境，英军四处派出舰船，到大陆抢劫食物，顺道进行侦察测量。

1840 年 9 月 15 日，英夷运输船“风鸢”号驶至慈溪县内洋，英兵乘舢舨上岸，一登陆便被清兵击毙 7 人，活捉了 4 人。吓得“风鸢”号掉头就逃，逃到余姚县利济塘，触礁沉没，22 名英兵被生擒，打死了 2 名拒捕的，其余乘小船四处逃散。

9月18日，其中一条小船漂到上虞县沥海，遇上一艘中国渔船，夷人以重金请求把他们带往定海。渔民不为银子所动，将他们送交上虞官方。这些英俘中有在九龙之战挑起战端的“甘米力治”号船长得忌剌少校和“风鸢”号已故航务长拿布的寡妇，一位因姿色雍容而被人当做英国女王御妹的漂亮女人。

此前，马德拉斯炮兵队的安突德陆军上尉，到定海城西青林岙测量地形，被村民伏击，逃跑时失足陷入水田中，被活捉解往宁波。

英国舰队从天津回到定海后，为救出上述俘虏，义律和马礼逊通事（翻译）赴镇海交涉，在东岳宫会见了伊里布、祝廷彪和余步云。

这些信息，通过各种渠道传到裕谦的耳中，裕谦对局势正拭目以待，浙江巡抚刘韵珂来了一信，这才使他获悉伊里布此次定海之行，走的是一条“贿和”之路。

何为“贿和”？

原来，伊里布为求和，派他的门下张喜穿梭往返于镇海与定海之间，与夷人握手言欢。

据说，第一次，张喜以朝廷命官六品顶戴的身份，偕同千总谢辅陛、兵目陈志刚坐小船驶至黄旗洋，登上英夷汽船，与义律入舱就座。义律敬张喜满满一杯葡萄酒，张喜一饮而尽，众夷人拊掌大笑。

还有一次，张喜携带牛、羊、鸡、鸭去定海犒劳夷人，那天，他在“麦尔威里”号夷舰上见到了英军统帅懿律。夷人盛筵款待。进餐时，始终有一支24人组成的铜管乐队演奏着抒情的西洋乐曲，虽然奶酪牛油不合张喜的胃口，但玛瑙一样红的葡萄酒却让张喜脸赤心跳。晚上，张喜在舰上过夜，与懿律对榻而眠。

肉麻！

羞耻！

但张喜心无旁骛脸无惭色。经他穿针引线，伊里布与懿律私下里达成了停战协定，不仅答应将英俘除马德拉斯炮兵队的安突德陆军上尉外全部释放，甚至答应将舟山岛及近旁之小岛，包括象岛（摘箬山）、塔山（螺头）、黑墙山（册子山）、鱼人山（黄星山、庙子湖、青浜山一带）和普陀山与桃花岛都划归英夷的势力范围。

呸！懦夫败类，祸国殃民！

张喜有失国格，伊里布更是利令智昏！

裕谦获悉这一切，简直要气背了过去。

他觉得，英夷乃虎狼之性，绝无信义可言，以金银贿和，犹如肥羊饲虎，反使英夷更加骄横贪婪。他料定，此番英夷退出定海，不过是以退求进的喘息暂缓之计。因为，英军舰高船大，夏汛一过，秋冬落潮，定海港水浅不便航行，等到来年江潮开涨，英夷肯定会疯狂反扑。

到那时，局面就更加难以收拾了！

因此，裕谦决定等把情况摸准，尔后给皇上禀奏，阐述他的观点，从根子上把伊里布这条"贿和"的路堵死。为慎重起见，他将看了一半的那封伊里布的来信取上手，接着往下看。

没见什么新鲜东西。只是伊里布谈到江南防务说到陈化成时，特意加重一笔，"有将略，可依重。"

这话，不禁使裕谦点头称是。可转身一想，一向主和抚夷的伊大人为何对政见不同的陈化成赞誉甚高？

不解。

信刚看完，窗外，那棵原先纹丝不动的香樟树，忽然杆摇枝晃起来，闪电过后，雷声大作，早已喘息半天的暴雨又骤然呼啸而至。

暴雨鞭打树叶，苦苦折腾一夜。

裕谦思前想后，整整一夜未眠。

清晨，雨仍不停。裕谦自然而然联想到正在加固整修的吴淞海塘，联想到海塘上与士卒同住营帐的老将军陈化成，立即传令督标营参将颜少卿赶赴吴淞营地，抚慰官兵。

那颜少卿出生于蒙古大草原，马上功夫超群。他冒雨疾驰，很快就赶到了陈化成的营帐。

颜少卿因有督标营的号牌，进入辕门无须禀报。他撩开帐帘，冲里面扫了一眼便愣住了。

彻夜的暴雨使海水倒灌，陈化成的座帐也积满了海水。此时，陈老将军刚刚洗漱，赤裸的上身瘦骨嶙峋，一个马弁正用两块按胸廓形状特制的木夹板替老将军细心包扎，尔后再替陈化成披上官服。结束停当，陈化成铁打金刚般端坐着，周身迸射着一股威严不屈的大将风度。

颜少卿双眼一热，心头不禁百感交集，崇敬，钦佩，尽在不言之中。他掀帘进帐。

陈化成定睛一看，认出来人是督标营参将颜少卿，忙移步作揖：

“颜将军，何时到帐？怎不预先通报一声，以至下官有失远迎！”

“末将刚到。”颜少卿将目光从陈化成那挺拔的胸肩上移开，不动声色地说，“因暴雨来势凶猛，宪台大人特令末将前来问候军门大人！”

“多谢宪台大人关照。”

陈化成说着，就要出帐。颜少卿一拦，进言道：

“军门大人，你这座帐四处是水，如此潮湿，怎生安寝？末将正好无事，不如替大人将它移至高处。”

“不可不可，千万不可！”陈化成大手一挥，说“座帐一移，三军惊扰。且我独就高燥，士卒将风雨湫溢，我于心何安？”

颜少卿没言语了。回到公馆，他便将所见所闻，如实禀报总督大人。

裕谦备受感动，由衷地赞叹道：

“诸将皆若陈化成，何愁英夷不退兵！”

## 19.

雨停潮退。

陈化成腾出身手，集中精力加固海塘，整修东西炮台。

先说炮台。

东炮台始建于康熙年间，历时已经一百余年。嘉庆十年，因涨滩致使炮台离江面太远，便另筑一座圆形砖石结构的新炮台于张家浜口。后来，又分别于道光十二年（1812）和十五年（1815）修缮并建造营房。

陈化成实地勘察后，认为东炮台虽然年久失修，但炮位尚在，护墙与雉堞大部分仍可利用。因此只需要500名民夫加上驻守东炮台的数百提标营军士，以及川沙营水师官兵共同修理整治，即可架炮21门。

工程艰巨的还是位于吴淞口西首的西炮台。

虽然上海道的张观察已经手数月，但工程潦潦草草，根本不行。

陈化成在得到新任总督裕谦的支持后，将布防方案重新推敲，决定海塘上增修土堡 26 座，而加固后的海塘大堤上需安装大炮 154 门。

那土堡并非普普通通的土堆，陈化成叫它“土牛”，既可御敌又可藏身。因此，其建筑之工十分严格。内墙为石头墙，外墙则为三合土砖墙，厚度达半丈有余，防护墙之间砌成交角以形成斜坡，敌炮射来自可斜拂而过。

土堡之上再高低错落建造大小炮位。在吴淞镇南蕴藻浜北再用花岗岩条石修筑一座半环形炮台，俗称“西炮台”，上面能安置 10 门 24 磅弹的铜质大炮。

整个工程不仅量大面广，而且需赶潮抢汛，因此工期十分紧迫。所以，陈化成调集大部兵力和数千民夫投入西炮台的整修工程。

再说海塘。

雍正十二年（1734）开始，时任宝山知县的胡仁济率先捐献俸银，带领民众历经 9 年修建了一道海塘。海塘三面临海，塘内以土戗实，外钉排桩，填砌块石，高 1 丈 5 尺，长约 15000 余丈，自吴淞炮台湾至小沙背，环绕宝山城东与城北，以阻挡潮水浸漫民居农田。

道光十五年（1835），时任江苏巡抚的林则徐视察宝山，见海塘堤面坍塌，堤身岌岌可危，便在嘉定和上海两县募银 10 万余两，将海塘整修加固。

此次重修，陈化成可谓煞费苦心。

他先疏通了宝山顺通河，再自石洞口到蕴藻浜，沿江数十里，动用上万人工挖泥挑土，培厚加高和戗实原有海塘。塘长

40 里，高 2 丈，顶宽一丈七八。再按他的要求，地面先垫上花岗岩碎石，浇灌糯米浆使之相凝成片，再一块接一块铺上厚石板，石板与石板之间又用铁钩铆接。

这样修筑的海塘大堤，即使架设 4000 斤到 8000 斤重的大炮，开炮时，也绝不至于因受震动而坍塌海塘堤身。

海塘后面再将四方空地凿深 5 尺，将凿出的土垒成四面墙。墙壁下面厚 5 丈，上面厚 3 丈，所凿低下处修建营房，两边酷似街道。街心挖沟成回字形，中间凿池蓄水，立一柱竿用绳上下，可观察四方。

潮涨潮落，斗转星移，陈化成督修海塘、监造炮台，历经整整半年。他与将士餐风沐雨甘苦与共，终于，吴淞炮台工程于八月大潮汛到来之前鸣锣收金了。

新炮台建成之后，只见那炮群连锁，几座炮台组成犄角之势，层层迭迭且上下左右互为屏蔽，这阵势何等的威猛！而那十里连亘的海塘，从海上远远一望，俨如一道长城，气势十分的雄伟！

在整修海塘炮台的间隙，陈化成遵照裕谦的关嘱，不忘训练兵员，而练兵的同时，他又不忘筹办水师。

办水师，先须有船。

从顺治到乾隆年间（1644—1795），清军外海水师共有战船 28 种，主力是赶缯船和唬船。内河水师共有战船 41 艘，主力是唬船和哨船。

这一期间的战船追求庞大和威风，机动性能差。松木制造的大赶缯船，“船长 12 丈，宽 2 丈，深 1 丈，双桅双舵双锚，两支大橹，4 只木碇，24 个船舱，载重 1500 石。双篷唬船和犁船也是松木制造，长 10 丈，宽两丈三，深 1 丈，桅高 8 丈。”

真是船大戗风，尾大不掉！

蔡牵海上起义后，清军水师屡被蔡牵用商船改建的灵巧战船击败，迫使清军水师改弦易辙。嘉庆帝当政之后，轻捷的战船代替了原先的大战船。到了道光年代，以梭形的同安船改建的同安梭式战船，就成了水师的主力。

因此战船几乎缩成了渔船。

其实，若论造船，中国人曾经远远走在西方人的前面。明朝初年，造船业极为鼎盛，造船工场遍布全国滨江沿海各地，尤以江苏、福建、湖广、浙江等地最为发达。除民办的以外，还有官办的。其中最大的有南京的龙江船厂、苏北的靖江船厂、福建的台南船厂和东北的吉林船厂，几乎全国都在造船，声势浩大得令世人瞩目。

这功劳应该归于雄心勃勃的明成祖朱棣。这位“天朝大皇帝”，感到“仓廪充积，天下太平”了，便要“耀兵异域，示中国富强”，“临御天下”，“居中夏而治四方”，于是派三宝太监郑和以总兵身份率领庞大的舟师七下西洋，“云帆高张，昼夜星驰，涉彼波澜，若履通衢”。那宝船九桅十二帆，“体势巍然，巨无匹敌，篷帆锚舵，非二三百人莫能举动”，如此艨艟巨舰驰骋在浩瀚大洋，何等壮观！

可惜的是，清初实行严厉的“禁海令”和“迁海令”，不仅遏止了对外海夷帮的商贸，而且直接阻碍了造船技术的提高。康熙以后，虽部分开放海禁，但严格的限制捆住了国人制造海船的手脚，规定沿海各省渔船只许用单桅，梁头不超过1丈，船工水手不得超过20人；出海贸易船只，只许用双桅，梁头不得高于1丈8尺，载重不足500石，舵工水手只准28人。国人只能造小船，久而久之造大船之术濒临失传，以致到了道光年代，水师战船一般均为单桅，难以与庞大英舰对阵。

早在福建水师提督任上，陈化成就对造船十分关注。剿夷而不谋船炮水军，是取败之道。因此，他雄心勃勃一心想壮大自己的水师，无奈军备银两一压再压，他的计划几乎落空。所幸的是在他即将调任之前，终于看到了他亲自监造的两艘新船出厂下水，一艘是装置32门火炮的大战船，另一艘是载重300吨的快船。

到了吴淞，听梁章钜说，林则徐的旧部、余姚知县汪仲祥和嘉兴县丞龚振麟，精通泰西算方，会设计，曾根据英国人造的火轮战船，予以改进，以人力代替火力，推动齿轮击水，制造出更为便捷快速的安南战船和车轮战船。

他一听，眼睛就发亮了。

可一打听，得知两位能人已在定海失陷之后，被调往宁波军营。

他立即写了折本，恳求两江总督裕谦将他们调来上海。又派人到广东向林则徐借来珍藏的车轮战船图，再向邓廷桢借来福建水师的造船工匠，集思广益，群策群力，终于试制出一种小型战船。

这种战船，船型颇像英国的火轮船，但更小巧，适合于长江下游作战。它的两舷配备了用坚韧木材制作的轮桨，舱内设有绞盘，依靠齿轮将绞盘与轮桨联动起来。作战时，水手在舱内以人力推动绞盘，轮桨一转，船便飞快向前，其速度要比普通的水师战船快上三四倍。

裕谦一见这种两舷带轮的快船，大喜，欣然为它命名“明轮”。

陈化成与梁章钜分工，一管监造，一管筹款。很快集齐几十万银两，便令工匠依样赶造。海塘竣工前夕，就造好了4艘明轮。每艘明轮的甲板上都装置了小火炮和大抬枪，准备让它们到时候一展威风。

忙完了这一切，陈化成要亲自指挥，演放大炮！

## 20.

这一天，终于到了！

海风阵阵劲吹，旌旗猎猎狂舞。

蜿蜒40余里的海塘气象更新，沿江26座土堡巍然屹立于海塘之上，堪称铜墙铁壁，而那从上海和扬州陆续运来的新铸大炮，安置在坚实的炮位上，犹如一尊尊猛狮，气氛分外凝重逼人。

清军在入关以前，主要靠骑兵击破明军，使用兵器多为弓箭和短刀、长矛以及钺、斧、镖。宁远之战与平定“三藩”之乱，清军才大量使用火炮。后来，局势稳定了，虽然不是“刀枪入库，马放南山”，但朝廷却谕令将火炮贮藏封存。除东三省以外，其余地方每千名清兵只准留炮10门。

所幸，水师战船及海边防、省城要隘，原有火炮可以保留。

然而，那炮只是做做样子，各处海口所安炮位，形同摆设而已。

有炮无兵，有兵无训。

两江总督裕谦对陈化成说：

“防堵海疆，首重大炮，而江南和浙江水路各营镇将备弁，能知放炮之法者，唯黄岩镇标中营游击林亮光尚称谙练，余则绝少其人。”

陈化成派人将林亮光请来施教。

不请自来的是四港八汊的乡民。

自从宝山县守备衙门贴出“吴淞炮台将于十月初八日分段演放新炮，闻见炮声，勿庸惊惶”的告示之后，乡民便奔走相告，不消数日，整个松江府上海道和宝山县境内，家喻户晓，老少皆知。

初八日的正午，烈日下的吴淞口早已是一片人山人海。

辕门口架设了一座视野开阔可供观察的高台，居中端坐的是裕谦、梁章钜和陈化成，他们的左右首分别是从江宁、京口（镇江）赶来的制械局、火药局的官员和上海道台、宝山县与松江府的文武官员。

离高台最近的海塘上，4 个土堡安装了 24 尊新铸大炮。

这是一种生铁铸成的前装滑膛火炮，炮身足有 1 丈 2 尺长，重约 8000 斤。每尊炮后都站立 4 名着红背心裹红头巾的青壮炮手。看那昂首挺胸的架势，显然都受过林亮光的精心调教，浑身充满了一股驾轻就熟的自信。

临近预定时辰，提标营中军参将韦印福急步走近陈化成，单腿一跪：

“启禀军门大人，演炮诸项，准备就绪。”

陈化成顺手接过身边马弁递来的千里镜，向海塘土堡上的炮位再仔细了望一番，起身向裕谦和梁章钜禀报：

“二位大人，时辰已到，是否传令演炮？”

裕谦和梁章钜略一点头，陈化成便朝韦印福将手一挥。

韦印福奔向台口，手执令旗，一声令下：

“演炮！”

说时迟，那时快，只见海塘上火光四溅，硝烟弥漫，24 尊大炮同时炮声轰鸣。

吴淞口沸腾了，场面蔚然壮观。

高台上的文武官员，海塘上的各营官兵，四港八汊涌来观看演炮的乡民百姓，顿时欢呼雷动。

陈化成不动声色，这炮声极为反常。不知何故，他预感到不祥。

当江风吹散硝烟，陈化成举起千里镜，一看，不由得目瞪口呆。

24 尊大炮，半数前膛炸裂，笨重的炮筒倒戳在海塘上，一片狼藉。刚才点炮的兵勇，因闪避不及，不少人被炸伤，痛嚎之声令人撕心裂肺。

全场肃然。大海也凝结了。

陈化成气得钢牙直颤，马弁送上的一杯盖碗茶被他重重地掼下！

军门大人第一次发这么大火。大小官员，面面相觑，不知所措。

韦印福跑下高台，很快又奔了上来，大声报告：

“禀报宪台、巡标、军门大人，末将查实，24 尊新铸大炮，10 尊前膛炸裂，8 尊炮身全毁，只有 6 尊破损不大。共炸伤炮手 9 名，辕门郎中正在救治。”

损失惨重！

观看演炮的乡民百姓一哄而散。

高台上的官员垂头丧气，一片鸦雀无声。

陈化成脸色铁青，环顾了一下身边的文武官员，话音不高但语气冷峻地问道：

“制械局和火药局总办何在？”

刚才一幕早把两名总办吓得魂飞魄散，明明这批新炮出厂之前每门都试放正常，怎会架上炮台鸡飞蛋打呢？

他俩哪里知道这中间的环节太多，既有人偷工减料，又有人营私舞弊。造炮工艺不严，炮身隐藏砂眼，本该回炉重铸，可工匠管带为图验收报竣，每当验炮之时，事先贿赂炮手兵丁，上药只上十分之五，试放自然不至炸膛。现临阵施放，炮兵又系陈化成精心筛选的亲兵，火药按量装满，暗藏隐患的炮身岂有不炸裂之理？事已如此，两位总办顿觉剑悬头顶刀架脖颈，战战兢兢地躬身回答：

“卑职在！”

按清朝军制，战乱时节，提督有权就地正法贻误军机的镇道官员。但今天有总督、巡抚在场，他只好压住怒火，请示二位大人。

梁章钜与裕谦对视一眼，便代总督说：

“此事请陈大人全权督查，尔后再报总督定夺！”

陈化成遵命。

两总办惊魂甫定，一听巡抚大人将他们提交军门大人督查，以为即刻会被锁拿归案了，那知，陈化成却暂时网开一面，冲他们说：

“尔等立即回衙，务必将帐房、采办、支应、监造等各司职官员一概叫齐，彻底清查大炮炸毁原委，如有偷工减料、弄虚作假、贪污舞弊等蝇营苟且之举，从实禀报，严惩不贷！”

“卑职遵命！”

两位总办退下之后，陈化成又对韦印福吩咐道：

“将大炮残片速去检验，仔细查核有无蜂眼，是否采用上等精铁？”

“末将遵命！”

## 21.

演炮失事，对陈化成震动很大。

他心想，制械局与火药局均是管钱管物纯粹白银堆砌的肥缺衙门，虬枝蚁穴，疏漏甚多，其中不少官员属于皇亲国戚的纨袴子弟，暗藏机巧且朋比为奸，谁也不敢冲他们轻举妄动。

但大敌当前，作为忠良老将，容忍贪官污吏循私舞弊，岂不是对上有辱君命，对下有愧百姓！

于是，他策马星驰直奔江宁，向两江总督裕谦密呈，请求提宪大人支持调查火药局与制械局。得到裕谦首肯之后，他又亲自主事，派通晓内中关节的心腹家将明察暗访，果然查出两局司职官员贪污铸炮制药的官银竟达五六万两之巨。

物证在手，陈化成不依不饶了，他据实禀报两江总督，而刚正不阿的裕谦又据实上奏朝廷，贪官污吏很快被绳之以法。

一场风波终于止息，但陈化成却病倒了。

毕竟是年近七旬的老将啊，虽然绿营水师提督年俸 605 两，另有 2000 两养廉银，但陈化成将其大部捐献奉公于吴淞海塘，平时与兵勇共住营帐，同吃粗粮，出行不用仪仗，而是风里来雨里去鞍马劳顿，如此折腾，铁打的钢人也得趴下！

两江总督裕谦闻讯，马上在苏州请来一个名医，赶到吴淞大营给陈化成诊治。

汤药数帖，表象虽有好转，但心病却是难治。

好友梁章钜来了，知道他的心病，根子是炮！

梁章钜真乃陈化成的知己。确实，陈化成的病因均是为了造炮而焦虑过重肝火太甚的缘故。

过去在福建水师提督任上，陈化成曾听邓廷桢说过明朝徐光启造炮的事。

那徐光启在主持练兵的同时，积极造炮。听西方传教士夸张说，西洋大炮，威力巨大，射程甚远，能洞裂石城，一发弹爆炸后决渠数里，杀伤千百人，徐光启喜出望外，说动了神宗皇帝，派人从澳门买到四门西洋大炮。徐光启又听说西方传教士阳玛诺和毕方济藏有西洋铸炮图籍，于是召集工匠，对照大炮再按图揣摩，依法广铸，传行九边。据说，明朝在萨尔浒之战败于清兵，可是宁远之战中，名将袁崇焕在城头安放徐光启造的11门大炮，也让“常胜统帅”努尔哈赤吃了一次败仗。

这故事并非野史，《明史》上不仅在录，而且在徐光启名下列有《火攻要略》的书目。陈化成日思夜想能得到这册古书。

梁章钜则说，他好像也听邓廷桢大人提起过有本《炮书》，而且提起过里面就有涉及造炮技术的《火攻挈要》，也许与徐光启的《火攻要略》一脉相承。

陈化成一听，更是着急了，他恨不能一步跨回福建去向邓廷桢借书。

梁章钜见状，一边劝慰陈化成安心静养，一边修书一封，让驿站邮官派快马日夜兼程送往闽浙总督府。

闽浙总督邓廷桢一看来书，二话没说便赶紧召见陈化成的长子陈廷瑛。

这陈廷瑛因作战勇敢，年纪虽轻，但已经提升为福建水师提标后营千总，很得邓廷桢的器重。等他进了总督府，邓廷桢怕陈廷瑛和留居同安家乡的曾老夫人担心，因此，对陈化成病卧军帐的事只字不提，只取出一套珍藏的《炮书》交给陈廷瑛，令他火速奔赴吴淞，亲自面交陈老将军。

陈廷瑛不敢怠慢迟延，顺道回家向母亲问了声安便驱马疾驰奔向吴淞。

进了父亲的座帐，儿子不禁潸然泪如雨下。他真想不到父亲的起居如此清苦，更想不到父亲积劳成疾抱病在床！

陈化成压根儿不会料到梁章钜的这番安排。此刻，一见长子，真是喜出望外，那病体顿然轻松了许多。但想到自己终年累月忙于军务，无暇顾及家庭，特别是奉旨进京又移署江南，走时行色匆匆未及与家人好生话别，想着，便有一股愧疚之情。他拉着陈廷瑛的手，抚慰片刻，蓦然诧异地说：

“瑛儿，为父知你非闲暇无事之人，可现今海疆有警，身为一营千总却远离水师，到这儿探望为父，可有上司批准?”

“总督邓大人亲批。”陈廷瑛说。

“邓廷桢大人亲批?”陈化成的脸色由晴转阴，“批你私假?”

“不，堂堂公务。”陈廷瑛怕父亲误解，忙取出那册《炮书》，说，“邓大人令我将此书亲自送到父亲手上!”

陈化成撑起身，伸手接过，一看，真是大喜过望：

“炮书——呀，宝书，宝书!”

这本炮书，并非是徐光启的《火攻要略》，但内容更翔实。它是林则徐任两广总督时，根据明末崇祯年间焦勖所刻的《火攻挈要》和宁波天一阁所藏《焦氏兵法》，以及两广有名炮匠铸炮制药之经验，综合整理而成。

陈廷瑛送来的是邓廷桢的抄本，梁章钜对陈化成说的就是它。现在这本《炮书》在手，陈化成怎不觉得如获至宝!

真是心病需要心药医，陈化成先睹为快地翻阅《炮书》，看着看着，那病，犹如药到病除，血脉豁然贯通，周身的病痛忽地不见了。

他一页一页地读下去——虎蹲炮、牛头炮、百子炮、铜发火贡、鲁密鸟铳、飞天喷筒、水底龙王炮……

水底龙王炮？这名字，一看就浑身长劲！

他琢磨着书上的介绍：

水底龙王炮，水雷也。据《武备志》记载，此种水雷以熟铁锻造，每个重四、五、六斤不等，内装炸药五升至一斗。炮口安香头引火，香头长短依所击敌船距离远近而定。点燃香后，将炮装入牛皮脬囊，密封，载于木板，用石块坠入水中。囊内有羊肠引出水面，置于鹅雁翎编织之浮筏，顺流放下，接近敌船，香烬火发，遂爆炸，威力甚大。

他接着看到的是一种起名“混江龙”的水雷：

此水雷，乃是岸上控制水雷。由岸上带索引机，囊中悬火石火镰，索机一动，自发引爆。

从混江龙，他又看到水底鸣雷，尔后，他的目光盯在一种佛郎机上。

佛郎机，即大将军炮。分为大中小轻重型号五种，各式射程，凡重在七十斤以上者可达五六里，尤以一二号可用于水战。炮腹膨大，留有长口，炮身外用硬木铁箍裹扎以防炸裂，另有子统（提心炮）装填炸药安入长口内点火发射，前有准星后有照门，威力大而瞄准方便。

陈化成想起来了，当年在虎门，曾听林则徐说过，这是明朝正德年间由西方人传入中国的一种火炮，它比徐光启所说的那种西洋大炮还要早。所谓佛郎机，本是明代对葡萄牙和西班牙人的统称。正德末年，白沙巡检何儒在来华的西班牙战船上看到了西洋火炮，于是便买动船上的枪炮匠上岸，在南京改制仿造了一批，那炮就起名佛郎机。到了明嘉靖年间，佛郎机更名为大将军炮……

看着，想着，再接着看，越看越有精神。

待他急速翻看完毕，足有半个时辰，舒心畅怀将书合上，抬头一望方才发觉忘了儿子站在身边。

陈廷瑛孝顺地说：

“父亲，看你的气色，真是‘书到病除’。早知如此，孩儿真应早来几日。”

“不，来得正是时候。”陈化成钟爱地看了看儿子，他见儿子如此谦和体贴，便丢开书本，说，“既然来了，你就索性休整两天，见习见习这里的防务。不过，不宜久住，须马上赶回福建替父面见邓大人，再代为父向邓大人磕三个响头！”

陈廷瑛岂敢违拗？只小住三天，在父亲身边略尽人子之情，便带着父亲的嘱托，返回福建了。

而这三天之中，陈化成除夜深人静时与儿子共寝座帐之外，白天里父子俩根本就打不上照面说不上半句话。

他的心思全在炮上。

父子要分手了，儿子廷瑛忽然跪下。

陈化成是个急性子，唬道：

“快起快起！”

廷瑛跪着不动，流着泪说：

“父亲，孩儿有句话，不知当不当讲？”

陈化成急忙走过，将廷瑛扶起身，说：

“有何言语，但讲无妨。”

“父亲！”廷瑛深情地叫了一句，接着说，“父亲一生戎马倥偬，战功卓著，可谓尽忠尽职。如今父亲年事已高，可否恳请皇上开恩，告老还乡，与母亲安度晚年？”

陈化成一听，连忙摇头。虽然，自已年近七旬，精力非比当年。但是，自幼丧父，家境贫寒，22 岁投营水师，至今身为提督，堂堂一品武官，可以说位极尊荣了。这都是皇上隆恩，化成粉身碎骨也难回报于万一。况且，眼下海疆有警，朝廷正是用人之际，化成理当竭力，岂能在关键时刻妄言告退？再说，江南水师经一年刻苦经营，初有起色，倘若主将离守，士卒焉能安心？临战失利，便是化成之大过了。

想到这里，陈化成便迭语连声地一口回绝道：

“告老还乡，安度晚年，不可不可！”

陈廷瑛见父亲如此决断，便不好再劝说什么了，一旁默默站着。

陈化成反倒肚里有话了。他打量着儿子，觉得刚才儿子的话，虽然是一片孝心，但有无弦外之音呢？他仿佛感到儿子的语气中隐隐约约的有一点畏敌惧阵之情。

假如果真畏敌惧阵，那就不是陈化成的儿子了。陈化成的儿子应该顶天立地，只能冲锋陷阵，绝对不能退却。为了报效朝廷的知遇之恩，他把两个儿子都投在军营，次子廷华是黄岩镇标右营守备，刚刚援调乍浦。这位长子，已是厦门水师的千总，千总非同普通一兵，在这大敌当前之时，作为父亲，他得考核考核儿子。于是，明知故问：

“瑛儿，老父离开厦门已有年余，不知你现在身居何职?”

陈廷瑛情知父亲要考他，于是乖乖地说：

“父亲在时，儿为前营守备，现为后营千总。”

“千总之位，职守颇重，儿可胜任?”

“父亲教诲，耳提面命，孩儿不敢掉以轻心。”

“你驻守何处?”

“孩儿奉命驻守石壁炮台。”

陈化成走了两步，停下说：

“强兵压境，交战迫在眉睫，瑛儿胆怯么?”

“不！两军相逢勇者胜。”廷瑛豪气倍增地说，“兵无常勇，亦无常怯；有气则实，无气则虚。父亲不是说过，生为百夫雄，死为壮士规!”

陈化成见廷瑛回答得既得体又干脆，点了点头，又问：

“瑛儿，可否记得为父与你讲过的马革裹尸的故事?”

马革裹尸的故事，廷瑛和廷华兄弟俩不知听父亲讲过多少回了。

故事说的是，汉朝光武帝建武十七年，满朝文武欢迎南征交趾（越南）凯旋的伏波大将马援。光武帝刘秀为马援接风洗尘。酒宴上，百官称颂，马援的好友孟冀也举杯赞扬。

不料，马援脸色一冷，对孟冀说：

“既是知己，就不该恭维捧场。古云，快马加鞭，响鼓重捶。我需要你良言开导!”

孟冀沉思一番，心里明白马援需要他说什么，但却正话反说：

“将军效国之心令人敬佩，然而毕竟年事已高，此战跨海远征，可谓功成名就，今后就解甲卸鞍，颐养天年吧。”

马援听孟冀如此言说，很不高兴地道：

“孟兄此言差矣！现在匈奴与乌桓不断扰乱，我正打算请缨出征。大丈夫应该战死边疆，马革裹尸还乡，岂能寿终在家?”

不久，南方五溪（湖南、贵州交界）发生叛乱。光武帝两次派兵征讨都遭失败，便召集文臣武将商量对策。马援见无人请战，就自告奋勇请求领兵。

此时马援年过六十，须眉皆白。光武帝不忍。

马援执意出征。他在殿外穿上铠甲，雄赳赳地策马驰骋，尔后立马横刀，气宇轩昂地说；

“谁有本事与我较量?”

光武帝见他勇猛不减当年，就命他统率4万兵马南下征讨。

出征那天，马援兴高采烈。好友孟冀又问他何以如此激动?他说：

“我以为年岁已大，皇上不会恩准出征。哪知夙愿以偿。此去不胜，定当马革裹尸！”

…………

每当说到这里，陈化成总是按下不表。直引得廷瑛和廷华缠着他一个劲地追问。每每，他都是长叹一声，说：

“后来，叛乱平息了。可是伏波大将军马援也病死在壶山。”

现在，陈廷瑛听父亲旧话重提，便知父亲需要的，是他这个做儿子的也要有一颗拳拳报国之心。他说：

“父亲，马革裹尸的故事，孩儿记忆犹新。今日回去，孩儿定当死守阵地，誓与炮台共存亡！”

说完，廷瑛挥泪告别。

儿子一走，陈化成的整个身心又都扑在炮上。

很快，梁章钜接到陈化成的快信，立即从苏州巡抚衙门赶来吴淞，共商铸炮大事。

梁章钜也是听邓廷桢说过他有本《炮书》，但未谋面，此刻接书一阅，跟陈化成一样欣喜若狂。他早就赞同陈化成“添兵不如添炮”之奏议，只是添炮必须造炮，而造炮比造船还要困难。现在，有了这本《炮书》，犹如迎来明灯一盏，省却了黑暗之中摸索之苦。因此，他与陈化成合计，决定参照书上的图文，精心制造。

而要造炮，必须整治制械局和火药局。

他们联名上书两江总督裕谦，建议专设铸炮局。裕谦极力支持，上奏朝廷恩准后，马上付诸实施。

铸炮局设立了，立即筹钱。他们一方面请求朝廷拨款，一方面带头捐俸集资。

这当中还得到一个人的鼎力相助。

此人叫林四通，福建人，陈化成早在十几年前就与他打过交道，不过他是个曾在黑道上涉足多年的人，原名林四海，绰号“林四害”，跟着蔡牵在海上夺船越货。蔡牵被清军剿灭，他也就隐姓埋名卷迹藏声了。

不料，陈化成调任江南提督，却在上海城不经意中认出他来。看样子，他好像改恶从善，开了一家专卖银耳燕窝鹿茸人参滋补品的大药房。

陈化成暗地派人打探，得悉此人并非洗心革面，仗着手头资本雄厚，常常与地方县衙抗衡作对。有次县上巡捕怀疑他的药铺库房藏有走私鸦片，他听到风声，一下就啸聚二三千人将县衙围得水泄不通。梁章钜接任江苏巡抚，前来上海勘查防务，陈化成提醒，若有外警，务必防范此人内讧。

梁章钜听从陈化成的建议，通过当地官员，召见林四通，晓以乡情，剖以利害，终于争取到林四通，他不仅表示绝不与抗英清军为敌，并且由他招呼在淞沪一带居家经商的“广东帮”和“福建帮”组成民团，要像广东三元里的平英团天地会一样，一致对外。

闻听陈化成与梁章钜铸炮缺钱，林四通便慷慨解囊，充满豪气地说，只要能造出新炮，他林四通倾家荡产在所不辞！

钱有了，陈化成便马不停蹄派人专程赶赴湖北采购优质精铁，再从两广、南京遴选和聘请优秀的造炮工匠，制模造炮。

新炮诞生了，填满弹药，试放一举成功！

接着，按照大中小轻重各型依样生产，单3000斤到8000斤的大炮就铸造了50门。其中一门最大的，长有丈余，重达千斤，乌亮的炮身上镌刻着一行刚劲的大字——

大清靖寇将军

凝望着这门命名为“靖寇将军”的大炮，身为江南提督大将军的陈化成喻物明志，同仇敌忾，更感到戍边报国，重任在肩！

## 22.

天有不测风云。

退下去的潮水又猛涨了上来。

英军虽然占领了定海，但缺少食物和淡水，于是途穷匕首见，懿律同义律变本加厉地乘旗舰“威里士厘”号，率领“布郎底”号、“窝拉尼”号、“摩底士底”号和武装汽船“马打牙士加”号及两艘运输船，北上进犯天津。

1840年8月11日，英国舰队到达大沽口拦红沙外。

义律带着翻译马他仑海军少校乘驳船投递文书。刚刚抵岸，一位穿着缎靴的清朝官员便不顾满脚泥水，迎了上来，自我介绍他是直隶总督督标后营游击罗应鳌，奉直隶总督琦善之命前来接受文书，因皇上有令：倘有投递禀帖情事，无论夷字汉字，即将原禀进呈。

罗应鳌从马他仑手上收取了照会公文，骑马疾走，两小时后又赶回来告诉马他仑：

“总督无权交涉，但可将英国舰队来天津一事禀奏皇上。”

“需要多少时间?”马他仑问。

“大约需要五天。”罗应鳌答。

五天不到，一贯主张抚夷求和的琦善，派他的亲信、千总白含章登上英舰“威里士厘”号。

懿律将英国外交大臣巴麦尊《致清朝皇帝钦命宰相书》交给他，要求清廷立即派钦差大臣赴英舰或沿海适当港口谈判，并让白含章参观了这艘兵舰。

白含章惯会一惊一诧。

他一脚踏进会客舱就歆羡不已，只见那画像中头戴王冕手执权仗的英国女王，在大簇烛光的辉映下显得愈发仪态万方，再盯着桌面上摆满的各种银器和斟满葡萄酒的玻璃器皿，他的眼睛都发直了。

而在那些重炮和来复枪面前，这位不乏带兵经历的千总，却觉到自己的小腿微微地颤抖。

为了讨得英国人的好感，他就一味地吹嘘他的主子琦善如何亲善友好，再一个劲地冲着英国官佐翘他的大拇指头……

回到天津，白含章将他的所见所闻对琦善又添油加醋地描绘一番。

琦善一听，便将英国的书信进呈道光皇帝，并附片上奏：

> 英吉利夷船式样，长圆共分三种。最大的，舱分三层，逐层有炮百余位，每层前后又各设大炮，重约七八千斤。其次的，舱中分为二层，炮亦不少。再次的叫做火焰轮，并无风帆，内外皆有风轮，中设火池，上有风斗，火乘风起，烟气上熏，轮盘即激水自转，无风无潮，顺水逆水皆能飞渡。

不仅如此，他又在奏折中对英军的火炮大肆渲染，说，洋人的炮弹也不知施了什么巫术，落地开花，火光冲天，烟雾弥漫，一炸就是一个大坑，弹片横飞，气浪逼人，连碗口大小的树木也能连根掀翻，数丈方圆之内，人物尽皆粉碎！

一向胆识过人的道光皇帝见琦善如此形容，突然变得心慌意乱起来，而再看一看英夷来书，更是大吃一惊：

> 大英国主钦命管理通外事务大臣巴麦尊，敬此照会大清国皇帝钦命宰相：兹因官宪扰害本国住在中国之民人，及该官宪亵渎大英国家威仪，是以大英国主，调派水陆军师前往中国海境，求讨皇帝昭雪伸冤。

再看伸冤条款，一是赔款，二是设立使馆，三是割让岛屿。

道光帝愣住了。倘若照此应承，天朝尊威何在？皇上还有何颜面君临天下？

越想越气，越气越火。很快，道光帝便迁怒于林则徐，恨他禁烟启衅，惹起兵祸。于是，不等伊里布到定海查访实情的奏折到来，皇上便180度大转弯，决定以重治林则徐换取英夷退兵。

主和派在一片抚夷声中，额手相庆。

道光二十年十一月六日（1840年11月29日），琦善摇身一变以钦差大臣的身份抵达广州。

当日，在两广总督衙门的议事厅，琦善先朝供奉在中堂香案上的圣旨叩头，起身用尖刻的目光扫视了一下文武官员，霍然，趾高气扬地叫道：

“林则徐听旨！”

“卑职在！”林则徐神色肃敬地整了整朝服和顶戴花翎，率领文武官员，跪下听旨。

琦善望了一眼脚下匍伏在地的林则徐，冷淡一笑，读旨：

谕内阁：

前因鸦片流毒海内，特派林则徐驰往广东海口，会同邓廷桢合力查办。原期肃清内地，断绝来源。然一年半以来，内而奸民犯法，不能净尽，外而私贩来源并未断绝。林则徐等办理终无实济，转致别生事端，致使英夷之船游奕沿海，福建、浙江、江苏、山东乃至直隶、盛京等省，纷纷征调，糜饷劳师，此皆林则徐等办理不善所致。近月以来，英夷四处求陈前情，其真相朕已洞悉，了然于胸，自不可为英夷之诡辞所动。唯林则徐身为钦命大臣，竟然倒行逆施，蒙蔽圣听，误国误民，莫此为甚，非严惩不足以正官箴。着即将林则徐、邓廷桢，交刑部议处，即刻北上，不得有误。两广总督之职，着琦善署理。

钦此。

这道圣旨，不啻惊雷一发炸响在文武官员的心头，全场人等统统震悚了。

苍天有眼，林大人何罪之有?

尽管人们早有预感，林大人禁烟如此果断，必遭奸佞忌恨，可尚未料到这么快被撤职查办。

最想不通的当然是关天培了，他一贯看不起琦善的人品，觉得这人惯会溜须拍马蝇营狗苟，穿着麒麟朝服装得人模人样，其实，肚子里根本没有一点治国安邦的本事。受这种人驱使，早就憋着一团火。如果此刻宣读的不是圣旨，他关天培真要一拳将这飞扬跋扈的琦善砸趴到地上。

琦善狰狞一笑。

他满以为林则徐听完圣旨，肯定惊惶失措。哪知，林则徐却大义凛然，目光中依旧闪射着一股气贯长虹的浩然正气。

“摘去林则徐的顶戴花翎!”

在琦善气急败坏的喊声中，随侍参将毫不客气地摘下了林则徐那镶满青金石和珊瑚珠的红缨顶戴，拔走了那支曾经代表皇上恩宠的孔雀翎。

此时，英雄盖世的林则徐不禁痛心疾首，百感交结。他不为贬为庶民而怨恨，但却为不能再为禁烟驱夷而自责。

中国有句古话，虎到平阳遭犬欺。面对圣旨，落寞的英雄只能仰天一叹。

悲哉!

## 23.

肆虐无情的海风席卷厚厚的乌云，从东南天边急驰而来。

林则徐、邓廷桢被撤职查办的消息，很快传到江南水师。

陈化成伫立于吴淞炮台，望着那波诡浪谲神鬼叵测的大海，道光皇帝原先矗立在他心目中威武不屈的高大形象，像一串白玉般的浪柱顷刻间坍塌了。

据说，林则徐离开任所前书赠同僚一联：

伏波铜柱无颜色，少保金牌有哭声

想那南宋名将岳飞少保，一腔热血，精忠报国，到头来难泄金牌恨，血溅风波亭。而那汉朝的伏波将军马援，誓以马革裹尸效忠朝廷，哪知就在平定叛乱之际，却被心怀异志的部将耿舒算计。耿舒串通驸马梁松联手诬告，告他一路搜刮民财，抢掠珠宝。光武帝听信谗言，下令褫夺了马援的封爵。马援的尸体被士卒偷运回家，妻子将他悄悄埋在小树林中，不敢向朝廷报丧，大臣们也不敢前往吊孝。后来，真相大白。原来，马援因长期沐雨栉风骑马作战，身患严重风湿，听人讲薏米仁（中药）可治风湿病，便买了一袋装在车上。那薏米仁晶亮如珠，有人误以为珍珠宝贝。传到耿舒耳里，他便加油添醋地告诉梁松，俩人一密谋，就制造出了东汉有名的“明珠之谤”。

现在轮到林则徐被人陷害了。

尽管，林则徐那有名的座右铭——“海纳百川，有容乃大；壁立千仞，无欲则刚”——影响过许多人，也熏陶过陈化成，涵容，宽容，容人之短也容人之长，他都能强迫自己做到，唯独容忍不下这口冤气。

然而，在天子脚下，他是臣子。

道光皇帝是至高无上的圣主人君，君命难违啊！

与此同时，道光皇帝又下了一道“沿海裁防”的谕令。

吴淞要塞的守军被朝廷一刀砍去一大半，这不能不让正处于厉兵秣马紧急备战关头的陈化成痛心疾首。

而南方，新任两广总督琦善强行勒命关天培拆除虎门海面的木排铁链，遣散林则徐招募的5000名水勇。

不料，狡诈的英军一边与琦善谈判，一边背信弃义突然攻下广东的大角、沙角炮台。

道光皇帝一惊。

当初委派琦善到广东与英军议和，以为惩办林、邓，再偿还少许烟价，缓冲一下英军的骄悍之气便可息兵。哪知，琦善奏报英夷的议和条件是赔偿纹银600万两和割让香港。丧失国土，等于断送祖宗基业，道光帝愤恨不已，立即下令从湖南、四川、贵州三省调兵4000人，星驰广东。

朝廷正式对英宣战。

虎门失陷。

关天培、麦廷章及400名官兵壮烈牺牲。

噩耗传到广州，已被革职闲赋的林则徐挥泪写下挽联——

> 六载固金汤，问何人忽坏长城，孤注空教躬尽瘁
> 双忠同坎凛，闻异类亦钦伟节，归魂相送面如生

这挽联，这噩耗以阅抄传到江南水师，自然也传到京都。道光皇帝似有自责之念，于是龙颜大怒，天威重振，立即给祸国殃民的琦善一道圣旨——

> 上谕：琦善到粤后，对一切防守剿堵事宜，置之不问，

迭经谆切诰诫，迷而不返。自称专办夷务，不令怡良等与闻。香港地方紧要，该督并非奉旨允行，何以让英夷公然占据？朕君临天下，尺土一民，莫非国家所有。琦善胆敢擅予疆土，擅准通商，如此辜恩误国，实属丧尽天良！琦善着即革职，锁拿来京。着派副都统英隆，并着怡良派同知、知州一员，随同押解来京，严行审讯。所有琦善家产，即行查抄入官。钦此！

然而，前门捕虎，后门进狼，铐走了卖国贼琦善，又冒出一个荒诞无耻的杨芳。而皇上亲侄所谓的靖逆将军奕山本来就是个铁杆投降派，最终还是在丧权辱国的《广州条约》上摁下了手印。

无可奈何的道光皇帝以为战争可以结束了，殊知英军攻陷了厦门。

从此，噩耗不断。

厦门是陈化成的祖籍呀，他那百年老屋不幸兵燹于英军的炮火，而他的长子陈廷瑛，那位不久前奔赴江南水师为他递送《炮书》的年富力强的千总，也在抵御英军进攻的战斗中，不幸殉难。

紧接着，英军第二次攻陷定海。

定海三总兵葛云飞、王锡朋、郑国鸿率部抵抗，英勇牺牲。

惨无人道的英军立即进攻镇海。

时值伊里布因收受英军厚礼被裕谦揭发，道光皇帝将伊里布调京审讯，同时任命裕谦为钦差大臣主持浙江战事。

在陈化成的心目中，这位蒙古镶黄旗的贵族，虽然是位文官，但文武兼备，可以说是大清王朝少有的骁勇战将。

确实，主战派的第一把大刀——裕谦来到镇海便立马明快地颁布训令：

一、不论文武官员与兵卒商民，若能捕获装载八十门大炮之英夷军舰并献与官府者，赏赐洋银两万元，依次则以每少一门大炮减一百元计算。且除炮械、弹药与鸦片须与兵船一并交官之外，其余货物、钟表，乃至于银钱等财物，则不论多寡，悉数归掳获者所有。至若击沉大夷船而有明确证据者，赏银一万元，较小敌船并酌情递减。若官员建此功劳，除赏赐之外，立即越级超升，兵民亦视立功大小赏给不等官职。

二、捕获英夷货船并献与官府者，三支主杆的大船每艘赏给一万元，两支主杆者则赏五千元。并且除炮械、弹药与鸦片外，某余货物亦悉数赏给。此外，凡焚烧或击沉敌方货船而能证明者，赏给捕获者三分之一赏金。

三、捕获英夷舢舨者赏银五百洋银，击沉者减半。

四、生捕义律、普雷满之一人者，赏银五万洋银，生捕模里森、巴雷尔者赏银三万洋银，其余赏金则依其职位递减。至若杀夷并献其头者，义律、普雷满、巴雷尔者，赏金与生捕者同，擒杀其余夷官则以生捕时之半数银元论赏。

五、生擒白鬼者赏银二百银元，黑鬼一百银元，杀而献其头者，依生捕之半额论赏。

英军在获知大清有这么一位用西方人的说法具有鹰派作风的强悍将领，震悚之余，不禁定评裕谦是中国“十九世纪之成吉思汗”！

更有甚者，香港的英国人纷纷谣传着裕谦捉到英国俘虏就活生生剥皮！

其实，这是英国人把支解犯人尸体的中国刑罚“凌迟”，误解成极刑前就活生生剥皮。谣言传回到裕谦的耳中，他一横心便决定杀鸡儆猴，真把抓到的两个俘虏——白人温里和黑人姆哈马特剥皮示众。

“剥皮事件”发生在英军舰队离开厦门驶往舟山的途中。

事后，裕谦给道光皇帝一封奏折，坦白陈述：

> 奴才剥取温里该白夷两腕及肩背之皮筋，然后以马缰鞭之，并加以凌迟而枭首示众。至于黑夷姆哈马特，则枭其首、剥其皮以示众。此乃奴才所示于吾国大众者，除尽歼恶夷之外，别无选择。而存首鼠两端之念者，亦当随之杜绝。奴才暗自察访兵民之状况，无不踊跃以称快。

裕谦真是吃了秤砣铁了心了，誓死抗击英夷，绝不容许军民有丝毫的懈怠和迟疑。然而，裕谦毕竟是个文官，真正负责督战的浙江提督余步云却是个银样蜡枪头。

对于余步云的秉性人品，陈化成太熟悉了。余是四川人氏，以乡勇进入行伍，从兵丁做起，经历平定新疆回民之乱等大小战役，屡有升迁，直至重庆总兵又升为提督，从贵州到云南，赴浙驰援之前，他和陈化成都在福建，陈为水师提督，余为陆路提督。

部下都知道，陈化成是战风斗浪拼着性命打出来的提督，而余步云所以能平步青云，主要靠的是他惯会阿谀奉承溜须拍马。每到任地，余步云无不挖空心思讨好职司考核官员，因此评功论罪，他几乎都是只赏不罚。

余步云也知觉有人在背后冲他指指戳戳，但他脸老皮厚满不在乎，他认为他官运亨通完全是“命中注定，神灵保佑”。

说来奇怪，当余步云从福建奉调浙江，到任后“坐镇”了没有几天，英军果然从舟山撤军，真令朝野官民暗自咋舌。

余步云又因“功”受到朝廷奖赏。

这一来，余步云更加信神信命了，正当钦差大臣裕谦和浙江巡抚刘韵珂为备战而忙得朝暮难分之时，他却是依然故我，一副悠然自得听天由命的样子。他没有一次主动组织军事演练，仅有一次例行操演，也只是陪着裕谦和刘韵珂到校场虚应了一下，就算了事。

有如此掉以轻心的提督，裕谦安能不急?

情势愈发紧张了，裕谦只好咬紧牙拆东墙补西墙地尽力部署手中仅有的兵员。

无奈浙江的防务已是积重难返，制船添炮已经不可能，唯有振奋军心背水一战。他要以临危不惧临死不屈的精神激励三军。

在此开战前夕，裕谦心中耸立的形象是乾隆皇帝钦赐“一等诚勇公”尊荣封号的曾祖父班第。

乾隆二十年（1755），身为“定北将军”的班第统率25000兵卒及70000军马，进军新疆，摧枯拉朽般平定了伊犁的动乱。不幸，遭副将阿睦尔撒纳所叛，壮烈地自杀殉国。裕谦从小就以曾祖父为楷模，不仅立下治国平天下的鸿鹄之志，而且也包括了以身殉国的自裁壮举。到镇海的某一日，他巡视防务，经过城东门的学宫池，见池畔石碑上的铭文十分壮美，不禁兴叹道：

“若不幸落败，此处当为吾之归属!”

由此可见，裕谦早已就以悲壮的豪情自励自策，继而严厉治军。

当接到定海失守的战事阅抄之后，裕谦立刻召集文武官员一齐奔赴城隍庙。议会？否。

裕谦找来诸位将领，要共同宣读一道誓文：

城存则俱存，以尽臣职。断无以退守之口实，而离镇海县城一步。更无以保民之口实，而接受英夷之片纸……

其中，“英夷之片纸”，指的是停战协定或者投降书。为表郑重，裕谦还宣布：

“诸位若有真心，请于神明前下跪立誓。”

说完，裕谦带头，文武官员纷纷跪在城隍庙里，对天盟誓。唯有余步云借口腿有风寒顽疾不能下跪，裕谦不好强求，但一针见血地对余步云说：

“军门大人，你是一省军务之长，坚守镇海，义不容辞！”

可余步云却悄声提议与英兵议和。

城下乞盟等于屈膝投敌，此议，裕谦绝不答应。

余步云觉得镇海难以坚守，暗中准备撤退宁波。

裕谦发觉了，训斥道：

“镇海不保，退往宁波；宁波不保，尔等退往何处？请军门悬崖勒马，死守镇海门户招宝山！”

余步云听裕谦的口气如此决断，乞求道：

“宪台大人，镇海失守已在意料之中，大人令卑职死守，一人身死是份内之事，但家中妻子儿女三十余口，实属可怜，况且女儿于今日出阁。”

裕谦正色道：

"儿女情长，英雄不免，但忠义事大，此志断不可夺!"

余步云表面唯唯喏喏，骨子里很不服气地告辞而去。

不久，探子又来禀报，英兵已到金鸡岭。

裕谦登上镇海城楼，遥望余步云防守的招宝山。

只见招宝山上竖起一面白旗。

探子又来禀报，招宝山已被英兵占领，余大人退往宁波。

"临阵脱逃，可恶之极!"裕谦一跺脚，问，"金鸡岭如何?"

探子说，金鸡岭守将谢朝恩率兵与英军激战，击毙敌人甚多，可兵士见招宝山高插白旗，军心顿时动摇，兵士溃散，谢大人中弹身亡。

裕谦叹息道：

"大势已去矣，镇海城难保!"

说时，英军已近东门。裕谦从容地解下身上的帅印，交给副将丰伸泰和都司珠龙阿，托他们二人将它护送到杭州，但将世代祖传的一件叫做"佛来尔"的蒙古兵器六角锤紧系腰间，仿佛死了到达阴曹地府也要搏击英夷。做完这一切，他说要去东门看看。

他下了城，并没有去东门，而是直奔学宫。在学宫前面那深池边，裕谦跪地朝北三叩首，"皇上，裕谦无能，只有一死报君!"说罢，纵身跳水。

记述裕谦投池殉国的战事阅抄很快传到吴淞，众将士悲恸欲绝。

遥祭英灵，陈化成深深感悟，良将不怯死苟免，烈士不毁节求生，裕谦的精神永垂不朽，但国家这样的栋梁之材英年早逝，不免令人仰天俯海，愤恨不已。

而连翩接踵令人痛不欲生的噩耗，却是——他的次子陈廷华，时任黄岩镇标右营守备，在乍浦保卫战中，率部抵抗，壮烈牺牲！

闽粤江浙连失数城，官兵们已经是义愤填膺，再听说军门大人连失二子，吴淞绿营众将官齐崭崭地跪于陈化成的面前，大声起誓：

“末将愿随军门大人保卫吴淞，浴血备战，万死不辞！”

长子、次子的噩耗传来，陈化成没掉一滴眼泪，可此刻听到将士的誓言，老将军却禁不住老泪盈眶。国仇家恨，非报不可，他横下一条心——誓与英夷决一死战！

“毁家不足惜，所恨未能早日剿灭英夷！”他对韦印福说。

“武臣卫国，死于疆场，幸也，尔等勉之！”他对周世荣说。

“近来皇上虽有旨裁军，我等仍需保疆卫土，恪尽职守。平时宜养精蓄锐，严格操练，战时才能应敌自如。尔等无事不必在行辕走动，一旦有警，呼之不应，本官定将军法从事！”大战迫在眉睫，他不时地告诫部属。

他在给同乡好友四川总督苏廷玉的信中，则是这样写道：

> 英夷到处猖獗，已破虎门、厦门、定海，势必觊觎吴淞。某海上攻战四十余年，风涛素习，严兵戒备，如夷来必破之，以张军威。设事机不测，亦必以死继之，敢为故人告。

这信，俨如血战到底的军令状，言简意赅，一字千钧，不成功便成仁视死如归的的英雄气概，苍天可鉴！

而这时陈化成料定大批英舰已经逼近了吴淞口。

豺狼做梦也叼鸡，那么，陈公就是设阱以待虎！

# 较量，岂止在战场

陈化成担心的不仅仅是不懂军事的一个总督。徐州总兵王志元和川沙营参将崔吉瑞率领的两支人马都不是他的嫡系，要驾驭他们并非易事。

较量，岂止在战场啊！

## 24.

北风呼号。

紫禁城的空气暴冷奇寒。

闽浙战事频频失利的消息，比这冰封雪盖的隆冬腊月，更令道光皇帝觉得寒从脚下生，愁从心上起。萧瑟的御花园，从当年平息林清邪教，为防歹人藏身，东西六宫内就砍得几乎不见一棵树，只有康熙帝、雍正帝和乾隆帝亲手种的几株龙柏留下，庭院空了，地面宽了，显得红墙黄瓦的宫殿更加高大恢宏，而那飞角重檐的琉璃大屋顶，随时都会直扑而下似的，简直要压得道光帝喘不过气来。

国土不可失，祖宗的基业不能丢啊。面对他的龙廷皇宫，道光皇帝起誓要力挽危局，于是，手忙脚乱地调兵遣将。

可是，这时皇上的箭壶中已经抽不出一支锋利的宝箭了。

选来选去，在任命广东巡抚怡良为钦差大臣驰赴福州的前一天，道光帝便只好矮子里拔将军，任命吏部尚书、协办大学士奕经为扬威将军，侍郎文蔚、副都统特依顺为参赞大臣，驰赴浙江反攻。

奕经是道光皇帝的亲侄儿，理应尽力作战。

所以皇上任命时对他抱有很大希望："扬我国威，歼兹丑类，朕唯卿等是望，亦唯卿等是赖也。"

在任命了侄儿之后，道光帝又命侍郎文蔚、副都统特依顺为参赞大臣，调集江西、湖北、安徽、四川、陕西和甘肃等省兵勇5万余人，前往浙江大举反攻，以期收复失地。

哪知那位扬威将军无拳无勇，是只中看不中用的绣花枕头，花花公子一个，除了声色狗马之外，根本不通文韬武略。

当时有人讥讽奕经："生长深宫，不知世事，膏粱纨袴，何足与谋军机？"

他不为自己正名，也应该为倚重自己的道光皇帝争上一口气啊。

可是，他就是捧不上手糊不上墙的一团稀泥！

且看他，前呼后拥出了京城，长驱鼓行，第一脚就落在苏州。名为探听夷情，实际上在沧浪亭行馆一住十天。而且这皇侄儿随行众多，"将军之外，复有参赞，参赞之外，复有钦差，钦差之外，复有小钦差"，这一大帮酒囊饭袋，每天要吴县供给80

余桌满汉全席不算，还成天宿娼嫖妓玩得不尽兴就糟塌民女，稍不如意，侍卫、京兵便打东砸西，闹得地方鸡犬不宁，直至吴县知县吐血而死。逼出人命了，这一行乌合之众，才打道启程奔向杭州。

杭州素有“天堂”之称，在那种花花绿绿的世界里，奕经简直如鱼得水，他沉醉于牌九，常常酣赌至深更半夜，若无赌局，无所事事时就以访购玉器为乐。营弁效尤，辕门外每天一大早就成了闹市。于是有人在辕门口贴了一张匿名帖，大书“出售壮胆丸”，并注释了四句民谣：

一治大将军拥兵不进，二治各督抚束手无策，
三治各武员临阵退走，四治州县官弃城不守。

奕经一见，感到民怒难犯，一边向道光皇帝上书“战无长策，唯有羁縻”，一边装模作样准备应战。

要应战，先拜神。

大年初一，奕经在西湖关帝庙求签。

签上有一句“不遇虎头人一唤，全家谁保汝平安”。正巧三天后，所调大金川八角碉屯土司阿木穰率部至杭州，天冷，士兵皆戴虎皮帽。按十二属相，寅属虎。

奕经心中窃喜，自以为这是天意，成功当在于此，便命令各路人马仿制黄虎头、白虎头、黑虎头、飞虎头等虎头帽，发给士兵。

又有道人献策说法，“投虎头骨于龙潭，可激龙起，扰没夷船”，奕经深信不疑，一一依从。

当正月底，奕经到达绍兴前线时，一算时日，更加坚信

“虎定胜夷”了。因为道光二十二年是壬寅年，正月二十九日是壬寅月壬寅日，于是仓促制定三路反攻计划，并将总攻时辰定在四更天，因为四更是甲寅时，这寅年寅月寅日寅时是“四寅”，他声称，四虎上阵，焉能不胜！

胜了？

败了！

而且是全线崩溃，惨败！

按照奕经的三路反攻计划，一路自大隐山进攻宁波，一路由大宝山进攻镇海，一路从岱山反攻定海。他本人坐镇绍兴，以泗州知州张应云为前营总理，驻扎曹娥讧，调遣各路兵马。1842年3月10日（道光二十二年正月二十九日）深夜四更天，三路清军同时进行反攻。

自大隐山进攻宁波的清军是三路中主要的一路，总计兵力3600人。计划由余姚东南的大隐山分两路向宁波西门和南门进攻。向西门进攻的清军分为三队，大金川土司阿木穰率领的屯兵400人为前锋，游击梁有才、守备王国英率领的四川兵500人为策应，提督段永福率领的贵州兵800人为总翼长。向南门进攻的清军也分为三队，游击黄泰、守备魏启明率领的甘肃兵500人为前锋，总兵李廷扬率领的江西兵600人为策应，提督余步云率领的湖北兵800人为总翼长。

当夜，两路清军分别在阿木穰和黄泰率领下，冒雨向宁波西门和南门挺进。

进攻西门的清军刚进月城，就遭英军伏击。英军在月城四周密布地雷，阿木穰和部下全部阵亡。他们的帽子是用虎皮做的，身后还挂着老虎尾巴。四川守备王国英率众火速策应，当攻入月城时，他左腿中弹，被英军俘获，不屈而死，部下随即溃散。

进攻南门的清军闯入城门，英军便后撤，清兵追至紫薇街方知是计，两军对垒之中，守备徐宦一人拼杀英兵 10 人，并生擒 1 人。可是，总翼长余步云和前锋策应李廷扬消极避战，未能赶到宁波城下，黄泰孤军奋战，伤亡渐多，只好退出南门。适逢英军增援部队登岸，断了清兵的退路，游击黄泰、守备魏启明、把总顾得静、外委王保元和蒋维述等将官均阵亡。

此战清军伤亡 600 余人，英军损失甚微。

反攻宁波之战彻底失败。

第二路由大宝山进攻镇海的清军，共约 2400 人，兵分两路。一路直接攻镇海城，一路攻招宝山威远炮台。

攻镇海城的清军，以游击刘天保率领的河南 500 名乡勇为前锋，参将凌长星率领的陕西兵 500 人为策应，副将朱贵率领的固原兵 500 人为翼长。

攻招宝山威远炮台的清军，以金川瓦寺土守备哈克里率领的屯兵 300 人为前锋，都司聂廷楷率领的山东、河南乡勇 600 人为策应。

3 月 10 夜间，两路反攻同时开始。

游击刘天保进攻镇海，刚到城下，英军列队而出，来复枪与迫击炮一齐开火，清兵只有大刀长矛，无一人携带鸟枪，只好避开英军火力退至十里亭。此时凌长星的策应队赶到，合兵复进，黑暗中乱打鸟枪，可哪里抵挡得住英军的枪炮，刘文保中弹坠于马下。首领受伤，队伍立即混乱起来，英军又以火箭射击，清兵溃不成军。当时翼长朱贵因摸黑取道慈溪，路径不熟，直到次日中午才赶到骆驼桥，而前军早已铩羽而归。

刘天保与凌长星责怪朱贵迟延不救，双方发生冲突，朱贵一气便无意再战。

攻打招宝山的金川土守备哈克里率领屯兵冒着枪林弹雨强攻威远炮台。正当英军要撤退时，一战舰从金鸡山溯江而至，用炮仰击。哈克里支持不住，只好退至山麓。此时聂廷楷率领策应队赶到，重新布阵，继续攻打招宝山。两军对峙半天之久，但在英军炮火的轰击下，清兵终于失败。

3月13日，英军陆军司令卧乌古带领600人欲与余步云部决战。

余步云当时可以调集的兵力达到7000人，十倍于敌，可他却在头一天的夜里就率部逃跑了。

15日，陆军司令卧乌古、海军司令巴尔克率领皇家爱尔兰联队第18团，苏格兰来复枪队第26团、49团，马德拉斯本地步兵第36团来复枪连、马德拉斯炮兵、水兵及海员，共计1203人，分乘“皇后”号、“复仇神”号、“弗莱克森”号以及“皋华丽”号、“布朗迪”号和武装小火轮，自宁波沿姚江进犯慈溪。

午前，英军400人在大西坝登陆，由夹田桥绕城从正面进攻大宝山；另外400名英军在彭山浦登陆，从背后进攻大宝山。

腹背受敌的朱贵亲执大旗指挥部队，与英军在大宝山北麓展开激战。

英军的大炮不停地轰击，朱贵被阻，不能前进。他命令儿子朱昭南领兵先行。朱昭南奋起向前，兵弁士气鼎沸，前队用抬炮回击英军，抵近攻击，百发百中，两个时辰，毙伤英兵甚众。

英军见状，大肆增援。

朱贵父子兵少将寡，只好拼死抵抗。

仗整整打了一天，饥渴交加，左等右盼不见援军，万般紧急之中，朱贵振臂高呼：

“与敌人拼了！”

说着，他将手中的大旗往地上一插，抡起砍刀策马加鞭向敌阵冲去。遇一个，杀一个。见两个，劈一双。蓦地，战马受伤顿失前蹄，他跌于马下，英兵围上用剑猛刺，他跃起身挥刀力挡，乒的一声枪响，他饮弹身亡。

朱昭南见父亲牺牲，冲上前接过军旗指挥部队继续血战，后也中炮牺牲。

一门殉国。

由于余步云事先逃跑，刘天保和凌长星又有前隙而按兵不动，文蔚则见危不上，致使朱贵所部伤亡惨重，500 名固原兵中就有 436 人阵亡，尸横遍野。

这是第一次闽浙战役陆战中最悲壮的一幕！

3 月 16 日夜，文蔚退回绍兴，奕经听信他虚张英夷声势的汇报，当夜下令撤兵。除文蔚留守绍兴外，其余兵力以救援尖山为名，渡钱塘江遁回杭州。

第三路从岱山反攻定海的清军系水路，由海州知州王用宾指挥，以定海殉难总兵郑国鸿之子郑鼎臣为先锋，计划从岱山岛出发夺回定海。

王用宾考虑到所调北方兵勇不习水战，便在崇明、川沙、海门、金山等地招募水勇 7575 人，又在闽、广急雇叭喇唬船和辽东沙船 276 只。为保证 3 月 10 同时举兵，事先将部队运往岱山。

不料，英军早就发现了清军的企图，于 3 月 7 日就将武装轮船“复仇神”号驶往岱山拦击清军。

8 日夜，荷枪实弹的 60 余名英兵乘 4 只舢舨悄然登岸，尽管设伏在港湾的清兵多于英兵十倍，可在来复枪的面前，600 名水勇等于手无寸铁待宰的羔羊！

在进攻宁波与镇海两路失败后，奕经命令尽撤战火诸船。

郑鼎臣为父报仇心切，不肯听命，仍联火舟伺机反扑。4月14日黄昏，郑鼎臣督水师乘火船由梅山港出发，进攻定海道头港，围攻停泊于此的3艘英舰。郑鼎臣亲督火筏，从大五奎山和小五奎山之间的水道逼近，进攻正停泊在港里进行修理的“复仇神”号。

英军的小船赶来拖曳清军火筏，由于每个火筏均由三至五只沙船组成，牢固联在一起，英军小船损失不少，人员多被焚溺。

但这时三路反攻的败局已定，这点小胜无济于事。

流传在江浙的一副对联，写尽了清军的无能：

红鬼、白鬼、黑鬼，俱由内鬼
将军、制军、抚军，总是逃军

道光帝火了！为了此次反攻，他煞费苦心征兵募勇，还特地拨饷银164万两，堪称下了血本。

怪谁？要怪就怪皇上自己。

陈化成想，皇上既然主战抗夷，选主帅为何不起用林则徐、邓廷桢呢？尽管这时林则徐贬谪浙江在镇海治水屯田颇有政绩，皇上却在虎狼当前战场用人之际，义无反顾地将林则徐和邓廷桢流放伊犁，而毫不犹豫地起用了议和派的耆英、伊里布。

真是匪夷所思，老将陈化成大惑不解。

然而，他绝对不会恚恨，更不会迁怨于皇上。君臣有义，为臣之义，只能听命于君临穹宇的皇上。皇上永远圣明。

其实，在这之前，早有一件事让陈老将军大惑不解了。

两江总督裕谦在定海不幸蒙难，总督的位置谁来接任？

陈化成认为，军心所望，民心所向，江苏巡抚梁章钜最合适不过。可是，万万想不到道光皇帝却把这三省齐肩的重任托给了远在河南的一介书生。

江南水师数千将士一片茫然。

陈化成翘首相望，拭目等待。

## 25.

道光二十一年（1841）九月，河南巡抚牛鉴飞黄腾达了。他奉旨接任两江总督，主管浙江、江苏、安徽三省军务。

回顾大清王朝，封疆大吏中的总督和巡抚，在很长的时期绝少任用汉人。顺治、康熙两朝，“督抚大臣，则多寄于满人，而汉人十无二三焉”。到乾隆末，“各省督抚凡二十有六缺，汉人仅毕沅、孙士毅、秦承恩三人耳”。

牛鉴有何能耐？

自然，虾有虾路，蟹有蟹道，牛鉴能有今日，绝对不是等闲之辈！

他是甘肃省武威县人氏，父辈以上代代布衣，没出一个做官的，不曾想到了他手上，祖坟猛冒青烟。嘉庆十九年，他上京赶考，三场下来竟高中二甲第四名进士。

清代的科举“以八股衡文，以楷法取士”。八股文格式苛细，内容囿于四书五经，貌似庄严，内实儿戏，而且抄袭成风，考官很难衡文取士。再说，每次上京赶考的考生多于上万人，考官就设了十八房。每房须校阅八百余份试卷，往往头场试卷还未判完，二三场的又陆续送到，在那浩如烟海多如牛毛的试卷中，“定弃取于俄顷之间，判升沉于恍惚之际”，确实困难，不如以楷法取士，一眼可定。

这样一来，顿使许多“拔萃真才”坐失科场，饮恨而去，连才名震世的龚自珍也屡试不中，气愤之下写诗一首，“气寒西北何人剑？声满东南几处箫。斗大明星烂无数，长天一月坠林梢。”一吐胸中的怨气。这诗的开头第一句借典于荆轲献图刺秦王，而第二句则用的是伍员吹箫乞食佐阖闾的故事，表达了自己的急切愿望，那便是谁人出头仗义执剑？直到 38 岁，阅卷诸公惊叹其才，但又嫌他“楷法不中程”，中虽让他中了，出榜时却委屈他排在第 95 名。

学富五车的龚自珍面对科举考场都自叹弗如，名不见经传的牛鉴反而金声玉振，一举金榜题名，为什么？

因为他从小练就了一手正宗的柳公权小楷，而且他的小楷落墨严谨，刚劲的笔锋中巧含柔媚，堪称“颜筋柳骨”，有血有肉。有了一笔好字，加上文章做得也清真雅正有眉有眼，试卷备受考官青睐，牛鉴高中也就在情理之中了。

按例，殿试前十名呈请皇上钦定名次，这可是了不得的事情，一生的荣辱成败全在这御笔一圈之中。

牛鉴的试卷呈禀到嘉庆帝面前，那试卷犹如正版描红字帖，一笔不苟，皇上一眼便看中了，将他选为翰林院庶吉士。真是“一举首登龙虎榜，十年身到凤凰池”，从此他平步青云，由编修，再迁御史、给事中。道光十五年，外放云南粮储道，接着官运如日中天，一路亨通，升任山东按察使、顺天府尹和陕西布政使。道光二十年，40 岁出头的他就光宗耀祖地荣登河南巡抚的宝座。

河南地处黄河流域。那黄河，无疑是苍天底下最暴戾无度最骄横任性的一匹猛兽。史书上多少回黄河泛滥，那奔腾咆哮的洪水，吞噬了多少无辜的生灵？而水过之后，田园荒芜，哀鸿遍野，又有多少百姓流离失所，死于非命？

然而，正是那骇人的黄河水患，反倒使牛鉴让道光皇帝刮目相看。

道光二十一年六月，黄河在张家湾一夜之间决堤千丈。势不可当的洪水淹没了数不尽的村庄、城镇，又呼啸而来，逼近省府开封。

东河道总督文冲奏请皇上将省会迁往河南洛阳。

牛鉴坚决反对。

当护城堤被冲毁，洪水直注南门，商贾士绅出逃之时，面对溢满城厢的一片浊浪，牛鉴携家小部属，焚香举案，长跪于城墙之上。他乞求苍天，保佑一方生灵，并起誓与城共存，洪水不退不下城头。

此举有没有感动苍天，不知，但却感动了全城的平头百姓。人们自动带着苇帘、秫秸和蒲包，冲向缺口奋力抢险。人定胜天，终于保住了一座危城。

这事变成“万民折”传到道光皇帝手中，道光皇帝从即位起20年间，“无一岁不虞河患”，水灾迭起，赈济、防河经费陡增，国库日益拮据，捉襟见肘，致使皇上食不甘味，寝不安席。一听说牛鉴能不费资财，止歇水患之灾，十分高兴。正值裕谦殉国，皇上便在人才紧缺之际破格提升牛鉴为两江总督。

## 26.

牛鉴接到圣旨，并没有受宠若惊。

他想当总督，却不想当两江总督。

这两江总督不好当啊，弄不好轻则前功尽弃，重则人头落地。多年的仕途，使他对为官之道颇有心得。如果从澄清吏治、剔弊除奸的角度出发，皇上任命他为督抚，也就是封疆大臣，将一方王土交于他整治，他真想一展雄图，做出一番事业，也好青史留名；然而，如今强敌压境，政局多变，让他一个不谙军事既不熟悉绿营更不熟悉水师的文官，担纲负责，确实心有余悸。

但这是皇上圣命，牛鉴只好走马上任。

上任之始，道光皇帝便给他一道谕令：

> 江苏各海口，防堵事宜，亟须筹办，务使处处有备，不致临时周章。

不知牛鉴是不懂防务，还是故意装糊涂，反正他到任之后，对这样事关重大的海口防堵却很少过问。

在他的议事日程中也不沾吴淞与上海的边。上海、吴淞的防务，实际上是江苏巡抚梁章钜会同江南提督陈化成在负责经办。

九月，京口副都统海龄亲到焦山地带查看长江形势，发现焦山一线只有旗兵1600人，不敷守御，见牛鉴到任，立即向他拟请添兵并预支半年粮饷，而他批复四字："毋庸上奏"。

10月，江南谋士包世臣向前任江南提督陈阶平上书，认为"江南海防，狼（山）、福（山）以上三百余里，并无险隘"，提醒在丹徒境内设军事重镇，并具体规划："凿石开山，修筑塘围；木龙扎栅，安设炮位；环山咀三面，分三层装备大中小炮；再用哨船数十，列载小炮，巡弋栅外；同时在三江营署前，构筑大炮台，形成犄角之势，达到南北夹击，使英夷不敢内犯。"陈阶平向牛鉴转告，牛鉴听了，不以为然，又是一笑置之。

他给自己写了四字座右铭：宁稳勿躁。

接着，又用他那一笔“颜筋柳骨”的漂亮楷书，写下八个大字，镌刻成两块朱红衬底孔雀绿镶嵌的匾额，悬挂到东西辕门高处。那八个字是：

两江保障　三省均衡

可是两块匾额挂上不到三天，满城传出一副对子：

两江呆人障　三省钓鱼行

言下之意，这个两江总督府充其量是个鱼行，而他这个总督也是个呆人。这对子也太损了！

可一细想，原来这是副拆字联，做得妙极了。保障的“保”字拆开不是“呆人”？均衡的“衡”字拆开不是“鱼行”么？素有涵养雅量的他，又是一笑置之。

殊料，这笑话闹了不上两月，上任伊始，总督的太师椅还没有坐热，上海火药局突然失火，千万斤火药、铅子与器械化为灰烬，火药爆炸震坍储粮义仓一座、民房数间，压死兵民 20 几人，损失惨重。

道光帝闻奏，震怒非常。

牛鉴多方疏通斡旋，才算保住了花翎顶戴。

就在这时，乍浦失守，道光帝紧急谕令：

督率文武员弁，亲临吴淞，昼夜竭力严防，毋稍疏虞！

牛鉴吃惊了。

他再也不能“呆人”似的稳坐江宁这爿“钓鱼行”了。不想去，也得硬着头皮亲临吴淞要塞。

江宁到吴淞，若沿长江下行顺水扬帆也就是两三天路程，可牛鉴却选择陆路，一驿一站地走走停停。他说，沐浴乡风，体察民情。其实，这只是牛鉴的一种官场托词而已，事实是他要借这一难得的机会，静下心来理清自己的思路，行成于思嘛，前程与退路都想透了，才好往下走。因此一路走，一路想。

他不想走林则徐的路，主战主战，最终是丢官削职发配新疆，那赤地千里的蛮荒之地，哪是人待的地方！

他也不想走琦善的路，抚夷抚夷，还不是与林则徐殊途同归，折戟沉沙，一切荣华富贵顷刻化为乌有！

真是伴君如伴虎，一失足便成千古恨呀。前车之师便是后车之鉴，牛鉴呀牛鉴，这左也不是，那右也不是，唯有折中才是。

而要不偏不倚地走稳每一步，必须韬光养晦，不露圭角。主战？主和？先需要看准风向，摸顺了皇上的主意而后行事，方为左右逢源的两全良策。归根结底——宦海波涛汹诵，仕途险象环生，只能击楫扬帆，千万不能翻船——他既不愿步林则徐和琦善的后尘，更不愿自己成为裕谦第二。

这便是新任两江总督最初的心态。

枕戈待旦的陈化成又哪能清楚呢！

## 27.

牛鉴确实会做官。

初次见面，留给陈化成的印象：不错！

数千名绿营水师的将士整齐划一地排列在吴淞海塘上，哨船、唬船、赶缯船和新建造的明轮一字排开锚泊于江心，海风飒飒，芦荻萧萧，整个吴淞要塞俨如八公山下，草木皆兵！

牛鉴到了宝山，小憩一日，第二天一大早便率领上海道台巫宜禊和宝山知县周恭寿等文武官员，开赴吴淞口。他知道今天不是去郊游踏青、赴宴应酬、赶庙会，今天是作为督标在江南水师全体将士面前的首次亮相，确实不可马虎潦草，等闲视之。他务必要给大小官员乃至一方百姓，做出一个重视防务的样子，以正视听。

轿马在海塘辕门口停下。牛鉴迈步下轿，接受了陈化成等将官的参见之后，这位总督大人的身上就洋溢着一股谦谦的君子之风，表现出十二分地礼贤下士。他亲和地走上前去，几乎是半搀着陈老将军，前脚接后脚地走上大堤。

一上大堤，方面大耳而身材本来就高大魁梧的牛鉴，陡然间威风凛冽起来，举手投足简直与刚才判若两人。

假若脱下朝服换上戎装，猛一打量，这位总督完全不是舞文弄墨的白面书生，而是一员跃马横刀惯于征战的沙场武将！

从江面到海塘，所有的目光全关注着新任总督的一举一动。

只见他健步向前，又矫健地登临西炮台最大的一座土堡，对着那插在土堡上的一面镶边绣龙的牙旗凝视两眼，拔起它，攥在手，接着高抬起手臂又凭空有力地一挥。

三军将士，呼声雷动！

陈化成期待中的新任总督应该就是这般气概！

三军之事，莫重于帅，而两江总督就是当仁不让的三军统帅。统帅经文纬武，谋勇双全，就能征服全体兵丁之心。统帅既夺心，三军可夺气，一卒毕力百人不挡，万夫拼死天下无敌。而眼下的江南绿营水师需要的就是保持一股旺盛的士气，有道是将之所赖者兵也，兵之所赖者气也，气之所赖者鼓也，气可鼓不可泄，这一条兵之常识牛大人显然深知，因此他此时此地一举一动都极有方寸又恰到火候。

一个文官能做到这样，陈化成也就不能不由衷地佩服了。

然而，就像文官写文章一样，虎头凤尾猪肚子，头开好了，还有正文，正文后面，还有收尾。不知这牛大人底下的文章接着怎么做?

因此，陈化成既不失尊敬又冷眼静观地看着牛鉴。

牛鉴将龙旗插回原处，车转身，走下土堡，率先走向海塘。他一门炮接一门炮地走过去，一直走近第134门炮，这才驻足不前。

头顶上是丽日蓝天，海面上是风平浪静，而身边是一道用大炮铆钉的长城，左有巫宜禊一班文官，右有陈化成一群武将，下面还有数千兵弁，身为两江总督的牛鉴不禁感慨万千，诗情勃发。

诚然，他不是龚自珍。

他不会作诗，但熟读唐诗。乾隆年间，进士孙诛编选的那本脍炙人口的《唐诗三百首》是他的随行必带之书，常读常吟。此刻，他站在这海塘炮台犹如站在高高的汉唐燕台，身后是一片连营，眼前是无垠的沙场，抚炮观景，油然想起一首《望蓟门》，略一思索，便脱口而出：

燕台一去客心惊，笳鼓喧喧汉将营。
万里寒光生积雪，三边曙色动危旌。
沙场烽火侵胡月，海畔云生拥蓟城。

少小虽非投笔吏，论功还欲请长缨。

“好诗好诗，这首诗，堪称千古绝唱！”宝山县知县周恭寿赞叹道。

这周恭寿是捐班出身，长期在江苏候补，牛鉴对这位不是正途出身的七品芝麻官不屑一顾，何况他还是一口别扭的湖北腔，话说得再捧场也不是个味儿。

牛鉴将脸转向上海道巫宜禊。

巫宜禊是个官场上有名的“狐狸精”，他见风使舵顺竿爬高地说：

“千古绝唱，也要有人会吟！这诗，让宪台大人高吟低诵，韵味更浓，诗意更足了，下官今日真是一饱耳福！”

面对一片奉承恭维之声，牛鉴不禁喜形于色。

唯独陈化成不致一辞。他觉得围着牛大人的这班人色，有不少像在演戏。是的，今天在这里校阅三军，兵书上称为“示形”，也有那么一点演戏的成分，但这儿终归是炮台不是戏台，而真正的军人也不是戏子！即使是戏子，他也不希望刚刚粉墨登场的牛大人，把今天的这场“武戏”演成“文戏”……

陈化成正心里头较着劲，忽听见牛大人冲他开口了：

“陈大人，牛鉴刚才在此触景生情，吟诗一首，老将军意下如何？”

这问话近似考试。既然非答不可，陈化成便不假思索地说：

“末将回禀大人，此诗意境虽佳，但还不够大器。依卑职所见，王昌龄的那首《出塞》，更能体现我三军将士之心！”

“出塞？王昌龄？”

牛鉴早已耳闻面前的这位陈化成，久历海上，乃深得当今道光皇帝赏识的一代水师名将。在大清绿营旗兵中，不靠贿赂，不攀关系，又不凭教场科举角斗，而能由水勇当上水师提督的，除了陈化成之外，可以说是绝无仅有。普普通通行伍出身能有如此造化，显然武功不凡，没想到还通晓诗文，他不得不对陈化成重新打量一番了。只见这老将军慈眉善目，如果把朝服换成长衫，倒真像一位饱学的塾师。

看到这里，牛鉴一抱拳，说：

“请陈大人吟诵吟诵，我等洗耳恭听！”

恭敬不如从命。陈化成不好退让了，放声吟道：

秦时明月汉时关，万里长征人未还。
但使龙城飞将在，不教胡马度阴山！

好大的气魄！这诗，经陈老将军之口说出来，便融汇了一股大将军的豪迈，尤其末了那句“不教胡马度阴山”，给在场的大小官员感染更深。大敌当前，在此吴淞要塞聆听这样的诗句，心里轰鸣的竟然是——

但使龙城飞将在，不教英夷度宝山！

“好好，好！”

一片叫好之声，迫使牛鉴也冲陈化成大加赞赏：

“陈老将军，堪称儒将！”

“不敢当，不敢当！”陈化成谦逊得体地说，“化成本是习武粗人，吟读诗书只是偶尔为之，随手拾掇，挂一漏万，唯独这首《出塞》，感触颇多记忆较深而已。”

话虽这么说，其实陈化成并非不通文墨，疏远诗文。出身贫寒的他，尽管不能像豪门显贵长袖者流那样附庸风雅，但嗜书如命仿佛是他的天性。而屡受皇上隆恩，在频频升迁之中，他更深知文武并举的重要。他在厦门任职时，就曾倡导修葺玉屏书院，并由他作序刊刻了周凯主编的《厦门志》，因此，这“儒将”之称早就有了。

他祖居同安县丙洲岛，升任福建水师提督后，在厦门草埔埕新修了一座官邸。

那官邸从外面看与普通民居并无二样，但内里却有两样为平常人家少有。一是庭院天井中，有块长7尺宽3尺光洁平滑的大青石，那是他盛夏酷暑午休时的“石床”。还有一样特别的，就是他的书房。书房很大，书橱成排，经、史、农、医、算，林林总总，满满堂堂。常常展牍在书桌案头的，除了备受珍爱的兵书，如戚继光的《纪效新书》之外，爱不释手的还有《唐诗三百首》和《宋词三百首》。正墙上悬挂一幅对联、一块匾。对联是陈化成亲自恭录戚继光的名言“封侯非我意，但愿海波平”；匾上装裱着岳飞的手书——“还我河山”。

这碑刻的“还我河山”深深拓印在陈化成的脑海，每当看见这四个字，他便会将岳飞的《满江红》默诵一遍：

怒发冲冠，凭阑处，潇潇雨歇。抬眼望，仰天长啸，壮怀激烈。三十功名尘与土，八千里路云和月。莫等闲，白了少年头，空悲切。靖康耻，犹未雪，臣子恨，何时灭。驾长车踏破贺兰山缺。壮志饥餐胡虏肉，笑谈渴饮匈奴血。待从头收拾旧山河，朝天阙！

这词，击节而歌，那才更加慷慨激昂呢！

然而，这是炮台不是戏台，这是吴淞要塞不是诗坛词社。陈化成一个手势，中军参将韦印福手上的令旗便飞舞起来。

顷刻间，号令频传。

锚泊江心的各式战船，张帆起碇，启航列阵。

134 门大炮的炮手严阵以待。

40 里海塘大堤战马嘶鸣，清脆的蹄声十分悦耳。

吴淞绿营、川沙水师营和提标营前后左中右各标以及河标、漕标、刚调防来的徐州镇标，各路人马鱼贯驰向教场。

号令再起，鸣角放炮。

绿营旗兵的陆上演练和水师战船的海上演练在轰轰隆隆的炮声中循次进行。

弓箭、大刀、藤牌、钩镰枪、钺、斧、飞镖、过船枪，打枪发炮、凫水爬桅、跳帮斗械……真是令往哪里指，兵往哪里杀，十八般武器，三十六种阵法，操演一丝不苟，调度咸如军律。

观察台上，左“牛”右“陈”两面红绫牙边大纛，高高飘扬着。

水陆兼程辗转扑腾了 40 几年的陈化成正襟危坐，虽目光如电，但声色不露。而从未涉足绿营更不娴熟水师的牛鉴，面对满场打斗，看得兴高采烈。

陆上演练接近尾声。这时，教场中央，熊熊点燃起三只由低向高从大到小的草圈。

原先在余步云麾下任徐州镇总兵，刚从浙江撤防调驻江南水师不久的王志元骑马绕场一周。他要为新任总督表演他的刀马功夫。这是上海道台巫宜禊极力撺掇策划，又经宝山县令周恭寿精心安排的“压轴戏”。陈化成不反对，心里也想见识一下这位武探花出身素来目空一切的王志元有多少真本事。

那王志元虎彪彪地骑在一匹蹶蹄甩尾的白骏马上，远远地朝观察台一抱拳，接着拔出马刀，两腿夹鞍再一收缰绳，“驾”的一声，策马向前。

马蹄疾飞，旋风一般直冲最大的火圈。

红色的火圈，白色的骏马，煞是好看。

看啊，白骏马四蹄腾空，轻而易举地穿过了火圈。那马，骄傲的一声嘶鸣。

全场欢呼。

欢声未落，王志元已经掉转马头凭空一跃，从居中的第二个火圈里穿了出来。

此刻，王志元放慢了马步，凝望着第三轮火圈。那小火圈，高高地立在铁架上，仅能容一马钻过。

全场肃静。

王志元俯伏到马上，用脑门子抵着马头亲了一下，然后拿双脚在马臀上一夹。白骏马如箭离弦，直向火圈射去。

白色的骏马与红色的火圈融成了一体。

说时迟，那时快，白骏马从小小的火圈里穿出来了，甩动的马尾上不带一星火苗。

全场轰动。

被轰动的掌声抬举的王志元，突然从奔驰的白骏马上往下一跌。人们惊讶了一下，却发觉原来他是故意的。只见他手抓肚带，脚勾金镫，与马身悬成一个直角。马蹄得得之中，王志元手上的那柄马刀寒光闪扑，“杀”的一声，预先放逐于教场上的一头黑色的“崇明羊”应声倒地，鲜血溅了白骏马一身。

人们的惊呼变成了一片喝彩。

王志元在马背上挺直了腰身，像薛仁贵征西三箭定天山一样，无尚的荣光。

牛鉴兴致勃勃地扭头朝陈化成推崇道：

“陈大人，王总兵真是出类拔萃呀，他带的兵肯定是支劲旅。夷敌来犯，我看徐州兵可当头阵！”

生性耿直的陈化成不以为然。

他觉得王志元耍的是一套马戏，与其说是名总兵，不如说是位杂技艺人。再说，他对这支客军的信赖并不如他的嫡系提标那么坚定。大概他们是初来乍到，加上长途奔袭劳顿所致，部队比较疲沓。倘若只是精神有所不振，那还情有可原，不可原谅的是这支部队一来就不时发生滋扰乡民的丑闻。

有人用十个字形容这支客军——吃、喝、嫖、赌、抽、坑、蒙、拐、骗、偷。话虽尖刻，但说明它军纪相当松弛。

带兵打仗的人，无不知“楚王斥将”的典故。楚将潘党与养由基炫耀自己的射艺力穿七层甲页，因而骄纵无度。楚王斥道：单恃匹夫之勇而无军纪之兵必败。结果，晋军攻楚，拥有养由基与潘党这样射艺超群兵强马悍的楚军却阵脚大乱，被晋军杀得落花流水。原因就是楚军自恃骁勇而军心涣散。

涣散的部队是形不成拳头的！

因此，陈化成一针见血地说：

“宪台大人所言，尚嫌过早。末将以为，防御英夷入侵，贵在阵守。而阵守，不光单凭身强力壮，更不能依赖于奇技淫巧。敢打敢拼又令行禁止之兵，体力技艺即使欠佳，守阵更为可靠！”

陈化成的这席话近似抢白，但本意一点不错。再说，指挥打仗是兵刃相见的事，用不着半点官场客套。

然而牛鉴大人心里不高兴了，他那本来就有点做作的脸色一下子由红转青。高就高在他有股容人的雅量，总督好比半个宰相，宰相肚里撑大船，半个宰相的肚里也得撑小船呀，他不能刚到任就落下一个气狭量小的坏名声。他提醒自己，为官必须大度，万万不可因一时之怒而酷使部属。古训云，用人不宜刻，刻则思效者去。还有一句，小不忍则乱大谋。因此，他压了压火气，没有发作。

陆上的操演结束了，再接着观摩海上。

海上的演练，就没有陆上精彩了。战船虽有帆，无风玩不转。真是逆水行舟，寸步难行。除了几艘新造的明轮还有点看头，其余的船只就跟打渔船差不多，从江心到海口，近在咫尺，却半天不见挪窝。

一支千里镜在牛鉴的手上，转过来又转过去，伸长了再缩回来。全没劲。于是干脆放眼远眺，可惜无遮无掩的海面上不见一帆一舰。他憋不住了，问陈化成：

“久闻英夷陈兵东海，为何海面空旷，毫无半点动静?”

陈化成已经觉察到总督大人刚才有所不快，因此这回礼节周全地起身回答：

“启禀大人，自乍浦失陷，英夷确实已将舰队屯集在我吴淞口外鸡骨礁一带洋面。”

“鸡骨礁？远否?”

“肉眼难及。”

牛鉴又举起千里镜，那镜名曰千里镜，实际上视距不大望不甚远，啥也没看着，只好无奈地一摆头。

陈化成等牛鉴放下千里镜，接着说：

“末将已数次得到报告，英夷在海面阻截围剿我出海的渔船，杀人越货，令人发指。甚至，夷舰‘摩底士底’号和‘伯鲁多’号还偷闯我吴淞航道，企图窥探军情……”

陈化成话没说完，牛鉴就一脸正色地同样抢白：

“陈大人，尔等不可耸人听闻，虚张英夷声势！”

“末将所言，句句是实。”陈化成辩解地说。

“既然如此，请问将军，英夷若来犯我，可有危险？”牛鉴将脸上的不悦之色一抹而过，重新换了副谦和的口吻问陈化成。

陈化成见问，忙腰背挺拔地向前一站，语如鸣钟：

“英夷来犯，下官当以全力相拒，上下将弁，乡勇团练，同心戮力，何愁不胜！”

牛鉴摆一下手，说：

“将军此言差矣，依本督管见，刀兵相临，水火无情，兴兵动卒，不可不慎。能休战则休战，最好化干戈为玉帛。将军广读兵书，殊不知不战以屈人之兵的道理么？”

“不，大人之言差矣！”陈化成大事面前从来毫不含糊，他不容置喙地说，“敢战方能言和，言和必须敢战。英夷来犯，不战先和，与叛降何异？末将上受皇恩，下托百姓，以卫国为己任，虽死不辞！”

好一顿慷慨陈词！

牛鉴想争辩却没开口，转过身朝上海道台巫宜禊看了一眼，说：

“巫大人，意下如何？”

这巫宜禊一看就像个马屁精，极会察言观色。牛鉴的话虽然三言两语，但听口气就能看出这位大人肚里写啥文章。大人有话不好明说，他作为官矮三品的下属不得不为大人代言。他思忖片刻，斟字酌句地说：

“依下官之见，逆夷虽然诡诈嚣张，但不过贪利之徒，负隅之兽。只求谋利通商，并非争城掠地。定海、宁波均为殷实码头，英夷尚且不想长占，何苦贪恋吴淞此一席之地?”

“你……”陈化成欲言又止。

“英夷屡屡扬言要入侵长江，占领南京，然而长江天险在我吴淞，闯关夺隘，谈何容易?”巫宜禊回看了牛鉴一眼，面对着陈化成，继续说，“卑职反复琢磨，英夷不过是外强中干，虚词恫吓罢了!”

牛鉴不啧一声。

不反驳，就等于默认。大敌当前，作为三省主帅的两江总督竟对英夷抱有如此幼稚的幻想，轻敌麻痹，又胆怯动摇，后果将不堪设想。陈化成心里好一阵翻腾，终于沉不住气了，不管新任的总督开心与否，愤然一甩马蹄长袖：

“鸣金收兵，撤!”

## 28.

督标提标，初次会师就不欢而散，这对于宦海一帆风顺，从未见下属敢于顶撞的牛鉴来说，心里确实不是滋味。

自从嘉庆皇帝圈阅他的试卷那一天起，他牛鉴就起誓要出人头地，光宗耀祖。官道崎岖，他爬山越岭一步不落终于攀上这总督的位子，这本是十年寒窗苦读而为之梦寐以求的高峰，风光透顶了！可是当道光皇帝的谕令高悬于他的头顶，他却惊喜参半，不，惊大于喜，哆哆嗦嗦地不敢接旨。风调雨顺的官他敢当，只要不惮勤劳，不避嫌怨，心中有朝廷皇上，眼里有社稷黎民，遵命奉行，再烦再琐，没什么可怕的。可怕的是战时之官，而且是对敌前线的封疆大臣，弄不好脑袋还抵不上他那只心爱的鼻烟壶，皇上一发火，他那鼻烟壶充公入库，他的脑袋却要搬家。诚然，这只是后话。若说眼前，开场锣鼓就没有打顺，嘿，不是被皇上生吞活剥地逼上梁山，他才不来了呢。现在要他跟一群赳赳武夫议军论战，不别扭才怪！

果不其然，今天就碰到陈化成这个钉子！

回到公馆，他穿堂入室，处处都不顺眼。

这儿就是梁章钜专为陈化成准备的公馆，地处宝山县城东南的闽浙会馆之中，绿树环抱，闹中取静，是个很清雅的所在。前任总督裕谦把它作为临时行辕，但住不多久就调往定海，这儿便又人走楼空。获悉新任总督要带着大批属员、幕僚和督标将弁，仿效前任总督坐镇宝山，知县周恭寿便把整个会馆都装修了一番。他听说牛大人喜好古玩字画，便特地到文人士绅家取了些秦砖汉瓦唐三彩之类古董和米芾的字郑板桥的画，再向本城商贾借了一些精致的家具，布置一新，又格外精选了几名书童使女以备差遣，这才恭迎宪台大人住进这公馆之中。虽不甚画栋飞云珠帘卷雨，但也有素琴横月短笛吟风，如此舒适的地方，还有啥好挑剔的呢？

其实，幕僚属员均心知肚明，牛鉴是在生陈化成的气。

可不！他走东走西，心里不断揣摩，终于断论：陈化成并非想象中人，很难调处。此人可为将而不可将将。岂有在上官面前倚老卖老之理？呈一己之短见，偏激迂执，而且处处抢白，层层戗风，全然不把新任两江总督放在眼里，是可忍孰不可忍！

可转念一想，古人云：立身，不高一步立，如尘里振衣，泥中濯足，如何超达？处世，不退一步处，如飞蛾投烛，羝羊触藩，如何安乐？再说，他牛鉴不是素有容人之雅量么？想到这些，牛鉴心平气和海阔天空了，当前正是用人之际，他名义上是兵权贵一的两江总督，可说到底，自己终归是个文官，一旦有警，领兵上阵还须倚重武将，虽然陈老将军出言多有不逊，但老将军出身军门，素性鲠直惯了，也就不必对他求全责备。何况，赴任一路每每闻听，陈化成弃公馆，住营帐，食粗粮，穿布衣，而体恤士卒如家人，士卒皆称他“陈老佛”……这样的人，据说皇上也是赏识有加，曾数次御召进京面君，他牛鉴岂敢不敬！

新任初始，急须树立人望，而切不可树敌。这是牛鉴多年为官的经验心得，可是在这江南水师吴淞要塞，怎样做到不树敌而树人望呢？

牛鉴慢步细忖。左思又想，贸然冒出一个推崇他人实乃推崇自己、烘托他人最终烘托自己的“双赢之计”。

于是，牛鉴让幕僚研墨铺纸，用他那一笔屡受皇上嘉勉的小楷，亲拟一份奏章，将他所见所闻报奏皇上，诸如海塘坚固，新炮成群，演练咸如军律，而陈化成身为江南提督朝廷一品大员，与士卒枕戈塘岸，露宿风餐，日渐染疾，等等。拟请启用官银两万两，犒赏提标所部弁兵。云云。

## 29.

陈化成从海塘上回到军帐，心里梗塞得如同吞下了一团铁蒺藜，既堵得慌又钻心地疼。在这样的总督手下，他这个提督简直就没法干！

他万万没有想到，翘首相盼，盼来的新任总督是牛鉴。看得出，牛鉴根本不可与裕谦相比，也比不上伊里布。初看他装腔作势挺有那么一点威风，半天不到就像一团稀泥，冲他那吞吞吐吐的样子，遇事闪烁其辞，有话兜圈子不敢明说，没有推功揽过的胸襟，没有赴汤蹈火的勇气，更没有背水一战、置于死地而后生的胆识，这样的总督怎能率兵上阵？跟着他又怎能打赢？

但转念一想，切不可结怨成仇。

他不怕牛鉴寻衅报复，但担心俩人从此不和。那“不和”二字是军中之大忌呀。兵书上说，“不和于军，不可出阵；不和于阵，不可进战；不和于战，不可决胜。”意思是，军队内部不和，不可以临阵对敌；临阵而步调不一，不可进行战斗；战斗各部不协调，不可能取胜。

他蓦然想起《左传》上的一个故事——

文公十二年，秦国进攻晋国，占领了（山西）羁马。晋国派赵盾为中军元帅率兵抵抗。赵盾手下的上军副将臾骈很有谋略，建议深沟高垒以御秦军。赵盾依计行事。秦军见晋军壁垒森严，无懈可击，但获悉晋将赵穿是晋侯的驸马，年轻恃宠，无勇轻狂，既不谙军事又跟上军副将臾骈历来不和，于是，秦军挑战，引诱赵穿。赵穿争功心切，私率一部仓促应战。臾骈怕赵穿被俘有辱国体，建议元帅全军出战，秦军险遭覆没，慌忙收兵。入夜，秦军派遣使者到晋军大营，约期明日再战。臾骈见秦军使者目光游移神色不定，判定秦军畏怯，派使者下改日战书是为稳住晋军，极有可能乘夜暗撤退，因此建议围歼秦军。赵穿因与臾骈不和，又加上元帅赵盾对臾骈每每言听计从，心中非常积恨，便撺掇下军副将胥甲一起反对臾骈，臾骈明明正确却寡不敌众。而优柔寡断的赵盾见诸将纷争不休，意见不和，便按兵不动，以至让秦军从晋军眼皮底下悄然退却，白白地失去了一次围歼秦军的良机。

由此可见，若要克敌制胜，须占天时，占地利，还要占人和。

怎样才能与总督大人做到将帅相和呢？顺从迎合息兵休战的主张？明知不对而缄口慎言？

不！

为了大清江山不再蒙耻受侮，为了7000将士和吴淞要塞的存亡，他陈化成作为江南水师提督必须积极备战，一时半刻也不可稍有松弛。有罪，他顶。有功，他让。只要不让英夷入侵吴淞，个人的荣辱恩怨，何足挂齿！

至此，陈化成总算想通了，再无什么顾忌了。

鼓击三更，他才洗漱就寝。

## 30.

战事说来即来。

第二天一早，陈化成刚在营帐内坐定，中军参将韦印福便来禀报：3艘夷船闯入吴淞口航道！

陈化成急忙取过千里镜，虎跃一般出了营帐，三步并两步登上了望台。

只见在一炮距离以远，3艘牛高马大的英夷兵舰，在吴淞口外的海面游弋。那最大的一艘三桅兵舰，两舷的大炮依稀可辨，少说也有四五十门。

海塘炮台上，兵弁炮手已经自动就位。

空气中立即弥散开一股股火药的气味。

陈化成经历海战数十次，与英夷兵舰交手也有四五个回合，场面见多了，因此毫不惊慌。

他观察片刻，断定这只是英夷舰队的“先头哨兵”，大小两艘炮舰，保护着的是一艘测量船，企图探测水道来了！

“火速禀报宪台大人！”陈化成向紧跟身后的传令兵一挥手。

传令兵骑马飞驰而去。

陈化成将手上的千里镜递给韦印福。

“韦将军！”

“末将在！”

“当年英夷犯我闽南洋面，夷舰与我炮火相击，尔等可曾淡忘?”

“末将记忆犹新！”

韦印福回答着军门大人的问话，脑海中不禁波浪翻扑，当年海上驱敌的情景犹如就在眼前：

五虎洋面。夜海一片漆黑。

英夷“阿美士德”号间谍船，悄无声息地驶进了厦门港的外海。那船长是英夷“东印度公司”的代表，为了混迹中国，特地取了个中国名字：胡夏米。

胡夏米能讲一口流利的汉语，号称“中国通”。外表一看，他手上捧个十字架，一副道貌岸然的样子，像个规规矩矩的传教士。实际上，他是个间谍。

西方人用兵，尤其是英国特别注重运用间谍。从马戛尔尼朝觐乾隆皇帝的那个时代起，他们就不惜工本，派遣熟悉地理、精于天文、通晓兵法的人以商人和传教士的身份潜入中国，在陆上，观察城郭乡镇的疏密，山川形势的险要，道路旅程的远近以及军事要塞的位置，等等；在水路，则观测海湾港口的宽窄深浅、沙滩礁石的分布。一一绘制成图，再附上说明，回国献给政府，尔后下发兵舰。因此，英国兵舰入侵中国各海口，犹如故地重游，长驱直进。

老奸巨猾的胡夏米在中国沿海各地，频频得手。手，越伸越长。此次，他伸向了陈化成的防区——厦门港。

不过，这一回，他不用亲自观察、测量，也不用自己动手绘图，而是跟几个内奸相约在五虎洋面接头，胡夏米用鸦片，内奸用一份厦门要塞布防文书和几张港口水道图，按“质”按“量”，等价交换。所以，选在这不见天光的黑夜。

正当一艘“快蟹船”搭上英国“阿美士德”号高大的船舷，准备交接时，万万没有料到一股神兵从天而降！

率领这股神兵的就是福建水师提标营中军参将韦印福。

原来，昨日陈化成得到厦门镇标营水师哨船的禀报，5 艘英夷商船聚集在五虎洋面，行踪诡秘，便命韦印福率战船 12 艘跟踪追击。

胡夏米毕竟久经风浪，发觉风声不对，慌忙掉转船头，向外海逃窜。那“阿美士德”号是英国特造的三桅帆船，俗称“飞箭船”，航速特快。

韦印福不再穷迫，回转头指挥他的战船将那艘“快蟹船”逮住。

火光一照，出乎意料的是，那“快蟹船”的船头却居然站着闽安镇协营水师副将沈伟镇。他见韦印福率领战船将“快蟹船”团团包围，打肿脸充胖子地说：

“末将奉命巡哨，自家兄弟，请勿误会！”

“既是自家兄弟，容兄弟上船一会！”

拱手之间，韦印福一个纵身跳帮，稳稳地落在沈伟镇的身边，不等沈伟镇转过神来，飞起一脚，只一招式就把他制伏了。

主犯落网，从犯乖乖投降。

“给我统统绑了！”

韦印福一声令下，都司李显生和走私惯犯三山举人，全被五花大绑，押上了水师战船。这群寡廉鲜耻丧失国格之徒，很快被严惩正法。

正法了几个里通外国的内奸，对猖獗的鸦片走私来说，只不过是触动了几根毫毛。英国变本加厉，在海上的鸦片走私，愈发嚣张。

陈化成决定借海上演练船炮，给英夷一点颜色看看。

在中国走私贩毒多年，盘据于厦门外海趸船上的英夷头目颠地，见清军水师战船突然云集于海面，一面命令护航英舰准备战斗，一面派出快船向高挂“陈”字帅旗的水师战船投递照会文书：

> 只要中国水师战船对我开炮，我们就无情攻击，只要大英帝国的舰炮一响，中国水师战船就会葬身海底！

陈化成手按腰刀威风凛凛地挺立在飘扬的帅旗之下，对英夷的挑衅一笑置之。

中军参将韦印福请求演炮。

陈化成大手一劈。

蓦地，一艘艘水师战船上，号令骤起，火炮齐鸣。

本来趾高气扬的颠峰，见清军水师果真开炮，倏地乱了阵脚，急忙下令护航英舰放炮攻击！

海面上顿时炮声隆隆，硝烟滚滚。

面对敌舰猛烈的炮火，陈化成挥起腰刀斩钉截铁地说道：

“我皇天威震慑，大清水师誓死卫国。将士们，对准英舰，开炮！”

但是，英舰毕竟船坚炮利，战不多时，陈化成警觉地判断，水师战船船小而炮火威力不大，敌我力量过于悬殊，蛮打硬拼，难以取胜。于是，授计韦印福，传令水师战船呈不规则队形，状如溃散地火速后退。

其实陈化成是虚晃一枪，诱敌深入。

英国兵舰不知是计，乘“胜”追击。

韦印福明白这是陈化成的海上“拖刀计”。望着后面紧追不舍的英国兵舰，他禁不住冷冷一笑：

“畜生！再往前追，你就等着送死吧！”

平心而论，福建水师的战船，木料不坚，炮火不大，若仅靠水上作战，实难与英国坚船利炮匹敌。不如扼其要害，坚固炮台，静以待之。这是陈化成升任福建水师提督之后，总结历年与英国武装走私兵船作战的经验，向道光皇帝呈奏的《海洋防敌协同作战折》中岸防与海防协同、水陆并举之策。道光皇帝大为赏识，在奏折上朱批，“大张挞伐，再示军威”！于是，陈化成积极加快岸防炮台建设，先后修缮和新建了厦门港炮台、大担前炮台、大担后炮台、浯屿南炮台、黄厝炮台和高崎炮台。炮台上各配有2000斤、4000斤、6000斤和8000斤不等的前膛铁炮10～20门。这些炮台与厦门各海防要冲的大小文汛口、武汛口和墩台，互为犄角，再与游弋海面的水师哨船遥相接应，形成一个山海联守、内外交织的伏击圈，像一张无形的大网布设在进出厦门的九龙江口。

九龙江口到了！

英国兵舰仿佛一不小心就钻进了陈化成的“口袋”！

当它进入炮台的射程以内，突然，海角崖端所有炮台上的大炮统统发威了。而貌似逃跑的水师战船忽地一个逆转，像黄蜂似的围剿包抄过来，集中火力，对准英国兵舰就是一顿排炮！

自逞快速的英国兵舰，犹如奔驰的烈马撞上了一道绊马索，顿失前蹄。连忙掉头挂帆，边拒边撤，狼狈地夺路而逃。

这就是清史留名的“九龙炮战”。

从此，英舰在海上远远望见“陈”字帅旗，便大惊失色：

“陈老虎来了！”

一晃三载，倏忽而过，虽然陈化成虎威犹在，但敌我形势骤变，厦门失守，定海、镇海、宁波相继沦陷，而与吴淞要塞唇齿相依的海防重镇乍浦又在英军的炮火声中毁于一旦，毋庸置疑，摆在江南水师面前的同样是一场生死攸关的恶战。恶战在即，陈化成既不会惊慌胆怯，又不会盲目轻敌。打仗凭谋凭勇不凭吹牛，他从来不认为自己是“陈老虎”，纵然是虎，猛虎难斗群狼。他觉得强敌当前，需要的是全军如虎。因此，面对觊觎吴淞口的3艘英国舰船，他接过韦印福那句“记忆犹新”的话头，看了看这位跟随自已从南到北出生入死的心腹家将，说：

“韦将军，三年前的闽南海战，之所以我胜敌败，是因为我以数船围敌一舰，关门打狗，岂能不胜？而今，英夷准备多年，进军吴淞口的肯定是一支实力雄厚的虎狼之师，因此这吴淞之战，非同小可，尔等切莫掉以轻心！”

“军门大人，所言极是。”韦印福说着抬头看了看天，天空中红云飞渡，异样的绚丽夺目。民俗云，晚霞行千里，朝霞不出门。于是献策道，“不过，末将有一小计，不知可否禀报？”

“请讲！”

“依末将观察，今夜有雨。请军门大人调集水师炮船，交末将率领，趁雨夜驶近夷舰，来一个海上奇袭。”

“你是说，偷营劫寨？”

“正是。”韦印福稳操胜券似的，说，“我水师炮船集中火力，哪怕打沉英夷一条兵船，便可挫伤敌人的锐气！”

陈化成沉吟片刻，说：

“如英夷兵船散泊海面且数量不多，我水师炮船避亢击虚，打它于措手不及，此计尚可。万一英夷兵船实力雄厚，我水师炮船以弱击强，岂不是委肉于饿虎之蹊，意在缚虎反被虎伤？”

韦印福深知陈化成用兵讲究奇正，因此问：

“既然夜袭不可造次，军门大人可有他策？

“兵欲胜敌，谋贵素定。依我，先探明敌营虚实，尔后再议攻战。”

“末将愿带哨船前往！”

陈化成见韦印福求战心切，点点头又摇摇头，说：

“你速去吴淞绿营，密令吴淞营参将刘国标前来座帐见我。”

这刘国标本是太湖武进士出身，水上功夫很深，练就十八般武艺，尤有一手出神入化的船尾刀，一刀掷去，索断帆落，那本领确实令人叫绝。因此，他被派驻漕标，专司往京城押运无锡的大米和苏州织锦。不料去年太湖发大水，漕船翻毁甚多，他又为人倔犟，不会周旋推诿，更不会行贿通关节，结果被革职充军到吴淞绿营。

陈化成闻知前因，认为“过而能改，善莫大焉”，不但不歧视他，反而对他备加体恤，又委以重任，让他负责监造炮台。

刘国标知恩图报，不辱使命，精心监理，深得兵民拥戴，于是陈化成向皇上极力保举，重新起用他做了吴淞绿营的参将。

刘国标来了，一听说军门大人要让他夜探敌营，便欣然领命。

是夜，韦印福和刘国标率领水师哨船一艘，悄然驶出吴淞口。

一个时辰之后，哨船在小戢山附近停了下来。

这儿离英国兵船的海上据点鸡骨礁已经很近。

透过雨帘，只见远处朦朦胧胧的有一串灯火。

刘国标选了5名水性极好的军士，解下哨船上的舢舨，离开哨船。为了避免声响和隐蔽自己，他们全部前后左右浸在水中，凫水推着舢舨，慢慢地向灯火接近。

渐渐，能听见英国兵船上洋鬼子那鸟叫蛙鸣般的说话声。

刘国标判断片刻，便对军士们轻轻关嘱：

“注意英夷兵船上的灯火，高处的是桅灯，低处的是舷灯、尾灯。数清桅灯，便知兵船数目了。”

一、二、三……一直数到三十八、三十九。刘国标和军士们个个吐了吐舌头，心里面都在打鼓：洋鬼子好大的阵势！

刘国标又让军士们稳住舢舨，原地待命，他一人带着两个浮子只身游向其中的一艘大船。到了跟前，他仰面半躺在海面，目不转睛地对着那大船仔细观察，只见那船的右舷伸出来的炮管就有三十五六门之多，双舷一算便是七十余门大炮。这样的火力，显然船小炮少的水师战船不是它的对手。

刘国标心中基本有数了，返回舢舨，正准备撤退，却见海面上出现一艘英夷的巡逻兵船。

那兵船蓦然发现舢舨，嘟嘟嘟地响起一片刺耳的哨声。

刘国标6人一个个鹞子翻身钻到水下。

英国的巡逻兵船驶近，却见是条空荡荡的小舢舨，以为是渔民丢失在海上的，便不以为然地离开了。

等巡逻兵船走远了，刘国标立即带着军士们推着舢舨，奋力划向大戢山。

韦印福亲率哨船，将夜探敌营的将士接应回营。当得知驶抵吴淞口的英夷兵船竟有近 30 艘之多，不禁暗自惊服陈化成的深谋远虑，倘若今夜轻率出兵，那真叫偷鸡不成白蚀米，损失将不可设想！

## 31.

再说牛鉴接到陈化成的禀报，赶忙登上宝山城头，一见海面上果真停泊着 3 艘英夷兵船，忙召集陈化成和上海道台、宝山知县以及督标营的都司到总督行辕议事。

陈化成认为英夷不仅为勘测进攻水道，而且是为试探我炮火布防位置而来，应不予理睬。说完，因军情紧急不便久待，他便赶回要塞去了。

牛鉴见陈化成如此独断，很不服气，便想自己该露一手给众将官看看。

他想到当年河南闹洪灾他恭请龙王而水退城安的往事，立即对留下未走的文武官员面授机宜，祈求神灵禳解，消灾弥祸。

总督之令，岂敢不从？

督标营的都司挑选了 500 名健壮军士，上海道台和宝山知县分头督促寺庙道观和梨园戏班准备了五色面具。那面具，有的是红眉绿眼龇牙咧嘴的鬼头，有的是虎豹豺狼模样凶残的怪兽，军士戴上它一个个就像传说中的妖怪，狰狞可怖。

装神弄鬼的军士群魔乱舞般涌向海塘。

海塘上霎时飞沙走石，犹如妖风四起。

牛鉴端坐在宝山行辕，像在郑州城头等候水退一样，此刻正期盼着英国兵舰经不起他的鬼神驱赶，望风而逃呢。

压根儿没有想到，英夷兵舰上的敌人见了这种巫师跳大神的场面，不仅没有表现出丝毫惧怕，甚至一点点慌乱都没有，反而兴致勃勃地引颈扬首，像观看中国的古装木偶跳判官和耍猴的把戏一样，既感到稀奇古怪又觉得滑稽可笑。

## 32.

陈化成正在座帐内与众将官议事，忽听马弁禀报，海塘上有人在装神弄鬼。

他立即派韦印福前去打听。

韦印福速去速回。说，海塘上聚集的全是督标的人马，他们之所以装神弄鬼，奉的是总督之命。

陈化成哑然了。

古语说："国将兴，听于人。国将亡，听于神。"所谓听于"人"者，是要靠一群人化除私欲胆怯专心国家大事。所谓听于"神"者，是一帮人尔虞我诈放弃责任，而专在他们所拜的神上用心。求神保佑能保住大清国土，以神驱邪能赶走英夷兵舰，那还费心费力费千万两白银修建海塘炮台铸造火炮抬枪，何为？

陈化成不信这一套。

督标的人马装神弄鬼，陈化成无权过问，但吴淞要塞却在他水师提督的管辖之中。尽管，按督标、抚标、提标的名份，他只是提督，必须听从总督的决策，可是道光皇帝在谕旨中曾经准许他有临机处决权。他觉得不能再任其非为贻误战机了，刘国标夜探敌营已摸清英夷兵力，敌人是一支不可轻视的海上劲旅，不是凭藉恫吓更不是靠烧香拜佛装神弄鬼就能令其退兵的。

固然，英兵理应责令其退。

但这个退法，只能是打退。

而要打退英军，必须首先做到知彼知己。

敌人肯定是强大的，集结在鸡骨礁的英舰近40艘，每艘上的新式火炮少说有三四十门，多则六七十门。兵书云，两军相角，首资利器。据观察，英舰的火炮分大、中、小三等，有防守用的，有随行战斗用的，有专司攻坚用的。火炮不仅口径大，射程远，射速快，并且弹药质量高，因而火力强。同时，弹药都是从后膛装填，炮身可升降转动，又带有望远镜便于瞄准，所以炮弹的落点远近适合，不论围击还是猛攻都非常灵便，经久耐用而不致于炸裂。枪的规格也十分新奇，连发几十响都不会烫手。那炮弹也不是清兵火炮用的药饼，子弹也不是霰弹，有实心弹、燃烧弹甚至爆炸弹。炮弹和子弹外面包着一层铅皮，点火之后随即熔化，虽弹体比膛口大几分，但能射出而且威力不可想象，真可以称得上巧夺天工了。

清兵的枪炮与英军相比，自然不可同日而语。炮暂不论，只说枪就自叹弗如。清兵用的是抬枪，均是东南各省铁匠铺打造的，枪身内外又粗又笨，每杆需要两三人才能抬得起，虽说它的射程不弱于洋枪，但绝对不能连放几十响，否则肯定炸裂。

再联想此前几次海战，陈化成更清醒地看到，清军水师与英军装备上的差距，早已暴露无遗。英舰不仅吨位大，而且航速快，机动性强，装炮多达70门，射程远达万米，进可攻，退可撤，应付裕如。穿鼻洋海战中，关天培指挥水勇用3000斤铜炮击断英舰“窝拉疑”号头桅，游击麦廷章又率战船对英舰炮轰，击破英舰后楼，英人也随炮落海，但英舰虽遭前后夹击，所伤只在舱面，其船旁船底皆整株番木制造且全用铜包，任凭炮击而不能穿透。此外，九龙洋海战，英舰火力俨如炮弹蜂集；矾石洋海战中，英舰“都鲁壹”号舰炮弹如星飞，炮子嵌入水师船头深达5寸，可见其威力之大。

而我水师战船，多为无帆桨船或单桅帆船，少有双桅、三桅战船；且吨位不超过250吨，载员不足百人，炮小而陈旧，前膛装药，后膛点燃火绳引爆，装一次发射一次，古老而笨拙……

这样说，并非长英军威风灭清兵志气。

诚然，我水师战船和海防炮台屡创英舰的战例，如同一面面招展的旗帜无时无刻不在他陈化成的胸间飘扬！

——九龙洋海战。英舰“路易沙”号、“珍珠”号首先向广东水师巡逻船队开炮，大鹏营参将赖恩爵当即指挥3艘战船开炮还击，岸上炮台同时开炮援应，集中火力打击挂有长旒的“路易沙”号旗舰，将其主帆一连击穿了19孔。后来英舰“窝拉疑”号赶来增援，一直打到夜幕降临，英舰才狼狈退回尖沙嘴锚地。此次海战持续八小时，击毙英兵17人，同时还有1艘装载走私鸦片的夷船被击沉，而我水师兵勇只伤亡8人。这是我水师以弱敌强，首战告捷，打出了军威。

——矾石洋海战。都司马辰、游击王鹏年率舰船，敢于冒敌密集炮火，机智勇敢，乘上风，出其不意地逼近英舰“都鲁壹”号，避开英舰两舷火炮而攻其头尾，连开3000斤铜炮2门，将其前艄头鼻打塌，英舰官兵纷纷喊嚷，滚跌落海。

——磨刀洋海战。战前，驶抵广州海面的英舰已达4艘。关天培指派副将李贤、都司马辰分率水勇400名，乘火船10只，隐蔽埋伏于岛澳待机，并雇用通晓夷语的渔民，驾小船伪装混入英舰之间作为内应。凌晨，火船借夜幕悄然驶近磨刀洋英舰锚地，占住上风，里应外合一齐纵火，乘英舰混乱之际，又抛掷火箭、火罐……实施火攻，焚毁英舰2艘，1艘起火逃遁，斩杀番兵4名，鸦片商和走私贩淹死无数。

——台湾鸡笼（基隆）口海战。英国武装运输船，侵入鸡笼（基隆）港口，并向二沙湾炮台开炮，击毁营房1幢。水师营参将邱镇功立即指挥开炮还击，英船被炮弹击中，桅折索断，仓皇退出港口，慌乱之中触礁破裂，船舱进水，倾斜下沉。水师兵勇立即驾快船出击围堵，缴获火炮10门，斩杀拒捕者32人，生擒133人，其余100余人跳海逃跑，大部分被淹死，只34人侥幸生还。

对台湾的防务，陈化成太熟悉了。

他任福建水师提督最惦念的便是台湾。他从心底里佩服台湾兵备道姚莹和总兵达洪阿，这一文一武，旗鼓相当，辛勤练兵，寒暑无间，虽然只有600名清兵，但将一个偌大的台湾治理得铁桶一般。尤其那郡城防守，甚为严密，城西围木栅700余丈，城中安设大炮3座，所有城门除派精兵守卫外，还招募壮勇1400人，分段协守，城内名街72处，皆高筑木栅隘门，责成绅士铺民，督促壮勇2000余人日夜巡防。姚莹、达洪阿又制定了“以守为攻，诱敌入境”之策和防夷方略五条：“一、塞港；二、御炮；三、破其鸟枪；四、守城；五、稽查奸民。”为防止英军登陆，沿岸各险要之处深挖壕沟，密布钉板，插旗诱敌。因为励精图治，防务在先，才取得英军“五犯台湾，不得一利，两击走，一潜遁，两破其舟，擒其众而斩之”的重大胜利。

除此之外，让英军胆战心惊的还有广州三元里的“平英团”和宁波的“黑水党”。

1841年5月30日，英军陆军司令卧乌古亲自率领爱尔兰第26团、马达拉斯本地步兵第37团、49团的3个连，以及孟加拉志愿军，在皇家水兵和大炮火箭的支援下，浩浩荡荡地从他们驻扎的广州城北的四方炮台开赴三元里，发誓一定要血洗“平英团”。

原来，光天化日之下，十几个英兵准备强奸三元里的一名少妇，鬼子的淫笑声和少妇的呼救声惊动了正在莳弄菜园的韦绍光。

这个韦绍光，陈化成早闻其名，知道他长得牛高马大而且精通武艺，平日他最爱助人为乐，打抱不平，为人处世十分讲义气，所以，虽无一官半职，但常常能一呼百应。林则徐禁烟抗击英军招募水勇，他报名参加了。当年围困英国商馆，他也是带头人之一。后来，林则徐被道光皇帝撤职罢官，他一气便仍然回家种地。

此刻，韦绍光一听到有人喊救命，循声一望，看清一群洋鬼子调戏一名妇女，那妇女正是自己的妻子李喜，便奋不顾身地拿上铁镐，奔到村头又振臂招呼了十几个乡亲，带着扁担锄头木棒，将那群鬼子团团围住，不问三七二十一，劈头盖脸一顿猛揍，七八个洋鬼子被打得顿时脑浆迸裂，吓得其他鬼子仓皇逃命。

在此之前，洋鬼子霸占广州四方炮台，常常四出骚扰，横行无忌，杀人越货，无恶不作，乡民早就深恶痛绝了。

《广州停战协定》生效之后，英军派出所谓“征发队”，到城郊乡镇掳掠奸淫。一天之内，“辱污而死及被逆劫去者共计一百数十口”，甚至奸及老妇。他们“掳掠财物，逼民搬运，如违拗即被杀”。贪婪的强盗们不仅对农家的鸡鸭猪牛无所不抢，而且为了寻觅珠宝竟然“开棺暴尸”，“挖掘山坟，祸延白骨”。时人在一本名为《广州军务记》的书中，详述了英军的种种乖张罪行，其中有一段是：

夫罹殃，妻受辱，两命皆亡。子被缚，母困居，身家俱殒。而且田园伤，室庐毁，邱垄（坟墓）被掘，老少遭淫。贫者之室如悬罄，富者之屋四壁徒立，劫掠之惨，无以复加。鬼神为之积愤，草木为之含悲！

连鬼神都积愤，草木都含悲，老百姓又怎么能不为之义愤填膺！

韦绍光带头打死了洋鬼子，四乡八村的老老少少真是从心底里叫好，拍手称快。

为了防止英夷报复，韦绍光便一不做二不休，联络了附近103乡深受英夷之害的热血青壮年，足有2万多人，组成了“平英团”。

“平英团”以三元古庙的三星旗作为战旗，以刀、矛、棍、斧为武器，准备迎击再犯之敌，誓与英夷一决雌雄。他们的誓词是：“旗进人进，旗退人退。脚踏故土，头顶苍天。杀绝英夷，生死无怨。”并约定，各乡准备大锣数面，一乡有警，四乡皆出。吹螺壳打鼓进兵，鸣锣收兵。

驻守在四方炮台的英国陆军司令卧乌古听说三元里一帮子泥腿百姓胆敢杀害英兵，还聚众组成什么“平英团”，火了，立即亲率重兵前去围剿，非要将三元里夷为平地不可！

韦绍光闻讯，将大部分力量按兵设伏，而以小部分力量去牵制敌人，并做畏敌退却状，引蛇出洞。

中午时分，英军不知是计，被“平英团”牵着鼻子引进了牛栏岗，做梦也没想到这就是他们的“滑铁卢”。

这牛栏岗一带水田密布，道路崎岖，周围有山岗环绕，那连绵不断的山岗看上去虽然不高，但走进去才知道十分险峻。牛栏岗，牛栏岗，千匹疯牛都难闯。英军也不例外，一视同仁地被山岗挡住了去路。

只见岗峁上到处都是三角旗子，卧乌古下令炮轰。

炮轰过去不见旗影，炮声一停那旗子又全部冒了出来，同时，间隔一息就听到锣鼓喧天，杀声震地，而英军根本弄不清乡民义兵躲在哪里。

等所带的炮弹消耗得差不多了，英军正寻找上山的通道，忽然满耳都是螺号和鼓点，眨眼之间，七八千义勇兵摇旗呐喊着从牛栏岗瀑布一般倾泻而下。

洋鬼子傻了眼，生平没有见识过这种“人海战术”的卧乌古，霍然发觉事情不妙。这时，乡民义兵从四面八方洪水似的涌来，形成一个巨大的“漩涡”。被卷在“漩涡”里的英军四面开炮，乡民义兵不但不散，反而扑面而来，像黄蜂一样愈聚愈多，少说也有上万人。

卧乌古身陷重围，急令第26团一个连向左翼冲击，第37团一个连及一些孟加拉志愿兵向右翼抵挡，掩护第49团和水兵及部分孟加拉志愿兵向后撤退。

想溜之大吉？谈何容易！

左翼第26团的英兵窜进牛栏岗西南的杂葬岭，被三元里、石井、唐夏等乡的农民团团围住，随行的副军需总监毕霞少校在逃窜中与唐夏乡绰号“定拳长”的颜浩长相遇，被颜浩长一刀杀死。右翼第37团及孟加拉志愿兵沿山路逃窜，在柯子岭遭到一群采石工的狙击，又流窜到黄婆洞，不少英兵被乡民砸得皮开肉绽，头破血流，“乞命之声震动山谷”。

英军左奔右突到下午2时，突然乌云蔽日，雷雨大作。

雨后的水田变成一片汪洋，英兵弹药尽湿，“一支毛瑟枪也打不响”，只得舍命突围。无奈乡民义兵人山人海，里外三层水泄不通。英兵穿着笨重的大头皮鞋，有的陷在泥泞中狼狈不堪，有的龟缩在瓜棚豆篱下，抖索着像只落汤鸡。土生土长的乡民义兵逮住时机趁雨追击，挥舞大刀长矛猛砍猛刺，真是杀头如切瓜！

而英兵的“刺刀之于中国人的长矛，只不过是一种可怜的防御物罢了”。不少英兵在长矛下丧生。就连指挥第 26 团的伯拉特少校团长也被一支三叉戟刺穿了他的衣袖，若不是跑得快肯定也是一死。

下午 4 时，疲惫饥饿而心力交瘁的英军在付出惨重伤亡的代价后逃回四方炮台。不料，一清点人数，发现由哈特菲尔德中尉率领的第 37 团一个连尚未回营，于是急忙又派出两连海军陆战队，携带不怕雨淋的雷管枪前往救应。

哈特菲尔德手下的一连人被数千乡民义兵紧紧困住，他们只得紧缩成一个四方阵，用尚能发射的几支来复枪自卫，好歹坚持到夜幕降临，这才一步步从来路撤退。乡民不断用长钩将英兵拉出四方阵砍杀，又以缴获的枪支向英兵射击。该连的旗手巴克莱的手臂被击中。旗倒阵乱。

直到晚上 9 时，在海军陆战队的接应下，这群英兵才终于狼狈不堪地逃脱出“平英团”的伏击圈。

乡民义兵不会打仗，但这一仗，歼敌 100 多名，生俘 12 名，缴获大炮 2 门和不少刀枪弹药，真称得旗开得胜，痛快淋漓！

获胜的“平英团”，根本不管什么“归师勿遏，穷寇勿追”的用兵之法，他们振臂一呼乘胜前进，将四方炮台围得密不透风。

第二天，又有不少人从番禺、增城等地赶来，包围四方炮台的人数像潮水陡涨一下子增加到三四万人。终于，骄横不可一世的英军被迫在炮台上竖起了乞求停战的白旗。

假如不是奕山、隆文和杨芳为英军解围，这帮残害中国人的洋鬼子早就寿终正寝了！

再说“黑水党”。

陈化成一到吴淞，就对“黑水党”耳熟能详。

这是宁波一带的民间秘密组织，首领有徐保、张小火和钱大才。他们专行侠义，为民除害，水里来山里去，神出鬼没。

定海沦陷时，葛云飞、王锡朋、郑国鸿三总兵牺牲后尸体未归，“黑水党”徐保兄弟潜入定海，半夜三更至竹山门，见葛云飞的尸体还依崖挺立不倒，他们又攀上晓峰岭寻得王锡朋的尸体，一起背负出山。只是郑国鸿的尸体已被英兵抛掷大海，徐保遍寻不得，深感遗憾。

这事被浙江石浦同知舒恭受获悉，转告奕经。

奕经便命徐保带60人，分散潜伏宁波，驾驶小艇在江中伺机狙击英人，并悬赏许愿：凡斩黑鬼一首级，赏银百两，白鬼加倍。

于是“黑水党”在宁波昼伏夜出，偷袭洋人。

宁波城虽然不比“金陵帝王州”，但也称得上是个“江南佳丽地”。过去一到夜市，三江口、古楼街也颇有灯红酒绿的秦淮遗风，但洋人来了，“商女不知亡国恨”，酒肆歌榭还在，中国人却谁也不敢贸然出门。真是唐人绝句中写的“自从兵戈动，遂觉天地窄”。大街小巷，偶尔有人，不用问肯定是洋鬼子。

酒足饭饱之后只捉摸着搞女人的洋鬼子，根本想不到人称“偷头贼”的“黑水党”就隐蔽在曲巷之中，出奇不意地“偷”他们的人头，犹如探囊取物，手到擒来。

有天，俩洋人大摇大摆地行走，笑语不绝，忽然后者无声，前者回头一看，只见一颗人头落地，正欲惊呼，他自己也顷刻身首分家。

还有，英兵上街闲逛，见前面一人手持文明杖脚蹬皮鞋橐橐而行，以为是同类，忙大步趋前，哪知那文明杖里藏有弹簧刀，甩手过来就将英兵一刀了结。自然刺死英兵的不是洋人，是“黑水党”。

“黑水党”想要生擒活捉洋人，就拿一只长筒大布袋从后面勒住他的头颈，使他发不出声，拖到冷僻处将他嘴里阻上棉花团，再塞进大布袋，一捆，像运一袋奉化芋艿，用绳索一吊便吊下城头。

城头上通宵有英兵巡逻值更，“黑水党”数人一伙，暗伏于城墙根，闻城上巡逻兵过，故作怪叫引其注意。只要英兵倚着女儿墙探头探脑，暗伏的人便像撇缆一样撇过长藤环倏地套住英兵的头，猛力将其揣下。堵住口反剪双手，像踢死狗似的一脚踢到一边，再等下一个英兵上钩。城上的英兵误认为前面的同伙失足坠城，皆伸头俯视。不客气，一个接一个，如法炮制，请君入瓮。

这些“黑水党”频频出手，真令英军防不胜防。

1842年2月18日，英军“衣那”号小火轮正在岸边加水，负责小火轮加水的军官突然失踪，第二天在离岸不远的一个水塘里发现他没头的尸体。

“摩底士底”号的一个水兵最爱帮他的船长梳理一匹“战利品”小马，小马拴在离船不远的一所小马厩里，水兵去了三天，第四天死了。人在头不在。

……据不完全统计，英军占领宁波的后期，被暗杀者就有

42 名之多。

宝山的民团、乡勇也不弱，关键是需要万众一心。刘国标人波逐浪也是身怀绝技，关键是要有人策动。陈化成想。

现在，应该轮到他陈化成披挂上阵了！

等待他的将是一场激烈的吴淞保卫战！

此刻，陈化成觉得《吕氏春秋》中的一段话，很值得深思："存亡安危，勿求于外，务在自知。荆成、齐庄不自知而杀，吴王、智伯不自知而亡，宋、中山不自知而灭，晋惠公、赵括不自知而虏，钻荼、庞涓、太子申不自知而死，败莫大于不自知。"

能否抵挡住矛的进攻，取决于盾。

整个吴淞要塞就是一面御敌盾牌。

布设在这面盾牌上的兵力并不弱：

总计大炮 250 多门，其中铜炮 43 门，另有各式小型火炮未计在内。布设在宝山到上海沿江一线的兵力达到 7000 余人。

其中，陈化成亲率提标前、后、中、左、右五个营 800 人，其余外调兵有总督属下徐州镇标各营，太湖协标达、右营、狼山镇标泰州营，督标扬州营，抚标安庆营、河南营，以及河标与漕标的绿营兵，共 6000 余人。若加上民团乡勇，兵力可达万人以上。

万众之师，一人吐一口唾沫也能把这帮鬼子溺死！

陈化成想，胆大气盛者必胜。只要分兵把口，各负其责又同仇敌忾，按理这块盾牌重量不轻，一般不易攻破。

关键是谁主调度，这棋谁执牛耳？

执牛耳的自然是两江总督牛鉴了。

可是，牛大人迟迟不召集众将官进入实质性的议军。

陈化成真跺脚着急了，因为敌我形势实在令人担心。

并且，他担心的还不仅仅是不懂军事的一个总督，外来的徐州总兵王志元一直把自己当做客卿，而本地土生土长的川沙营参将崔吉瑞，又常把陈化成当做外来人。这两支人马都不是他的嫡系，要驾驭他们并非易事。

较量，岂止在战场啊！

再说，他亲自从福建水师挑选来的将官中，屡经考验的韦印福很守信义，可吴淞营参将周世荣呢？

玄！

## 33.

夏夜的吴淞江口，月黑风高。

陈化成的座帐里，坐无虚席。

英国舰队派出5艘战舰横陈于长江与黄浦江的交汇处，吴淞口通往各地的航运已经被切断了。

形势剑拔弩张，种种迹象表明英军的进攻日益逼近。

陈化成准备召集吴淞营、松江营、川沙营、提标营及河标、漕标的将官部署迎战御战方案。

按惯例常情，布阵打仗，遣兵调将，是军门大人一人说了算的事。但陈化成觉得这吴淞之战不同于定海、乍浦。定海是守港岛，乍浦是守陆城，而吴淞是守江口，一条江东西两岸，东接上海，西连宝山，幅员广阔又兵分四处，必须统一意见而后方能形成合力。《孔子家语》上说："汤武以谔谔而昌，桀纣以唯唯而亡。"英军当前，何以拒敌，不可不广开言路，采纳忠言，摈弃杂念。他认为，集思广益又达到兵识将意才是上上之策。

座帐议军，连夜举行。

提标营的韦印福、周世荣、刘长德和抚标营的徐大华、钱金玉以及安庆营的李廷峰等将官，连同对岸驻守东炮台的川沙营参将崔吉瑞都一一到了，乌龙茶早已沏过一遍，红烛芯也已剪过一回，独独不见徐州总兵王志元的人影。

提标左营中军参将韦印福提议不等王总兵了。

陈化成只说了一个字：等！

茶又沏了一遍，仍是杳无声息。众将官面面相觑，但一个个心知肚明，在这吴淞要塞敢把陈化成不放在眼里的大概也就是王志元了。

这个王志元的能耐如何，暂且不论，但论根基的确不可小看。

自从教场阅兵，王志元表演了“飞马穿火圈”的绝技后，江南水师上上下下无人不知这位总兵的大名，但是毁誉参半，褒贬不一。

他是四川华阳人。人长得仪表堂堂，而且能说会道，风流倜傥，猛一见以为他是个秀才，实际上他15岁就是个武举，而且是正宗科班。嘉庆二十二年，他凭一身好拳脚几乎打遍京都无敌手，结果，中了一甲第三名武进士。第三名武进士又叫“探花”，仅次于“状元”与“榜眼”，这不是稀松平常的人能有的殊荣，可他不满，以为皇上偏心，说，那状元、探花都是满族人，皇上另眼相看，实际上只不过与他打了个平手。

可是，陈化成对这个名义“探花”出身，实质花拳绣腿的王志元一点看不中。

为何？

因为此人的操行，陈化成颇为反感。

他本是浙江提督余步云的心腹干将，定海失陷后，他率徐州兵调归江南水师，驻守松江府和宝山城。原是一员败将，可一进宝山，这位镇台大人，不但不思检点，反而肆无忌惮，放荡形骸起来，召蜂惹蝶，寻花问柳，人称“花将军”，还破费5000两官银，将一个粉名“香桃”妖艳风骚的土娼包了下来，纳为小妾。带兵的主将品行不端，部下也就上行下效，图谋不轨了。

因此，徐州兵一来，就与治军有纪、约己尤严的陈化成格格不入。

有一次，徐州兵又到民间滋事，强抢民女、财物。百姓告到陈化成那儿。

陈化成在英军眼里是“陈老虎”，在百姓心中却是“陈老佛”，而陈化成则说，没有百姓声援，官兵等于无根之木，无本之源。所以，他爱民如爱手足，敬民如敬父母，驻守江南三年有余，可谓军纪整饬，秋毫无犯。现在徐州兵给江南水师抹黑丢脸，败坏军风，他岂能轻饶！

凡是陈化成的嫡系亲兵没有人不畏惧军门大人治军之严。陈化成常说，治军不在奖善，只在去恶。去恶即是奖善。对善者，听其自然。对恶者，痛加诛戮。陈化成是个菩萨心肠，霹雳手段，刚柔相济，说一不二的人，他的军令斩钉截铁，谁也不能动摇，因此所有部属无不遵规翕服。涣散惯了的徐州兵初来乍到就作威作福蹂躏百姓，这不是撞到陈化成的枪口上了？

陈化成决定惩一儆百，给徐州兵来一个“下马威”！

十几个违法乱纪的徐州兵被抓起来，插标游营示众，再把放纵兵勇的王志元传来座帐，劈头盖脸一顿猛训。

训完了，又令王志元具结悔过文告，张贴于四镇八乡。

事后，吴淞民众更加敬重陈化成了，称颂道：“官兵都吸民膏髓，陈公但饮吴淞水。”

相形见绌，王志元走到哪儿都有人视为害群之马，迎面嗤之以鼻，背后指手画脚。

因为有这么一段经历，王志元自然与陈化成貌合神离，口服心不服了。

今天他该到不到，大概也就是想晾晾陈化成，放个样子给众将官看看。

大伙正不耐烦，兀然，马蹄声近，来了！

进了陈化成的座帐，这王志元见众将官默不作声，而陈化成只是挥手示意他赶快入座，竟毫无责备之意，姗姗来迟的他不禁面带赧色，平时那放荡不羁的举止此刻也就有所收敛了。

等王志元挨着崔吉瑞坐下，喘口气，喝了点茶，陈化成这才用目光扫视了一下众将官，正式宣布议事。

议题是这一仗怎么打？

众将官不免交头接耳，窃窃私语。

崔吉瑞扭头问王志元。

王志元却王顾左右而言他地附耳低言：

“不谈此事。你先看清对面所坐何人？”

烛光摇曳。崔吉瑞定睛一看，认出是提标右营的参将周世荣。

王志元悄悄地告诉崔吉瑞，他刚从总督大人那里得知，陈化成已经拟请升调周世荣为苏松镇总兵。

这缥缥缈缈一句话，原是王志元“明修栈道，暗度陈仓”的一个诡计，话音虽轻，却不啻一发水底鸣雷蓦地炸响在崔吉瑞的脑海。他崔吉瑞任参将比周世荣要早，独挡一面地在东炮台一守就是三年，苏松镇总兵的位置本该归他，陈化成何以竟用私人？

崔吉瑞在心里捣着鼓：我老崔可不是好惹的！

可不！这崔吉瑞曾在少林寺待过，长于武功。他身强体壮，膂力尤其过人。更让人发怵的是他的犟牛脾气，而且是个炮筒子，只要把他惹毛了，非打你个哑口无言，搅你个人仰马翻不可。故此，营中人背后都称他“崔大炮”。

“崔大炮”正在往炮膛里装“火药”，陈化成不明底细，只是觉得酝酿已有片刻，便提醒众将官切入正题。

此话才从陈化成的口中说出，崔吉瑞就抢先一“炮”：

“末将直禀军门大人，此仗难以制胜！”

“崔将军，何以如此言重？”陈化成问。

“末将此言，来源于大人！”崔吉瑞说。

众将一怔。

崔吉瑞说：

“大人有八字剿夷要言——器良、技熟、胆壮、心齐。依大人所言，器良摆在首位。然我海岸大炮，名大实小，重不过千斤，射程不足千尺，英夷来犯，我等放炮轰击，假如一炮不中，必须赶装二炮，夷船行驶快速，已经接近滩头，此等实情，真令韩、岳束手，大人以为如何？”

显然，崔吉瑞被王志元旁敲侧击一挑撺，正跟陈化成较劲。但他的话，不无道理，面对船坚炮利的敌人，没有装备，即使韩世忠、岳飞转世也只能束手无策。陈化成没有急于回话，只点点头，随即将目光转向周世荣。

周世荣原为陈化成手下闽安协参将。道光二十年七月，两江总督伊里布奏称江浙水师积弱，难当重任，请调闽粤水师会剿，让陈化成把他从福建借调到吴淞。他负责教习操练，尤其是演示攻首尾、跃中舱之法，甚为认真，因此很得人心。道光二十一年春，晋升闽安协副将。正值裕谦接任两江总督，认为“江省防堵缺人”，奏请皇上仍把他暂留吴淞营参将本任，属于升衔不升职，高职低配。确实，陈化成对其寄予厚望，也确实向新任两江总督牛鉴说过苏松镇总兵空缺，周世荣当属人选之一，但并未真正行文。

不要看周世荣外貌朴讷，不善言辞，但肚子里的文章起承转合条理极其分明，他有他的信条，世上机里藏机，变外生变，深知鹬蚌相争，渔人得利，螳螂捕蝉，黄雀在后的人生哲理，所以遇事往往三思而后行，而且，从勿随便向人推心置腹。此刻见陈化成盯着他，他不得不说两句：

“末将愿听军门大人调遣，指东绝不向西。”

就两句！

也罢。陈化成的目光停在韦印福身上。

韦印福心里怎么想，嘴上怎么说：

“军门大人，末将认为，英夷虎狼之师，貌似凶恶嚣张，实质并不可怕。对这种阴毒暗坏、明抢明夺的恶人，只有厉兵秣马，明耻教战！”

“明耻教战？说说容易！”崔吉瑞嗤之以鼻，一笑，“古人云，工欲善其事，必先利其器。眼下，我水师将士，利器何在？嘿，画饼充饥，画得逼真也治不了真饿！”

韦印福素来是直躬不畏人忌，无恶不惧人毁，他正色道：

“将军所言差矣！不怕百战失利，就怕灰心丧气。尽管英夷船坚炮利，但依末将所见，它只能逞强于外洋，而不能施伎于内港。何况，英夷兵舰远涉万里疲劳奔波，粮饷军火毕竟有数，悬师深入，安能持久？我江南水师自知战船不大，炮力不足，虽不能出击外海穷追远蹑，但能依托本土，固守要塞，以逸待劳，以守为战。”

“敌强我弱，何以为战?”崔吉瑞紧逼一句。

韦印福觉得今日崔吉瑞有股邪劲，因此不愿与他抬扛，只淡淡一笑道：

“崔将军，难道不知‘要离论剑’的故事?”

要离论剑，说的是春秋时代有个叫要离的人，瘦骨伶仃，宛如病夫，但他却是极负盛名的击剑高手。无论怎样雄壮有力的对手，一与他比剑，总不免破绽百出，人扑剑落。人们求教于要离。要离说：恃力者一心取胜，必然心气不平。心气不平则智力迷蒙。急功近利，因此取败。我自知力不如人，时时以哀哀之心待之，死中求活，待机而发，故不求胜而自胜。

这故事谁能不知?崔吉瑞藐视地一笑，说：

“韦将军不要在此说古，望将军明人指暗路，阐述眼下如何接敌!”

韦印福不假思索地接口道：

“敌在海上，我水师战船设伏于港口，引蛇出洞，诱敌就范，先取其两翼弱点，后取其中间要害，或前后夹击，或四角合攻，打就打他个措手不及!若敌上岸，我则围三阙一，网开一面，虚留生路，暗设口袋，来一个网上驱鱼瓮中捉鳖!总而言之，力有余则攻，力不足则守。”

“万一守不住呢?”

这声音不止一人所言。

韦印福喝了口茶水，迎着摇曳的烛光，拱手抱拳朝在座的众将官欠了久身子，又挺直腰杆，说：

“万一守亦守不住，大不了一死。英雄不怕死，怕死不英雄!”

“好，有种!”

大帐外，月入云海，江水在黑暗中奔流。

大帐内，众将官禁不住为韦印福的这股豪情鼓舞了，连崔吉瑞和王志元也被他的这种大无畏气概所震服。

陈化成需要的就是这样的效果——撼山易，撼江南水师难!然而，吴淞要塞靠的是一砖一石连成一体，同样，需要链条上的每一将官心坚如铁。古语说：“数君子成之而不足，一小人毁之而有余。”他想着，便拿眼从头至尾审视他的每一位将官，目光停在周世荣身上，他觉得周世荣惯于明哲保身，准备有空对他敲打敲打。再看王志元，陈化成不免心里打鼓：此人能为吴淞要塞的存亡舍生忘死吗?他转问王志元：

“王总兵，对此一战，有何高见?”

王志元早已料到陈化成会点他的名。所以，从进了这个座帐，边听别人说，边想自家事。他觉得“誓死”与“牺牲”不是可以轻言出口的。不肯舍命，不配妄谈誓死；不肯舍己，不配浪说牺牲。打他从归调江南水师那一天起，他就不认为自己是陈化成的人，他的命只系在自己的裤腰上，誓死不弃防地，那种大话与他王志元无缘。他之所以习武考官，为的是出人头地，而不是人头落地，头掉了，命没了，还凭什么去倚翠偎红。但这种真心话怎么能对着众将官说呢?

再说，他王志元绝对不希望陈化成一举成功，也不希罕陈化成对徐州兵如何重视，相反他祈求上苍不要降福于吴淞要塞，徐州兵也不要在风口浪尖上露面。有道是，明是一盆火，暗藏三把刀，他打定主意来个阳奉阴违，这也算是对陈化成的一种报复吧。

说到报复二字，这王志元与生俱来一种阴鸷暗算的本事。他因从小习武，所以崇拜过岳飞，说书人那脍炙人口的“夺状元枪挑小梁王，反武场放走岳鹏举”的段子，他屡听不厌，但崇拜不等于佩服，他实际上佩服的倒是秦桧。你岳飞再有能耐，还不是败在秦桧手下？更甚的是，他不仅对明保赵室暗媚金主的秦桧佩服得五体投地，而且对历代奸雄，别人听不入耳，他却极其留心，什么助纣为虐的屠岸贾，贪色谋财诋毁伍子胥的伯子馀，谄媚获宠的和士开，口蜜腹剑的李林甫，等等，都是他的偶像，尤其是对明末清初被世人称之为“小人中之小人”、“海内莫不闻其奸”的阮大铖，简直奉若神明，比秦桧还秦桧。他常暗地称奇，认为阮大铖党同伐异有术，伪诈警敏无比，而且行事处世多假他人之手，高明就高明在这里。

此刻，他王志元想报复陈化成，但又不愿明打明地亲自出马，怎么办？用什么计策方可如愿？嘿，明摆着的一条道，照《三十六计》的第三计——借刀杀人，学一学阮大铖呗。可这刀，他的那个三把刀，又在哪里？挑撺崔吉瑞只是雕虫小技而已，他需要的是更大程度的“用间”！

然而，一时半时尚找不到最佳突破口。

真是，做恶人难啊。做恶人，须大费心机。说谎话，须大打腹稿。有人说，当一员秦桧，所耗的心血，远比十个岳飞要多。此话颇有嚼头。正黔驴技穷，哪知他眉头一皱，又计上心来。说：

“军门大人，恕末将出言不逊。古人云，不在其位，不谋其政。军门大人乃江南水师主帅，主帅谋略在先，将士冒险在后。吴淞一战，末将决意唯大人之命是从，现且洗耳恭听大人之安排。”

这话，说得何等诀窍，既驯服，又暗中将了军门大人一军！

陈化成沉吟一下，大声说道：

“英夷罪恶至深，天地难忍。我等食朝廷俸禄，奉旨守疆卫土，岂容英夷猖獗？众将官，静听军令！”

陈化成立即颁布军令。

他的军令，也就是他运筹的的迎战御敌方案，分为五道防线。

第一道防线以吴淞西炮台为主体，北至石洞口，南至衣周塘，长达数十里的海塘上设置大炮124门，吴淞镇炮台设24磅弹的铜质大炮10门，海口江心埋设混江龙、水底龙王炮和水底鸣雷。投入兵力3000余名，其中由提标营参将韦印福和吴淞营参将周世荣带兵1300人，驻守西炮台及吴淞口西岸；宝山县城东门至崇明入吴淞口的小沙背阵地层层设防置炮，由徐州总兵王志元率其本部各营700人驻守，掩护吴淞炮台侧后；其余1000余名兵力分别为，安徽（巡）抚标暨河南营守宝山城南教场及塘堤，宝山守备易占魁偕同知县周恭寿守县城，督标后营守城东，海州营守城东北、吴淞营守城西南并与西炮台接防，海塘之后随塘河畔再布设陆路接应的第二梯队。而这一防线的中心大本营则设在宝山县城，城头安置大、小炮50门，由总督牛鉴率兵2000人，亲自坐镇，往来策应，同时在吴淞至上海之间的东沟设炮数十门，封锁宝山通往上海的后路。

这一防线的主要目的，是防止英国舰队从长江南水道直逼宝山县城，狙击绕过西炮台炮火企图抢滩登陆的敌人。

众所周知，进了吴淞口就是黄浦江，江面虽宽，但可供航行的水道很窄。英国舰队的船大吃水深，水浅则不能靠近行驶，而小沙背有浅滩又接近航道，为了防止英军抢滩登陆，所以布置双层重兵伏击圈。第一层伏击圈为徐州镇标各营和督标前后营，第二层伏击圈为海州营。

第二道防线是东炮台，海塘布设大炮 30 门，由川沙营参将崔吉瑞率本营和安庆营参将李廷峰率本营共 300 余人驻守，河标游击黄永清、李辉连，都司张家桐，漕标游击王永祥领本部人马，负责接应。主要目的是防止敌人在进攻西炮台失利后，转身掉头从吴淞口东岸突袭。

第三道防线由督标扬州营参将继伦与游击封耀祖领兵 400 人，配备哨船火炮，埋伏于东沟口至沈家滩一带。其目的是伏击英夷兵舰，阻止敌人沿吴淞江旧水道（虬江）和吴淞江新水道（苏州河）南进上海县城。

第四道防线分为两股，一股由上海道巫宜禊领兵 300 人，在上海县城南门、北门城楼布设大小炮十余门；一股由松江营留守官兵 200 余人，配炮十余门驻守青龙镇、黄渡一带，目的是阻截敌军沿吴淞江进犯苏州。

第五道防线是水师战船，巡弋于崇明岛至芦潮港一带的水师炮船全部调回，布防于长江口的横沙、长兴岛，由提标前营参将刘守清统领。吴淞江的水师唬船、霆船、巡船 16 艘和招募的大小船只 70 艘，由水师前营参将刘长德统领，新造的明轮 4 艘每艘配置铜炮 4 门，由太湖武进士刘国标统领，隐蔽于吴淞口蕴藻浜南侧的伏内港，待机出击。

而陈化成本人则坚守于第一道防线的关键部位——西炮台。

五道防线，攻防有序。

众将官不得不佩服陈老将军运筹帷幄的本领博大精深，层层相衔，环环相扣，一时无异议。正准备休会，崔吉瑞却又跳了起来：

“启禀军门大人，五道防线，末将暂无大异，但统领之人选，应该既能镇人又能约己，既要有本事又要无瑕疵，方可率众，而今多有不适！"

陈化成沉吟一下，他对这份迎敌方案不知打了多少次腹稿，深知制订方案如同造船，选材用钉必须慎之又慎，不管哪一块舷墙都不可单薄，而前桅后橹左篷右帆连同主舵都得过硬。因此，各路统率他都仔细推敲过，惦量过，除了部署于小沙背的徐州镇总兵王志元外，再没有什么地方让他不放心的了，现在见崔吉瑞挑出刺来，说什么既能镇人又能约己，既要有本事又要无瑕疵，难道矛头指向王总兵不成？他以为崔吉瑞是指军纪松懈的王志元不配防守第一伏击圈呢，因此说：

"将军能否直点其名？"

崔吉瑞看了看陈化成，欲言又止。

陈化成口气随和地说：

"军中议事，国家为重。吾乃朝廷命官，任人理应唯才是举，尔等不必顾忌，有话定讲无妨！"

王志元适时悄悄地向崔吉瑞探了下口风，知道不是冲他而来，便漫不经心地呶了呶嘴，又朝陈化成装模作样地点点头。

崔吉瑞想了一下，不掩饰了，说：

"既然，军门大人唯才是举，却为何厚此薄彼，又任用亲信？"

"将军言重了。"陈化成不解地问，"何为厚此薄彼？又何处任用亲信？"

崔吉瑞再一说，陈化成才明白，4艘新造的明轮是江南水师目前最好的装备，任命刘国标为明轮统率，崔吉瑞不服。原因是刘国标本是革职充军之人，如此破格，似有任人唯亲之嫌。

陈化成见不少将官默不作声，连韦印福、周世荣也暗暗点头，显然崔吉瑞的话不无道理，于是说：

“众将对此既有异议，那就干脆改用他人。可水师营还有何人能够独挡一面，担此重任？”

众将官窃窃私语，频频摇头。

唯独王志元站起身说：

“军门大人，下官举荐。”

“总兵请讲，举荐何人？”

“新任水师副将田浩然。”

田浩然？陈化成一听，心里便一个劲摇头。

这田浩然跟王志元一样，也是浙江提督余步云属下的败军之将，最近通过王志元攀上了两江总督，还认了“老乡”。对此，陈化成无可厚非，只是牛鉴不应事前不和陈化成商量，就独断专行私下报奏皇上补任田浩然副将之衔，等谕令下达了，生米已经成为熟饭，牛鉴这才与陈化成打了声招呼。

陈化成对此颇有看法，倘若田浩然真有本领，即使来自余步云手下，量才录用，倒也罢了，偏偏这人骑兵出身，对水战一窍不通。现在，徐州镇总兵王志元提名举荐他统率4艘明轮，这怎么行呢？明轮是陈化成新添的杀手锏，除了韦印福，只有刘国标能够胜任统率。然而，陈化成冷静一想，刚才众将对刘国标带罪之身亦有疑忌，而田浩然身后不但有徐州镇总兵撑腰，还有总督大人的提挈，说不定此项人选今天报请总督，明天就会更弦易辙改头换面呢。

想到这里，陈化成说：

“所有人选，均属初拟，正式颁布，尚需总督大人审核。鉴于刚才崔将军有所异议，王总兵又有所举荐，本军门特此决定向上申报田、刘二人以正副官名义统率4艘明轮，以备突击之用。

众将意下如何?”

众将点头，王志元与崔吉瑞再无言语。

既然兵识将意，陈化成也就宣布休会。

待众将官离帐之后，陈化成又将刚刚议定的迎战方案，再推敲整理一番，准备一大早就呈报牛大人。

折子写成的时候，正好又是鼓响三更。

## 34.

天亮之后，陈化成正欲牵马备鞍，当值的周世荣急匆匆前来通报，总督牛大人的轿马已进了辕门。

这一回，一贯注重礼教讲究排场的总督大人没带过多的仪仗，只一顶轿子四五个亲兵。如此轻车简从，又如此赶早，难道接到了皇上的圣旨或者是有紧急军情不成?

圣旨没有。倒是有点紧急军情，害得牛鉴一宿未眠。

昨天午后，上海士绅乔重禧前来禀报，他的两条装运常熟大米的帆船，在小戢山洋面被英夷兵船追撵，一条被劫持，一条逃出虎口。据船工亲眼所见，在大戢山和小戢山之间，就有夷船 9 只，火轮船 1 只，船上都装有多门大炮……

那小戢山距上海的高桥 250 里，顺风顺水也就一天路程。

傍晚，又有宝山县马弁来报，说看见夷船在吴淞口外黄家湾一带，联帮停泊，帆樯蔽日，连成一片……

这黄家湾就像是吴淞口的的半边腮帮子呀，这么说，鬼子离宝山也就是一步之遥。

坐镇宝山的总督牛大人，再也坐不住，镇静不下了。

他料定吴淞之战，在劫难逃！仗一打，肯定是尸横吴淞，血染宝山，他这时候才真正害怕起来了。也就在这个性命攸关的时候，他才真正觉得陈化成的宝贵。他让幕僚备了一份仪程，准备亲自去看望陈老将军。他需要陈化成在关键时刻替他将阵地守住，守住！

可正起步，江苏按察使李星源来了。

李星源娴熟丹青，画一手好画，牛鉴喜爱书法，写一笔好字。文墨相交，一对好友。好友来了，牛鉴不得不踅回书房，寒暄接待。可李星源说，他因公而来，有机密大事特地赶来相告。

牛鉴屏退左右，仔细地听李星源一说，想不到这机密大事正中下怀，霎时，刚才那颗忐忑不安的心一下子稳定住了。

原来，在他接替殉职的裕谦就任两江总督，这短短数月，政局又有了微妙的变化。首先是，经历了由扬威将军奕经领军进剿，结果却遭遇惨败的“总反攻”，浙江巡抚刘韵珂深有感悟，便给朝廷上书“十可忧折”。

这“十可忧折”，李星源弄到了一个附本抄件。

牛鉴接上手，急阅：

一、因反攻失败，各省兵勇锐意全消，甚至未经验战事之新兵，亦多为此意气沮丧。

二、即使立刻由西北各省调派精兵，然路途遥远，至少亦需四五月方能到达东南沿海。然而目前夷军气焰极高，恐将趁此期间作乱，届时则远水不救近火。

三、夷军火器之精不止于大炮，举凡火箭及各类火弹皆异常猛烈，实非我官兵血肉之躯所能抵挡。

四、此前，多误以为夷军不习于陆战者，然观察其近两年侵略之城镇，实多由陆路攻得。尤其夷军善利用战地附近之汉奸，则于地形险要之地，每较我军尤为熟悉，其阴谋诡计实难防也。

五、水战尤夷军之擅长，至于我军则一无精锐之水师，二无足以抗衡其火力之巨舰，徒然望洋兴叹耳。

六、敌于各地，每略施小惠而吸拢人心，致使战区百姓同仇敌忾之心尽失。

七、当前东南之地人心浮动，士气不扬，每闻敌船入侵，辄全城为之骚动不已，官民争相逃遁，不战已然溃矣。甚至有宵小恶徒趁机作乱，类此期待英军到来者既众，又如何望其奋身力保社稷？

八、浙江省因战事频频，居民四散逃避，数月举凡收税、收粮各项被迫停顿，且漕运航道亦大受阻滞。

九、去岁冬，杭州、湖州、绍兴诸府下各县多有匪徒聚集掠夺情事，不啻更加煽惑，忧乱民心。此等徒党犹不能禁，加上去年雪灾受害者众，只怕饥民变暴民，则乱局将一发不可收拾。

十、东南沿海七省近两年戒警不断，夷军犹时时传出将攻打上海、天津之消息，由浙江之战类推，臣实不敢断言无此可能。而七省一月之防卫费用颇巨，若经年劳师縻饷，则难保不变成天朝财政之极大负担。

牛鉴看到这里，不禁为刘韵珂的大胆而叫绝，他虽是比巡抚官大一级的总督，却不敢。

李星源也说，如果是半年前，恐怕道光皇帝一见奏折便龙心大怒。然而，此时的皇上已经心中有数了。

接着，李星源又连根带梢地说了开来——

这时，扬威将军奕经从浙东上奏：

每当夷军决心猛攻，与之对抗的天朝部队无不全员战死。而且，英夷坚舰巨炮之外，还有一万七千大军！

收到奕经这样的报告，加上军机大臣穆彰阿在一边拼命宣称国库可能因战事延滞而枯竭，道光皇帝制裁英军的决心也不得不为之动摇，重新考虑采取抚夷之策了。

正当道光皇帝优柔寡断之际，忧心不已的浙江巡抚刘韵珂又急送一份奏折进京：

英夷似乎对前两江总督伊里布颇有好感。

曾受伊里布之令在定海与英夷谈判的张喜，亦颇受对方之欢迎。

不妨派彼等赴浙交涉停战之事宜。

此时的伊里布因迟疑逡巡未能进剿定海，又私派张喜与英军和谈等“通番”之嫌，被褫夺了两江总督的花翎顶戴，正在北京待审。

道光皇帝权衡利弊再三斟酌，终于任命盛天将军耆英为钦差大臣，同时决定赏给伊里布七品顶戴随耆英赴浙江军营效力赎罪。

耆英，正蓝旗人，血缘上和当今皇帝并不很近，但毕竟也是皇亲国戚，而更重要的是他深受道光皇帝的信任。至于伊里布的再度出山，皇上却秘而不宣，因为一旦正式起用以软弱外交获罪的伊里布，则无异于向朝野承认对英夷的屈服，据说伊里布出京一事连直隶总督纳尔经额都不知情，并且只给了伊里布一个七品芝麻官。

当耆英一行到达杭州，刚与奕经接头，不久就发生乍浦失陷。

耆英立刻修书上奏，其中说：

> 战则士气不振，守则兵数不足，羁縻之外已无良策。且目前欲行羁縻之策并不需多费周章。

接着，浙江巡抚刘韵珂的奏文可谓悲壮慷慨：

> 臣刘韵珂愤恨之极，哭不成声。战局发展至今，迄无良策，臣等皆束手，唯相向涕泣。事至于此，臣何敢踏粉饰欺蒙之陋习，致误国之大事哉？然仍一面设法寻求羁縻之术，盼能化解危局。倘竟无济事功，则臣唯与省城共存亡，以报圣上鸿慈于万一。

两篇奏折，一个声音，不论朝廷的钦差大臣还是地方大员，都不讳言英夷强悍与大清帝国无力还击的事实了。

在这紧要关节上，耆英和奕经一商量，决定派既熟悉夷情又有谈判议和经历的的伊里布前往乍浦。

伊里布毫不推诿，认为两国交兵，生灵涂炭，为上喜天心，下保民命，即使肝脑涂地也不足惜。此时，探听到英国公使璞鼎查回香港，于是，他连夜给曾有一面之交的英国陆军司令卧乌古起草一信：

前任协办大学士两江总督部堂伊致书贵帅：

两国交兵一年之久，杀伤民众无数，实属上干天和，自以早息事为贵。贵国所愿者通商，中国所愿者收税，虽于劳师糜饷，均所不愿也。何不按兵不动，徐商通关之事，岂不两国俱安，共免佳兵之不祥，而同享贩货之收利？专此书达寸心，唯贵帅早定商局，毋延兵祸，谋定书复，是所切望。

英国陆军司令卧乌古马上复信道：

照得贵大臣前后厚待我被虏辈，是以本国人等一概敬仰。贵大臣如肯到乍，与随来带各官，无不恭待，安送回去无虞。所有斟酌各条，非军门本分妥协，乃将各情节咨会本国钦差大臣查办。

为求"解仇通好"，伊里布在接到卧乌古的信后，立即将16名英夷战俘送往乍浦、定海。

这时，璞鼎查从香港又回到乍浦，伊里布便向璞鼎查约定一个地方会谈，或在浙江镇海，或在江苏松江，以便"共同商榷休战事宜"。

哪知璞鼎查态度强硬，照会伊里布：

大清皇上特派大臣应先全权妥协，本公使方可会同议论酌商。否则，断不能劝令统领军师大宪及戢兵，不与相战。

真是司马昭之心路人皆知，璞鼎查的用意有何难解？很明白，他绝不会罢兵休战，而会沿长江内犯，直逼南京。他肯定知道南京乃中国江南重镇、六朝古都，军事上是地势险要，政治上是声势显要，占领了南京便控制了长江、运河，这两大水道一被扼断，等于死死卡住大清帝国的咽喉，使京师所需江南的大量漕米和税银无法北运，釜底抽薪，从而迫使朝廷无条件接受英国的全部割地赔款的苛刻要求。

李星源说到这里，略一停顿。他的话就像他画的泼墨大写意，有时密不透风，有时疏可走马。不知前因后果的人，如坠云雾山中，牛鉴却听得津津有味，听到此处，忙问：

“这个中关节，你何以了如指掌？”

“伊中堂的幕僚张喜与下官至交。”李星源说。

牛鉴点头，再问：

“是否还有下文？”

“这个璞鼎查手腕确实狡猾，真会软硬兼施，一边在信中措辞强硬，一边随信将满汉官兵40人送还。”李星源补充道，“耆英和奕经两位钦差大臣大喜过望，从此，伊大人成了全权代表，与英方谈判，一切由伊大人裁定。”

“耆英和奕经两位钦差如何器重如何抬举伊中堂，无关大局。”牛鉴摆摆手说，“关键是皇上对此可有谕旨？”

李星源删繁就简地回道：

“皇上于四天前下达谕旨：赏给伊里布四品顶戴，署理乍浦副都统。”

“如此看来，皇上抚夷之心，定矣。”牛鉴说着便击节而起，向李星源拱手道，“请李大人在后庭稍事休息，牛鉴须赴炮台与陈军门有军务商榷。”

不须一顿饭工夫，牛鉴的轿马便经辕门来到陈化成的座帐前。

陈化成恭请总督大人进了帐，一见总督的亲兵还拎来了一只多层笼屉样的食盒，不解地问：

“总督大人，这干啥?”

牛鉴满脸堆笑地说：

“公馆大人不住，锦衣大人不穿，本官让军需局每10日增添俸银250两，大人又坚辞不受。只好备下糕点茶食一盒，大人总该笑纳!”

“末将领情。”陈化成这回没有拒绝，让马弁收下食盒，转身向牛鉴呈上他昨夜拟就的折子，说，“化成昨夜与众将商议，草拟了一份迎战御敌方案，恳望总督大人斧正。”

牛鉴接过，略略一看，见那“迎战御敌”四字就头皮发涨，又见那所谓第一道防线中什么中心大本营由他率兵2000人、大小炮50门，坐镇宝山，便不以为然地淡淡一笑，将折子一叠，还给陈化成，说，“这迎战御敌方案，颇让军门大人费心，精神可嘉可勉，不过，暂且封存，毋须启用。”

“封存？毋须启用?”陈化成先是一愣继而着急道，“总督大人，强兵压境，已是刻不容缓!”

“正因强兵压境，刻不容缓，则更应别图良策!”牛鉴不容置喙地说。

陈化成怔忡地看着牛鉴，以往议事，总督大人每每模棱两可，含糊其词，今日说话如此果断决绝，从何而来尚方宝剑？陈化成又开始顶真了：

“大人，你说别图良策，良策安在?”

牛鉴避开陈化成咄咄逼人的目光，说：

“依陈大人所拟方案，迎战御敌，必然是你死我活，生灵涂炭。而息兵休战，则上喜天心，下保民命。此舍死取生之道，将军何乐而不为?”

“好一个舍死取生，息兵休战!”陈化成冷冷一笑道，“夷兵如何息，夷战如何休?”

牛鉴胸有成竹地说:

“议和!”

“议和?”

“陈老将军，英夷来者不善，贼锋难犯，厦门、定海、宁波、镇海、乍浦，连陷五城，似非攻下吴淞不会善罢甘休。敌势愈骄，我兵愈馁，万难再与争斗，今舍羁縻之外别无他计。依牛鉴之见，与其兵戎相见，战个你死我活，不如设法犒赏敌师，化干戈为玉帛，免除一场血腥之灾，是为上策!”

陈化成苦心备战一年多，等待的就是迎战御敌的这一天，根本没料到总督大人如此惧敌厌战，而且信口胡言，不由得义正词严地反驳道:

“宪台大人，海上征战，一凭实力，二凭士气。士气盛则斗志旺，此乃克敌之要义。末将出生入死于炮火，经历行阵40余年，深有体验。如今吴淞要塞布署周密，将士士气正盛，虽不能称它固若金汤，但英夷舰队远道而来，断不能越我之防线，此当可预料。克敌制胜，为你我之天职，岂能放弃抵抗，妄议求和投降?”

“求和并非投降。”牛鉴强词夺理道，“此乃迎犒缓师，徐图后举……”

“嘿!迎犒缓师，徐图后举?”陈化成再也按捺不住了，愤怒地说，“宪台大人，你既为三省主帅，理应督率三军，鼓励迎战。为何一见英夷兵船，就畏敌如虎，灭我士气?我等奉旨靖夷，只知有进无退!”

牛鉴脸色蜡变，无地自容了。

而陈化成的脸色涨得彤红，火，愈发愈大，若不是身边的周世荣竭力相劝，牛鉴少不了还要挨陈化成一顿痛斥。

## 35.

牛鉴悻悻地回到宝山行辕。

他百无聊赖地往太师椅里一坐，不免觉得心力交瘁，心想，丢了面子又碰钉子，真是白跑一趟。

想着，气就不打一处出。

得变个法子治治陈化成！

不过，转念一想，便又觉得造次不得。这陈化成绝不是一个任人随便捏搓的角色，论人品，品端行正，德高望重，从福建到江南甚至满朝文武数他的口碑最好；论才能，能武亦通文，有方略，有胆识，为官之道不在他牛鉴之下，而且不贪不占，可以称得上是一身正气，两袖清风，什么把柄也没有。唯一的弱点就是脾气倔，宁折不拐弯。眼下，依着他只有一条道——迎战御敌，不依着他呢，他是名正言顺的江南水师提督，执掌吴淞要塞的帅印，可以调兵遣将，而且皇上又早已钦定他具有临机处决之权，万一激怒了他，冲动起来，先捅了英夷的马蜂窝，岂不是小不忍乱大谋?

解恨出气事小，羁縻缓兵事大啊！

想到这里，牛鉴窝在心里的那股怨气，渐渐被一只无形的手抚平了。然而，意念之中那股议和的决心却如暴涨的潮水不可抑止。他左思右想，再三揆度，便打定主意派人前往英国舰队“犒师劳军，招抚许和”。

派谁去合适呢?

他想到周世荣。

此人老成持重，不苟言笑，实际上心眼与为人处世要比陈化成灵活。

须臾，那周世荣被牛鉴请到宝山行辕。

可是，周世荣一明白总督的用意，却感到左右为难。巡历海塘，见贼势大，他亦深以为忧。从安民求生着想，总督迎犒缓师之举，不无道理。但他跟随陈化成多年，是军门大人倾心栽培一手提拔的水师参将，倘若军门大人获知他周世荣赴夷议和，不砍脑袋也要剥他一层皮!

因此，周世荣不敢贸然点头，只得婉言相拒。

牛鉴无奈，再与心腹密议，终于又想到一人。

谁?

徐州镇总兵王志元。

在众多的将官之中，牛鉴独独对王志元刮目相看。

一是因为王志元是探花出身，比他牛鉴的殿试前十名还要显贵；二是这王志元专会溜须拍马，隔三差五就跑到总督行辕围着牛鉴转，左右迎逢，马首是瞻，做事总是先看牛鉴的眼色，牛鉴便对他越看越顺眼。

自从陈化成因徐州兵败坏军纪之事训斥了王志元，王志元便心怀忌恨，阳奉阴违，常常到牛鉴那儿去讲陈化成的坏话，什么“刚愎自用”、“目中无人”，并挑拨离间，说，火药局爆炸一事，皇上所以知情，纯系陈化成上奏，“地方官宪疏于职守，督管不严”……牛鉴一听便对陈化成产生芥蒂，而对王志元则视为心腹。

同样，王志元则把牛鉴大人当做靠山、恩师。

恩师有令，王志元绝不像周世荣那样前怕狼后怕虎。一听牛鉴让他派人前往英国兵舰“招抚”，便心领神会，满口应承。这不是想睡觉就有人送枕头么？既然朝廷的封疆大吏两江总督决心议和，陈化成一个总督手下的水师提督，即使是盖世英雄，英雄也无用武之地了。到时候，且看那陈化成还如何逞能，如何发威？

这真是，一报还一报，让人做梦也要笑醒几回！

回到驻地，王志元立即准备牛羊猪肉、瓜果蔬菜、大米和茶叶，作为“见面礼”，又将出使英舰的重任委托他的得力干将、颇有心计的千总王恩义。

这个王恩义，口舌不弱王志元。

徐州兵当面不敢说，私下里都称王志元、王恩义是“大小二王”——吹牛大王与吹牛小王。其时，相声刚刚兴起，士兵说他俩带兵不行，说相声倒是一对最好搭档。尤其那“小王”王恩义闲暇无事时常吊着徽班京剧须生一样的嗓子，将《三国演义》第四十二回中的一段对白，绘声绘色地挂在嘴边：

> 亮（诸葛亮）借一帆风，直至江东，凭三寸不烂之舌，说南北两军互相吞并！

因此，出使英舰非王恩义不可。

军令如山。

谁敢违拗？

王恩义挑选了自己标营的一艘哨船。

怕出意外，又挑选10名拳脚利索的水勇，暗藏防身的鸟铳火器与他同行。

为了不露风声，出发的时间定在天亮前的五更。

诸事准备妥当，王恩义又担心风浪会弄湿了总督大人的亲笔文书，将它里外三匝用蜡封好，缝在裤腰上，这才扯篷升帆悄然出发。

一切，做得滴水不漏，尤其瞒着陈化成。

## 36.

天底下没有不透风的墙！

听说总督大人准备议和，上海知县刘光斗顺竿爬高，大模大样地向牛鉴递上一个“议和八款”的禀帖。

不料，牛鉴在大庭广众之中，将“议和八款”扯得粉碎，又没鼻子没脸地把刘光斗骂了个六神无主，七窍生烟。

老于世故的上海士绅乔重禧一针见血戳穿了牛鉴的独角双簧戏，说他吹胡子瞪眼睛只不过是掩人耳目，装模作样打官腔罢了。他劝刘光斗再写一道“密呈”，着重陈述“不如此则断无他法”。

很快，刘光斗得到牛鉴的批复：“悉照来禀”，同时还附有写给英军的照会两封及240元银洋汇票。这一下，连惯于在宦海踏波走险的上海道台巫宜禊也对刘光斗佩服了，称赞他善于揣摩总督的心机。

然而，总督的心机被人揣摩了，皇上的心机，他做总督的却难以揣摩。

唉！道光皇帝朝令夕改，昨日禁夷，隔天抚夷，令人捉摸不定。虽然李星源的消息很有把握证明皇上抚夷之心已定，但牛鉴在给皇上的奏折中，仍不敢贸然讲出自己的真实想法。本来眼下的吴淞要塞纷争四起，危机潜伏，他在奏折上却是安之若素又指挥若定：

> 逆夷行事，虽属诡诈多端，然其志在牟利通商，并非争城掠地。故江省海防，只须扼定吴淞一口。由吴淞而入扬子江，逆夷虽有内犯之言，然相距数百里水程，亦不过虚词恫喝。臣反复体察，逆夷不犯内河，竟属确有把握。

又及：

> 化成心如金石，士肯用命，宝山民情甚属团结。

粉饰太平，冠冕堂皇的奏折寄走了，但是牛鉴内心的恐惧无法掩盖。

这时，徐州总兵王志元领着秘密出使英舰的千总王恩义，前来晋见。

牛鉴赶紧将他们引进密室。问：

“所托之事，可否办成?”

“容末将细细禀报。”王恩义毕恭毕敬地回答。

“对对，细细禀报，要细!”

于是，王恩义有根有梢地说开。

“昨天，末将亲驾水师哨船，在海上足足走了三四个时辰……”

牛鉴挥手掐断王恩义刚刚开头的话，说：

“废话少说。从上了夷舰见到夷人说起!”

王恩义不敢再表白自己的苦劳了。他斩头去尾拣最紧要的

"细说"。

昨天水师哨船抵达鸡骨礁，见英国兵舰黑压压一大片，气势汹汹，真是猛兽吞狐，泰山压卵，不由得人暗地吃惊。

王恩义吩咐，将一面表明身份的蓝边黄旗升上哨船主桅。

一艘英艇驶来，英国通事（翻译）问清来使用意，便带着王恩义一人登上英国旗舰"皋华丽"号的甲板。

"皋华丽"号中舱上层会议厅里，坐满了英国的海军舰长和陆军联队长官，全权公使璞鼎查正在主持战前会议。也不知是英军故意冷落，还是璞鼎查的发言特别冗长，反正，王恩义起码干坐了个把时辰，才听见了不同凡响的脚步声。

王恩义提起精神抬头看着来人。

只见他像个老气横秋的传教士。

英国通事说："这是我大英帝国东方远征军总司令璞鼎查爵士。"

真是人不可貌相，王恩义吓了一跳。

璞鼎查睥睨地扫了王恩义一眼，一回头就是满脸冷气。他冷冷地说，通事也是冷冷地翻译：

"你代表谁？到这里何干？"

王恩义赶忙以中国人的礼节，恭恭敬敬地作了一揖，答道："回禀大爵士璞鼎查先生，不不，总司令阁下，卑职是受大清朝两江总督牛鉴大人差遣，前来谒见。"

说着，王恩义双手呈上牛鉴的亲笔文书。

英国通事接上手，半生半熟地翻译起来。

璞鼎查耐心地听完，脸上的那股冷气结成了冰凌。

原来，牛鉴在文书中说了八担许和、议和、求和的软话，又许以英军各类食物和官银百万两。可末尾一句"请速退兵"，却把璞鼎查惹火了。

“Retreat Withdrawal，No!”璞鼎查几乎是吼叫着，特别是那最后一个“No”。

王恩义一怔，早听人说过洋人都是红毛生番，白皮蓝眼睛，专爱吃人心！面前的这位英夷首领，虽还不至于那么凶残可怕，但他的声音却叫人听了两腿直战。

“总司令说，绝不退兵!”英国通事说。

璞鼎查又用冷峻的目光盯了王恩义一下。

“是是，是，绝不退兵。”王恩义迫于淫威，只好重复着。

璞鼎查的脸上终于有了得意的神色，他蓦地问道：

“你们的总督衙门不是在南京吗?”

“是的，在南京。”

“南京，啊，南京!”

王恩义突然发觉这清晰的“南京，啊，南京”，出于璞鼎查之口。正愣神，只见璞鼎查像老鹰似的嘎嘎一笑，居然不用通事，操着一口流利的汉语，板上钉钉似的说道：

“回去告诉你们的牛总督，先让陈化成司令拆去他的东、西炮台，然后，我们再到南京举行对等式的和平谈判!”

王恩义无言以对。

“送客!”

这便是王恩义的英舰之行，那一船牛羊猪肉、瓜果蔬菜和大米茶叶在海上兜了一天风，又运回来了。

想议和缓师，没门儿。

总督大人牛鉴慌神了。

也就在这种非常时刻，素来聪明的牛鉴做了一件非常荒唐不过的蠢事——派人雇船停泊黄浦江边，随时准备运送家眷远走高飞。

民怨鼎沸，舆论大哗。

一刹间，人心惶惶，满河小船皆商民雇备，乡绅庶士纷纷撤离。

宝山城成了一座空城。

## 37.

为了稳定军心，陈化成不得不大张旗鼓地做了一次“辕门誓师”。

这是道光二十二年五月初一的清晨。养精蓄锐了一夜的太阳，一睁开眼便又耀武扬威起来。金蛇狂舞般的阳光撒在海面，也公平地撒向吴淞江口。

沿江临海的数十里海塘上，一路旌旗招展。

整个要塞沐浴在一片庄严肃穆的气氛之中。

“陈”字帅旗在蓝毡营帐前高高飘扬，千余名水师绿营将士组成一个巨大的方阵，整齐划一地排列在帅旗之下，排头的各营千总、把总，一个个戎装英姿威风凛凛。

千百双眼睛紧盯着蓝毡营帐的帘门，等待着军门大人的出现。

辕门鼙鼓，连响三声。

将士们不禁在心里欢呼起来，呀，军门大人头戴一品武官的金铜头盔，身穿鳞片般叮佩作响的铠甲，健步走出大帐。

众将士歆羡地望着他。不要说水师绿营的新兵，就连跟随陈化成多年的将官也千载难逢似的很难见到这种场面。

这就叫甲胄在身，重任在肩！

从前，清朝的绿营旗兵一直到乾隆时期，还是常用甲胄的。但是嘉庆之后，就都变成仪仗的礼服了。因为没有多少鸣镝飞矢刀来箭往的征战，也就无须在披甲里面充填钢芯铁片，所谓的戎装只是一派水玉般光滑鲜亮模样，原本用于御敌的铜星和银质的护心镜也由刺绣所代替。不过，真正的甲胄每位将官都有，只是不上阵不穿，连隆重的“秋季大阅”，主官也是轻装出场，沉甸的头盔铠甲由马弁用小轿抬着向皇天做一次巡礼而已。对于这种华而不实流于形式的作派，陈化成常常深表遗憾。

他从当水勇时就为自己能拥有一身盔甲而发愤。在与蔡牵海战中，他那顶全无装饰的头盔沉到海里，他没有一点惋惜，他知道凭他的努力总有一天会戴上标有更大品衔的头盔。终于他的愿望实现了，经历海上 40 年，他成为一名水师提督。

提督的头盔铠甲威武极了！

头盔是铜铸的，顶上竖立着雕翎，盔墙表面镀有金光灿烂的云、龙图饰，周围垂着貂尾再配有 12 条缨带。较他低一级的总兵则少了雕羽，貂尾改成獭鼠尾，而云和龙也由镀金变成镀银。另外，身穿的铠甲也因军制大小而有所不同，提督的护肩镶着金龙，副将以下则改成银龙。鳞片似的肩甲上，提督用金丝，副将以下用银丝镌刻着波浪、飞云和太阳。战袍是用贡缎、牛皮、麻纱、土布和提花丝绸五层相缝的，陈化成的战袍上有三条金线缀绣张牙舞爪的麒麟，副将们则是银色的暴眼圆睛虎头。等级分明的甲胄不仅是一种荣誉，而且具有振奋三军的威仪，只可惜不能够常用。

夷船来犯，穿盔甲的机会来了。

身材原本瘦小的陈化成出现在将士面前，总是昂首挺胸腰杆笔直，那秘密除了裕谦的参将颜少卿发觉过，大概只有他的贴身马弁清楚。今天要举行辕门誓师，凌晨时分，马弁就被陈化成叫起身，替他用那副依着胸廓形状修削成的前后夹板先把上身绑扎好，再帮他将这套重达50来斤的铠甲穿上，当他自己端端正正戴上那只金铜头盔，转身之间，慈祥敦厚的老将军飒然英武倍增，真是龙骧虎步，威风不减当年！

但是贴身的马弁却带着满腹狐疑看着陈化成，觉得穿上这副盔甲，只能抵挡箭簇，根本就抵挡不住夷人的洋枪洋炮。

陈化成心满意足地一笑，脸上映现的是一种视死如归的庄严。

他对即将来临的这场战争，绝不悲观，但也不是盲目乐观。尽管，他在新任两江总督牛鉴和将士们的面前一再表示要打退英夷的进攻，人在炮台在，然而，他心里又早就做好了赴死的准备。

对于死，67岁的他颇有见地。彭祖寿长，死了。颜子寿夭，死了。石崇富有，死了。范丹清贫，死了。秦桧害人，死了。岳飞被害，死了。吴三桂为泄私愤而请清兵，死了。史可法为报国仇而抗清军，也死了。人必有一死，谁也不能长生万年。但是，人死名节在，这就用得上文天祥的名言了——“人生自古谁无死，留取丹心照汗青！”

他就带着这样一股金石之心走向高高的祭坛。

透过青烟袅袅的香烛，他俯瞰那将士方阵，最前面的是他的提标营，而排在五个提标营最前面则是他从福建水师带来的一百多名骨干亲兵。这一百多名骨干亲兵都是他的同乡，而且清一色的都是泉州府同安县人。平时，陈化成可以轻松地和他们说家乡土语方言，战时，在这场吴淞保卫战中，只怕跟着提督力战到最后的，就是这一百多名从福建来的子弟兵了。

陈化成有些黯然。

放眼一看，海塘后面春来新生和去岁未刈的芦苇，枯黄嫩绿夹杂着，随风扇动的窸窣声与海浪糅合在一道，好像牙不关风的老婆婆含混不清地诉说着岳母刺字那种精忠报国的故事。

陈化成略有所悟。车转身，高举起酒盏，祭拜过天地，尔后朗声说道：

“三军将士们，灭尽天良的英夷，大肆庇护鸦片贸易，诓骗我白银，戕害我百姓。去岁以来，竟至公然挑起边衅，派遣兵舰大举进犯，攻城掠地，占我大清疆土，罪恶至深，天地难容。而今又兵临吴淞，耀武扬威，欺人太甚！大敌当前，我江南水师三军将士唯有背水一战，同仇敌忾，剿灭逆贼！”

海塘上下，千余将士齐刷刷举起手中的长矛短刀，振臂高呼：

“同仇敌忾，剿灭逆贼！”

面对群情振奋的众将士，陈化成不禁热泪盈眶。

突然间，他凭地一跪！

全场愕然，鸦雀无声。

空旷的吴淞江口轰鸣着陈化成发自肺腑的誓言：

化成经历海洋，凡五十年，身在炮火中入死出生，难以数计；且人莫有一死，为国而死，死亦何妨？我无畏死之心，则贼无不灭矣！

将官士卒闻言群体下跪，皆含泪应之……

# 38.

想不到惯会巧言令色的王恩义也吃了英军璞鼎查的闭门羹。

牛鉴求和无辙，深感灰心。

而宝山城迁徙一空，像一具空壳似的，往日车水马龙的繁荣一阵风似消失殆尽，更令身为总督的他心里空荡荡的。

孤寂之中，他又捧读起他的《三国演义》。

读这本书，起初是为了学习指挥。

说到指挥，素不知兵的牛鉴初到总督任上，确实束手无策。

有道是用兵打仗，无谋不胜，而要有谋则须熟读兵书。古往今来的兵书兵法，多如汗牛充栋，急用先学，也只是燕口拾泥。再说，那些兵书兵法往往言简意赅，浅尝辄止，又不得要领，且文字颇多枯涩，读来味同嚼蜡，习诵兵书真是份苦差。

幕僚李星源知他心思，便劝他不妨读读《三国演义》。

牛鉴知道那《三国演义》乃天下第一才子书，是本小说。

他从小矢志仕途，为了应付科举，赶考做官，身心全钻在《论语》、《春秋》等诸子百家和唐诗、宋词之中，根本无暇染指于闲书。再说，他历来就看不起那些做小说与说书的人，儒、道、阴阳、法、名、墨、纵横、杂、农，三教九流，小说家是下九流。连小说家也自家人掴自家人嘴巴，说，小说小说，小人之说或小的地方说说，而已。看小说，岂不等同于玩物丧志？

可李星源却告诉他一个秘笈。

原来，乾隆年间，著名大将超勇公海兰察部下有个侍卫官，叫额勒登保，打仗一马当先，屡立战功，被皇上授予“和隆阿巴图鲁”。“巴图鲁”在满语中是勇士的意思，这可是莫大的殊荣，但他却勇有余而谋不足，只会冲锋陷阵，不会带兵打仗。

海兰察想造就他，便对他说：

“尔将才可造，须略知兵法。吾传尔‘兵书’一册，熟读可成名将。”

海兰察所说的“兵书”，实际上是清太祖努尔哈赤下诏翻译的一本满文《三国演义》，额勒登保如获至宝，把它当做枕中秘本随身携带，走到哪，读到哪。尤其是对书中叙述的，吕布火烧濮阳与诸葛亮火烧新野，结果相异，为何？黄忠屯兵于山能斩夏侯渊，马谡屯兵于山难退司马懿，为何？曹操善疑，诸葛亮却以疑兵胜曹，司马懿善断，却识不破诸葛亮的空城计，又为何？反复研读，不断琢磨其中的用兵之道，很快就掌握了许多兵法常识。海兰察又随时考问他，并不断点拨他，“善用人者不以言，善用兵者不在书，只知背诵兵法，生搬硬套，不知因地制宜，因敌制胜，读书虽多，致用则误。”经过数年，他便成了通晓战事、勇略兼备的一员骁将。

乾隆五十六年，海兰察率军参与反击廓尔喀入侵。大军至前藏喀，派遣额勒登保率兵3000去攻打擦木要塞。在总结第一次用声东击西之法被敌识破反遭伏击的教训后，灵话改变策略，诱敌歼敌，终于七战七捷，因功升副都统衔，并绘像于紫光阁。之后，他又多次参与战事，常以变幻莫测之战法，屡获大胜，被嘉庆皇帝赞佩为“运筹决策，悉中机宜，厥功最伟”。

牛鉴被李星源一指点，忽然开窍，马上让人找来一部康熙十八年李渔作序的绣像汉文本。那结构恢宏而布局严谨，头绪纷繁而脉络分明的《三国演义》，不仅情节曲折，机趣横生，而且天文地理、军事方略、内政外交、巫医工技，五光十色，包罗万象。一读，便佩服罗贯中，简直是左丘明之笔，司马迁、班固之才！再读，更像吸鸦片一样，说啥也离不开手了！

可是，也不知是悟性太差，还是天生不是将帅之材，他把一部《三国演义》的书皮都磨茸了，不少页的眉头上都用他那蝇头小楷写下了他的心得，可真正弄通多少带兵打仗的谋略，只有天知道。

但他不时还在翻看，多少还能化解一些烦恼与紧张。

这一日，正读着《三国演义》，驿站邮官奔了进来。

原来，远在北京的道光皇帝接到两江总督牛鉴的奏章，获悉吴淞之战在即，特别下了一道谕旨：

> 倘英人来时，须静宁勿动，俟其炮火将竭，大船渐近，度我炮火可及，再觑定准头，众炮环发。万一豕突登岸，守塘与接应之兵，四路齐发，连环夹击，当可一致成擒！

牛鉴拜祭过皇天，反复习诵谕旨，心想皇上真是洞察吴淞军情，如按皇上所策，这仗用不着陈化成，他牛鉴也能指挥！

然而，牛鉴苦苦一笑，摇了摇头。仿佛他不是统率三军的两江总督，而是局外之人隔岸观火似的，英夷如何攻，陈化成如何守，他将拭目以待。

诚然，他身为总督，不能让部属明显看出他为防瓦堕伤身而坐不垂堂，于是他带着圣旨去见陈化成。

陈化成拜读过圣旨之后，神态自若地对牛鉴说道：

“皇上真是圣明。吴淞一战，显然将是一场近战。请总督放心，化成指挥炮战有五十年经验，吾当死守阵地。唯一担心之事，则如皇上预料，夷兵有可能抢滩登岸，小沙背乃徐总兵驻守，而宝山城关周恭寿兵力积弱，因此还望总督操持协调。”

牛鉴点头，又问：

“提督此处可需添兵?”

“不必。”陈化成的神色令人觉得吴淞要塞已经兵劲城固，尤其是辕门宣誓之后，三军士气高涨，再添新兵，确无必要。

牛鉴又点了点头，坚信陈化成已经有了击退英军的万全准备。然而事实上，陈化成早就决定在此与英军决一死战，死守阵地，也就是说早已下定了赴死之心。毕竟，英、清两军实力悬殊如此之明白可见。只是，老将军毫不畏惧罢了。

牛鉴轿马回衙，路上不住地反刍陈化成的话，觉得陈化成总是说让他放心，其他就没有第二句话好说。

看来，他们还不能坦诚相通，缺少共鸣。

现在强敌压境，贼锋难犯，原想迎犒缓师，罢战求和，哪知夷人不允。仗，即在眼皮底下，陈化成行伍出身，自然会临危不惧，他呢，一个只知死读诗书的儒官，何以面对刀光剑影的血火之阵?

因此，他这颗心委实是悬浮空中，像荡起的秋千似的，一时半刻还安稳不下。

可转念一想，成事唯有多远虑，败事都由少思考，古人说，未雨绸缪——迨天之未阴雨，绸缪牖户。这话，也就是告诉人一个道理：事未至而预图，则处之常有余；事既至而后计，则应之常不足。既然，跟陈化成没有多话好说，他只好再找其他部属权衡利弊，商量一下对策，列出几条应急措施。

因此，回到行辕，牛鉴马上召集幕僚和宝山知县周恭寿，以及驻守小沙背的徐州总兵王志元、驻守对岸东炮台的崔吉瑞一起议军。

崔吉瑞一来就问，提督大人如何不到?

牛鉴说，吴淞要塞正是布防关键时刻，陈化成不可分身。

陈化成不到，可见如此议军也只能是一种摆设。

王志元一副无担当的样子。

只有周恭寿当场提出他的见解：

“宝山炮台一来尽属老旧，二来面临着开阔的水面，恐怕难以有效狙击英军。兵书云，攻是守之机，守是攻之策，依下官之管见，不如将主要兵力集中于吴淞要塞，敌人突不破吴淞炮台这一关，宝山也就安然无恙了。”

牛鉴心里一笑，觉得周恭寿比他还要书生，于是反问道：

“攻占之法，从易者始，倘若敌人先从宝山下手，当有何策？”

周恭寿无言以对。

牛鉴摇摇头，语气一沉：

“县令大人，宝山县城既已人走城空，尔之精力当应侧目于乡间，将乡勇团练布控在月浦、江湾一带，严防刁民土匪犯上作乱，趁火打劫！”

周恭寿点头称是。

牛鉴转过身询问崔吉瑞：

“东炮台形势如何？”

崔吉瑞叫苦不迭：

“东炮台只是小炮台，虽然大炮更新，但也只不过30门而已，川沙营兵力本来不足，提督大人却要末将防守3倍于西炮台之地，难道撒豆成兵不成？”

不等崔吉瑞说完，牛鉴就不耐烦地拂拂手，他正要再问王志元，闷坐着的王志元却抢先开了口：

“总督大人，末将纵观当前之势，有言如骨梗在喉，非吐不可。”

牛鉴以为一贯消极的王志元有退敌之策，忙问：

“王总兵，计将安出?”

王志元摇头晃脑，唉声叹气一番，以过来人的口气说：

“末将经历过镇海之战，夷兵洋枪洋炮，炮子炸弹在山上山下前后左右纷如雨堕，我清兵纵然铜头铁臂也经不住连番轰击。大宝山一仗，尸横遍野，血流成河，更使见者魂丧，闻者心酸。唉，沧海沉冤，皇天变色啊。”

牛鉴与王志元交住虽然不长，但已领略他的能言善辩。只是此时此刻，没有那份闲情听他神侃，因此，挥手说：

“此刻勿提往日成败，今日只议退敌之计。”

“退敌之计?”王志元冷冷一笑，“恐怕只有三十六计——走为上!”

“走为上?”牛鉴猛一格楞，真是有什么师傅就有什么徒弟，王志元原归余步云统率，余步云从招宝山败退，王志元跟着逃跑，这“走为上”走出瘾头来了，于是正色道，“走为上，不等于临阵脱逃?”

王志元不愧武探花出身，他读的兵书岂是牛鉴可比，亦不在周恭寿、崔吉瑞之下，更何况他素来巧舌如簧，因而不急不慌地娓娓道来：

“总督大人，用兵之法，贵在权宜。”

“权宜?”牛鉴盯着王志元的脸，打量一番，问，“何为贵在权宜?”

王志元引经据典似的，说：

“法有定论，兵无常形。视情而谋，事无不济。”

牛鉴将他的座椅往王志元坐的方向挪转了一下。

王志元见总督大人一副洗耳恭听的样子，便拉开场子说书一般，卖弄地说开：

“三十六计，乃古之兵法要诀。想当年上京比武，考官限令一口气背下——瞒天过海、围魏救赵、借刀杀人、以逸待劳、趁火打劫、声东击西、无中生有、暗度陈仓、隔岸观火、笑里藏刀、李代桃僵、顺手牵羊、打草惊蛇、借尸还魂、调虎离山、欲擒故纵、抛砖引玉、擒贼擒王、釜底抽薪、浑水摸鱼、金蝉脱壳、关门捉贼、远交近攻、假途伐虢、偷梁换柱、指桑骂槐、假痴不癫、上屋抽梯、树上开花、反客为主、美人计、空城计、反间计、苦肉计、连环计，最后一计叫做走为上。”

这三十六计，一计不落地被王志元脱口而出，直让崔吉瑞听得脸孔涨红自叹弗如，而周恭寿则带头拍手叫好。

牛鉴呢，也是听得目瞪口呆，听完了，说：

“今日不听你说书，要听你说说这走为上，到底与吴淞之战有何文章？”

王志元喝了口茶水，回道：

“文章，自然大有地方可做。总督大人，且听末将分析。英夷强兵压境，武器又异常精良，厦门、定海、镇海、乍浦诸路守军均不敌而惨败，恐怕区区吴淞也难逃厄运。此非末将危言耸听，望大人明察。陈军门如领率三军斩敌于马下，英夷全军覆没吴淞江口，我方大获全胜，则万民同庆，皆大欢喜。倘若夷兵突破防线，我方已成败局，总督大人何去何从？”

这一鞭子犹如打到了总督的心尖上，牛鉴没词了。

王志元不想让他的“恩师”难堪，自行解扣地说道：

“敌势全胜，我不能战，则只有三条路可通——必降，必和，必走。降则全败，和则半败，走则未败。未败者，胜之转机也。”

牛鉴这才弄明白了王志元开头说的那“贵在权宜”四字的含义。再经过王志元这么一解释，更弄通了，敌胜我败之时，确实只有投降、媾和和退却三条路。说白了，投降是彻底失败，媾和是一半失败，退却，则不叫失败，而是转败为胜的关键。走：退却。上：上策。所以说三十六计走为上！

想到这里，牛鉴豁然开朗。

送客。

就在这次议军之后，不一日，牛鉴又收到了钦差大臣耆英和扬威将军奕经联手执笔的一封密函。函文不长，最醒目的是四个大字——

相机羁縻！

牛鉴仔细阅完密函，脸色渐渐晴空如洗。

他已经明白自己下一步该如何举措了。不过，像赌博下注一样，他要看准了行事，或者说脚踩两只船。为了不至于事后翻船，他先押下一张牌——给道光皇帝上奏一本《两江总督牛鉴奏报吴淞海口紧要情形折》：

——宝山乃江南防海要地，宝山守则上海可保，而全省亦赖以安。因此，不能不聚精会神，全注于宝山之吴淞一口也。

——因海口至京口其间绵延数百里，望之汪洋无际，其实水浅滩高，礁沙缕结，可以行船之深洪，仅止一线，或南或北，迂回曲折，辨认甚难。又有鹅鼻嘴、圌山关、雩山、焦山、象山、金山等山，或屹立江中，或陡出江外，或两江夹峙，水流湍急，动辄触损行船。虽生长江边之沙渔等船，亦皆视为畏途，为逆夷大船不敢轻履之地。

——观逆夷行事，虽属诡诈多端，然其志在牟利通商，并非争城略地。故定海、宁波、乍浦等处，为沿海殷埠码头，尚不长思占据，不过负隅之兽，借作要求。若嘉兴、松江、苏州一带，全系内河，中多港汊，彼之大船既不能通，倘用舢舨小船冒险入犯，则失其船炮之利，即为我兵所乘。是水路内侵之可以无虞也。

——如逆夷用舢舨船渡其黑鬼登岸，不过数十百人而止，我军以数千精锐接仗，亦何难聚而歼之？诚如皇上圣明，万一豕突登岸，守塘与接应之兵，四路齐发，连环夹击，当可一致成擒！

——故此断不致有他虑。

写完折子，牛鉴终于大喘一口粗气。他觉得左右逢源，游刃有余了，这才心安理得地捧起《三国演义》，掀开，此回他看的是——

吴国太佛寺看新郎　刘皇叔洞房续佳偶

# 壮哉！吴淞保卫战

如雨如丝的炮弹带着震天撼地的杀声，以摧枯拉朽之势突然间向敌舰猛烈覆盖。霎时，敌舰前后腾起了十几丈厚、几十丈高的烟幕火墙。

## 39.

1842年5月18日（道光二十二年四月初九），英国舰队攻占乍浦，璞鼎查蓄谋已久的“扬子江战役”揭开序幕。

璞鼎查的书记官柏纳德和航务官穆端在他们的军事日记里准确地备忘：

5月27、28日，舰队大部分兵力陆续撤离乍浦。

5月29月，舰队停泊乍浦以东崎岖列岛（大洋山、小洋山）一带。这里距乍浦约40英里，海峡宽阔而安全。为仔细察看驶入扬子江的适当航路，以便大型船舰通行无阻，舰队必须在崎岖列岛停泊若干天。在“阿尔吉林”号的保护下测量船前出吴淞，探寻一条能使舰队开进扬子江的安全道路，这项艰苦的工作须在6月4日前完成。

6月5日，舰队发出开航信号。当夜在郭士立岛（大戢山）停泊。

6月6日，舰队冒雨前进。

6月7日，电闪、雷鸣、大雨。舰队继续挺进。

6月8日，几乎整天下雨，舰队在吴淞口外鸡骨礁集结，在此做好进攻的一切准备，并封锁长江口。

6月9日，“北极星”号战舰与轮船“麦都萨”号从南方赶到，加入战斗序列。

6月13日，在开莱特引导下，由“皋华丽”号率领舰队驶向吴淞镇外锚泊待命。

当英国舰队在长江口外的鸡骨礁与江流如迷宫的吴淞口之间费尽周折，直到6月中旬才驶抵黄浦江口时，发生在双方之间的两件通常都被忽略的小事，似乎严酷地揭示了吴淞不久后的前途。

——11日晚上，天下着小雨，口外英军决定派人前去侦察吴淞炮台。“复仇神”号火轮船努力接近炮台后，放下它的小艇送几名军官和士兵赴岸。雨注风啸中，英国人爬进工事，从炮台的耳门伸进脑袋端详正在监督兵丁戒备的军官的神情，并与两名巡逻的中国士兵很近地相遇。不过巡逻者并没有发现入寇，因为他们手中举着一只很大的防风灯笼，灯笼的光线有效地照亮了他们自己的面孔和脚下，而不能照见几米之外的敌人——我们的祖先在战场上仍然顽强地处于“冷兵器”相匹配的“灯笼时代”，灯笼却使使用者自己处于危险中——成为手持洋枪的敌人的射击目标。

——战斗打响的前一天晚上，英国人派船深入江口安放浮标，以为次日攻击舰队指示航向，英军指挥官极为担心这一行动受到阻碍或安置的浮标被中国守军破坏，但是没有。由于大炮射程不及，守军很宽容地看着敌人干完这件关系吴淞命运的事情，并对敌人在水面上摆弄这些拴船小玩艺的“愚蠢”，报以轻蔑的笑声。

显而易见，中国守军还缺乏先进于自己的装备常识。在这种“疏忽大意”中，英军终于顺利完成了战场部署。

至此英军参战的兵力已有舰船27艘、登陆兵4500人。其中主力舰船如下：

旗舰“皋华丽”号　载炮72门　指挥官理查滋舰长
炮舰“布朗迪”号　载炮42门　指挥官胞祖海军少校
炮舰“北极星”号　载炮26门　指挥官贺莫爵士
炮舰“摩底士底”号　载炮16门　指挥官华生司令
炮舰“哥伦拜恩”号　载炮16门　指挥官摩士海特司令
炮舰“克里欧”号　载炮16门　指挥官托洛勃奇司令
炮舰“阿尔吉林”号　载炮10门　指挥官马他伦海军少校
汽船“西索斯梯斯”号　指挥官欧姆斯贝司令
汽船“复仇神”号　指挥官荷尔海军少校
汽船“弗莱吉森”号　指挥官麦克雷弗提海军少校
汽船“伯鲁多”号　指挥官都德海军少校
汽船“谭那萨林”号　指挥官瓦尔海军少校
汽船“麦都萨”号　指挥官希威特海军少校

此外，运输船12艘，登陆兵为步兵26团、49团、爱尔兰第18团、炮兵5个连及海军陆战队。

英军书记官还特别在日记中这样写道：

> 摆开如此强大的阵容，其目的就是要攻下吴淞口，占领上海，打开长江大门，尔后溯江而上夺取京口（镇江），直逼南京。

虺蜴为心，凶残至极！

## 40.

璞鼎查站在五桅战舰“皋华丽”号高大的舷墙前。

悬挂在舷墙上的是一幅宽阔的地图。这是从宁波天一阁藏书楼取来的《长江水域图》与“阿美士德”号船长胡夏米提供的情报合成复制的一幅新的军事地图。那用蓝色水彩描绘的长江夹在大片淡黄色的地域中间，犹如一大片落叶上蠕动着的一条非洲巨蟒。

吴淞口是这条巨蟒的头。

璞鼎查手上的长柄圆形放大镜贴着这蟒头往上游平移，移过苏州、镇江、扬州、瓜州——这些都是他从小就在《马可·波罗游记》里认识的中国城市——最后，他将放大镜停留在巨蟒弓起的腰上，那儿有一个显目的地名吸引着他。

这地名叫做“南京”。

人到老年，记忆深处最清晰的往往是童年的人和事，也包括童年爱唱的儿歌与爱读的书。看见这些地名，璞鼎查依稀地记起他童年曾经默诵过的马可·波罗的描述：

苏州是个壮丽的大城，周围有二十英里，出产大量的生丝，这里的居民不仅将它用来织造绸缎，供自己消费，从而使所有的人都穿上绸缎，而且还将之运往外地市场出售。他们中间有些人因此而成了富商。城中居民之多，确实令人惊叹。不过居民都十分胆小。如果是他们在武勇和冒险上也像他们的机智一样让人敬佩，那么他们那么众多的人，不仅可以征服全省，而且还可以征服更多的地方。

居民中有许多医道高明的医生，善于查明病源，对症下药。有一些人是学识渊博的著名教授或我们称之为哲学家，还有一些人可称为术士或巫师。

苏州在法律上管辖十六个富裕的大城市与市镇，商业和手工业都很发达。苏州的名字就是指“地上的城市”，和京师（杭州）的名字是指“天上的城市”一样。

镇江府是蛮子省的一个城市，居民是偶像崇拜者。他们以工商业维持生活，都很富裕。他们织造绸缎和金丝布匹。各种狩猎活动，在这里十分盛行，各种食物也极其丰盛。

这个城里有三座聂斯托利派的基督教教堂，建于1278年，至今仍然完好无损。大汗当时曾任命一个名叫马萨奇斯的教徒管理这个城市达三年之久。

瓜州是大江南岸镇江府的的一个小市镇，每年有大批的谷米运集在此，其中绝大部分是运往汗八里城，供给皇帝和大臣的。这里正好位于蛮子省的交通线上，这条交通线是由许多河流、湖泊以及一条又宽又深的运河组成的。这条运河是由大汗下令挖掘的，为的是使船舶能从一条大河驶入另一条大河，从而由蛮子省可直达汗八里，而用不着沿海航行。

这个宏伟的工程之所以值得赞美，不仅在于它把境内的河道交通连接起来，或者是它惊人的长度，而且因为它为沿岸各城市造福无穷。河的两岸也同样建有坚固、宽阔的河堤，因此使陆行也十分便利。

在瓜州城的对面，即江的中心，有一座完全由岩石构成的岛屿（即金山）。岛上有一个大寺院，住着二百多个和尚，敬奉着众多偶像。

从真州向东南方前进，即到达一个重要的城市，名叫扬州。在司法上它管辖着二十四个市镇，所以不容置疑这是一个重要的地方。此处隶属大汗的版图，人民是偶像崇拜者，以商业和手工业维持生活。他们制造武器和其它所有军用品，因此有许多军队屯驻在这里。马可·波罗由大汗任命，曾在这个城市担任地方官达三年之久。

南京是蛮子王国一个著名大省的名称，位于长江南岸，东海的西方。人民是偶像崇拜者，大多数经营商业，是大汗的百姓。他们盛产生丝，可织出大量的金银布匹，并且花色品种十分丰富。这里谷物丰足，家畜遍地。鸟兽随处都可猎到，老虎则更多。

璞鼎查想到这里不由得一笑。他虽然佩服马可·波罗远涉中国各地的胆识，但马可·波罗所说的南京与眼下的南京相差甚远了。

东印度公司曾经搜集到一部《明史》，他查找翻阅过部分章节，知道南京在明朝时比北京的名气更大。

南京是明朝开国皇帝朱元璋建的都城，而北京是朱元璋第四个儿子藩王朱棣的封地。后来，朱元璋在当了 30 年皇帝后去世了，按照中国的嫡长继承制，皇位应由朱元璋的长子朱标继承，可朱标早已死了 6 年，因此由皇太孙朱允炆继承了皇位。这个皇太孙秉性懦弱书生气太足，倘若不是遭到大臣的反对，朱元璋在位时就想把他换掉，另立朱棣为太子。确实，那朱棣不仅身材魁梧，而且智虑过人，领兵出征无往不胜，所以威望很高。朱元璋一去世，朱棣自知声名在外，目标太大，就装疯卖傻，胡说昏睡。尽管表现出庸碌无为，像个呆痴，已经当上皇帝的皇太孙朱允炆依然对他戒备森严，最后还是采纳大臣的削藩之计，派人逮捕朱棣。朱棣一横心起兵南下，与侄子朱允炆兵戎相见，整整打了 4 年的“靖难之役”。

侄子逃了，朱棣便做了皇帝。史称“永乐皇帝”。

尽管这个皇帝的上台有“篡位夺权”之嫌，但朱棣作为皇帝却是颇有作为。在他的励精图治之下，明朝永乐年间的文治武功都卓有成效。

他集中了将近 3000 人修了一部 22000 多卷，遍涉经史百家、天文地理、医卜技艺的类书《永乐大典》；他开设“四夷馆”，选年少生员习诵外文；他采纳民间白英老人的“南旺导汶”之策，全面疏浚了通贯大半个中国的“京杭大运河”；他为了抵抗北方元朝残余势力的威胁，仿照南京皇宫的格局修建了更为宏伟壮观的北京紫禁城；尤为突出的是在他登基后的第三年，就指派他的太监郑和“耀兵异域”，远航西洋。明史上记载，郑和船队，共有宝船、楼船、战船 208 艘，光是长 44 丈、宽 18 丈的宝船就有62艘。

永乐皇帝和郑和一样了不起。璞鼎查想，等兵临南京城，他一定要去明朝的皇宫旧址看一看，还有，郑和出征辞别天子的朝天宫。想到这里，他取过一支红笔，在地图上画下两支带血的箭头，一支疯狂啃噬京口，一支鲸吞南京。接着，他狞笑了两声，将那只带有茸毛的大手在地图上画了一个大大的圆圈，圈下了南京，也圈下了瓜州、扬州、苏州、镇江和吴淞。

然而，当他的手指头点着南京，再沿着斗折蛇行的长江一直抹到吴淞口，顿时，像真从蟒蛇身上抹过，那末梢神经上真有股凉飕飕的感觉。

他下意识地从地图上移开了手。稳了稳神，将他的思路又引导到他的"扬子江战役"上来。他凝望着地图上那条又称为"扬子江"的中国第一大河——长江，再次在心头强调自己的观点，坚定自己的决策。

他认为，长江深入中国的内地，而且很大的战舰和轮船从海上可直接沿长江的主要河段上溯而行。大英帝国需要在中国海岸拥有地盘，并开辟它与世界的自由交通，他可以直言不讳地声明，长江的可航性河段是进入中国的必经之路，而长江流域的广大地区也依靠长江与外界便捷地往来。地理上，长江介于中国的南北之间，从而对商品的分配和战争的进行都颇具影响。所以，一旦在长江流域建立起势力，就在中国内地拥有了优势，并且能自由、稳定地通过长江沟通海洋；而在长江地区的商业优势又会加强其它方面的有利地位。用中国人的话说，那就是——一箭双雕，一石三鸟，牵一发而动全身！

这一切合在一起，就是：谁拥有了长江流域这个中华帝国的中心地带，谁就具有了最可观的政治和军事的权威。可以形容，在长江流域丢下一粒种子，它会结出一百倍的果实，而且辐射大江南北，更有难以数计的收获！

他就以这种棱角分明而又显而易见的论点，征服了他的部下。

部下，包括陆军司令卧乌古和海军司令巴尔克开始都不明白，占领了定海又占领了镇海宁波之后，英军有了充足的给养，寒冷的冬天也已经过去，为什么英军不一鼓作气，乘胜长驱北上，直接攻打天津、北京呢?

不错，占领了北京、天津，可以给清廷直接施加压力。但璞鼎查不想走懿律和义律的旧路。天津与北京是大清帝国的京畿重地，禁卫八旗水师实力颇为雄厚，防守严密，不易攻取。大清的总督琦善和大将军奕山之所以在《广州条约》上画押签字，那全是被英舰威武的气势吓的。再说，即使攻占了天津与北京，又怎么样？皇室和京城的富人逃之夭夭，京都还不是一座空城！

他决定在中国的版图上沿着长江拦腰一劈！

“对于这条中国的扬子江，我军必须将其死死地攥牢！扼断！”

璞鼎查三天前就在这儿，指着军事地图对东方远征军的将官们毫不含糊而且斩钉截铁地说：

“同时，对这条贯穿中国的南北大运河，必须火速实行强有力的武装封锁。各位将官应该清醒地看到，在中国，每年都有大批漕船装运大量的货物开往京城北京。这些漕船不仅供给京城足够的粮食，而且为帝王的银库运送各地上缴的税贡。切断了漕运，就卡住了大清王朝的咽喉，一直牢牢地地卡住它，大清皇帝要么跪地求饶，在我们所提的条约上乖乖签字，要么眼睁睁地看着我们把他的帝国活活掐死！这，就是我为什么坚持选择进攻长江口的原因。”

卧乌古和巴尔克点头称是，众将官全听明白了战略意图，璞鼎查这才宣读了维多利亚女王关于“同意英国东方远征军实施扬子江战役布署的命令”。

## 41.

1842年6月16日。拂晓。

今日的璞鼎查，一身戎装。因为他认为在他面前即将展开的，是他在中国海战场和人生仕途一次至关重要的战斗。刚刚定制的皇家海军服佩上金色的将军肩牌比燕尾服还要得体，而腰间那柄维多利亚女王馈赠的银剑，更使他显示出一种大英帝国褫夺一切主宰世界的威严。

他习惯地先给自己的那块怀表上满了弦。

这是块金表。它还是伊丽莎白女王赏赐给他祖父的祖父的传家宝，前辈人谁都没有舍得使用，他穿上海军少尉的军服准备驶向远东了，祖父将它从托管银行的保险柜里取出来，郑重地传给了他。

他至今还记得祖父那天拍着他的肩胛说过的话：

> 记住，无论你走到地球的哪个角落，你使用的都是格林威治（Greenwich）时间。因为，你是个英国人。再记住，英国人信奉上帝，但是，上帝只需要你礼拜天对他祈祷，其余时间，你就是上帝，想干什么就干什么，包括欺侮你的邻居！

每当对表上弦，璞鼎查都会想起祖父这番带有浓烈哲学味的话。

这话，教他认识了世界，使他成了一名威震阿富汗的“沙漠狂狐”，又让他统率起整个东方远征军在中国的海战场节节胜利，只要将这话再背诵几次，他，就任香港总督的日子已经为期不远了！

而“扬子江战役”打赢了，就等于为他铺成一条通向总督之路的“红地毯”！

这一仗能打赢吗？

“能！一定能！”璞鼎查绝对自信地朝他那宽大的柚木桌面拍了一掌。

掌下是书记员送来的各种信函、密件，他一边喝着咖啡一边随手检索，蓦然一份用红色墨水画满条条杠杠的《澳门月报》，引起了他的兴趣。

报上刊登着一位西方记者对中国军事实力和技术的调查报告。它首先谈到填装于炮弹之中的火药：

> 中国火药的粒子粗糙，大小不一。发射后留下臭味，这显然是含有很多的硫磺。据此我们就能理解中国大炮缺乏扩张力，这是凡看过它的发射的人都注意到的。当英国战舰“安德罗奇”号和“伊莫金”号驶进虎门时，中国大炮的炮弹虽然是向着一个近的有时只有一条缆那么远的距离施放，却没有几颗具有足够的动力能穿过两边的舷墙，许多或从船的外部腰板无声地滑了过去，或射到半途就跌落水里，有些还几乎一离炮口就摔下来。

璞鼎查十分明白记者的意图。在宁波，他曾让军需官解剖过清兵的炮弹，研究来研究去，费九牛二虎之力也打不开，后来大胆地拦腰一锯，才发觉是实心的铅弹。

他呷了一小口咖啡，继续往下看。

关于中国的大炮，记者这样描述：

在广州河岸的炮台上可以见到的大炮，耶稣会教士所铸的铜炮可算是最好的，它们所用的火药，是配得上的。此外，许多大炮是葡萄牙或荷兰造的，各个时代，各种长度，各种形式，各种口径都有；其中不少已陈旧不堪，百孔千疮以致于无用。名副其实的海军大炮一门也没有。安装在帆船上的是野战炮或攻城炮，情形也如上所述。土炮是铸造的，而且我们相信一般是铁的，其炮膛不似欧洲大炮那样钻得光滑；炮架只是一种木架或坚硬固定的炮床，上面用藤条把炮绑住，因此炮只能直射，极难对准任何移动目标，除非目标紧靠着炮眼面前。虎门周围的炮台就是安装着这种光怪陆离的大炮。

璞鼎查端起咖啡杯，吹拂了一下，酣畅地喝了一大口。他饶有兴趣地接着往下看，下面讲到的是清军的水师战船：

中国战船古老而笨重，像一堆木材，有着席帆、木锚、藤缆；船身的弯度颇大，船首平直，船尾没有企柱但又格外高，并用金黄色与画图装饰着，中间开一大洞，使那个异常庞大的木舵能够于天气不好风浪大时扯上来掩挡住船尾的大舱口。但这样便相当削弱了船尾的效能。甲板上有守望台；

船底平，吃水浅，船身红色或黑色；船首有一对木雕的凸出的大眼睛。它在风平浪静中显得迷离恍惚，老态龙钟，这便是清帝国“第一等”战船的外貌。他们之中没有一只超过 250 至 350 吨，一般只有大炮 2 至 4 门，都安装在一个固定的炮床上，使得它们像如前所述，除非在平静的海面上，否则就全无用处。

过瘾！他将桌上的咖啡杯端起来，摇晃一下，一饮而尽，重重地将它往桌上一搁。他一口气往下读着：

关于常备的有实效的军事力量，中国人似乎一点也不知道。即使在一个城门里，人们必以为经常有一队强大、可靠的卫兵驻扎。但实际上，当一个外国人，由于好奇向里面窥探时，他所见到的不过是一个像苦力的样子，穿着短裤，手执纸扇或藤鞭的人。外国人到官署呈递禀帖时，就是他们集合兵马的信号。这时候兵士鱼贯而入，不穿军服，不带武器，没有准备，半醒半睡，同时把一堆一堆棕色毡帽和红色、黄色、褴褛的布衫，前后缝有一个“勇”字的长号衣，从闸门送进来给这群英雄们打扮，稍后，又慢吞吞地走进一个大概是当时可能找得到的个子最大的军官来。这出武戏的行头是一些弓箭和几把生了锈的刀剑，显然都是临时找来惊动和威吓“番鬼佬”的。不过我们总觉得当这些卫兵还未从睡梦中醒过来，穿上有“勇”字的号衣壮壮胆子，“番鬼佬”如果有意的话，已经进入总督夫人的深闺里了。

看到这里，璞鼎查喷发出一串笑声。

这文章尖刻、辛辣，像凉拌兰花椒，辣得人痛快淋漓。虽是用的汉文，但通篇隐匿着一种只有英国人才有的狡猾与机智。应该感谢这位记者，应该给他授予蓝鹰荣誉勋章，不，首先应该知道他是谁？

他急切从头找着记者的名字。标题下没有，一直找到文章屁股，才发现一个英文名字——Kangaroo。

袋鼠！

化名？他有些失望，然而心头的激动有增无减，这文章说服力太强了，完全可以激励英军全体官兵。他决定将它在全舰队高级官佐间传阅，再通过他们的嘴迅速传遍东方远征军。用中国人的说法，那就是长自己的志气，灭敌人的威风！

他站起身来，踱了两步。

走近舷窗，打开一扇。海风吹了进来，他那充血的头颅冷静了许多。

他想，吴淞之战将是关键的一仗，这一仗打好了，英军就会像一条响尾蛇窜进中国的主动脉，直接麻痹它的心脏！

人说，那驻守吴淞的陈化成，跟林则徐、邓廷桢一样是铁杆主战派，可他璞鼎查才不怕呢，他倒要实际看看这陈化成是不是三头六臂？主战，凭什么而战？

正如这文章上说的，中国的军事实力在英军的坚船利炮面前完全是小巫见大巫，简直是天壤之别，不可同日而语！

从厦门打到乍浦，璞鼎查对清军已经有了足够的认识。

清军的火器是鸟枪、抬枪和大炮。鸟枪、抬枪用火绳点放，射程不过100～200米。大炮规格不一，重量从几百斤至数千斤不等，但不管它大小轻重，全是滑膛，前装药，使用实心弹，破坏力和杀伤力很小，而且射程约1000米左右，又不能随意转动，命中率甚低。

水师战船虽然名目繁多，但船体不大，航速不快，其最大的长10丈多，宽2丈多，小的仅二三丈长。全用木制，未用铁、铜皮包裹，不耐腐蚀又经不住撞击。动力靠风帆与划桨，帆小而少，根本抵挡不住风涛。这种战船，虽然载有中国造的土炮，但威力太弱，用于缉私捕盗尚可，用来对抗大英帝国的铁甲蒸汽快船，简直是中国的唐人诗句——蚍蜉撼大树，可笑不自量！

再看看英军的装备吧！

枪炮。步兵已普遍使用燧发式步枪，海军陆战队均携有来复枪，配有迫击炮和榴弹炮炮队。来自英国本土的士兵还装备了布伦斯威克式击发枪，那枪，有效射程300米，每分钟发射3发以上。大炮从几百斤至万余斤，炮弹不仅有穿甲的实心弹，而且有霰弹和开花弹，重量从几磅、十几磅到60磅不等。据可靠情报，吴淞炮台最大的炮，长11英尺，重7280磅，仅能发射24磅的炮弹，而英军同样重量的大炮却可发射68磅的炮弹。并且，英军大炮置放于炮车上，俯仰推拉运转自如，有效射程可以达到2000米。

再说舰船。英军舰船既大且坚。大号军舰长32丈5尺，头尾宽3丈，中宽6丈，分3层，安炮72门；二号军舰长27丈，分二层，安炮30－40门。船体用白铁包裹，船底则用紫铜镶嵌。有1桅、2桅、3桅，甚至5桅，帆大而多，航速甚快。作战时或遇逆风，则用轮船牵引。那轮船长18丈至24丈不等，安炮10余门，因是蒸汽动力，行驶如飞，不仅可拖曳逆风战舰，而且传递信息，穿插作战均可。

由于充分认识到武装汽轮的能力，璞鼎查决定这次舰队的行动采取一种新的方式，即把汽船和战舰结帮连接在一起，船靠船并排，同时前进。因此，“布朗迪”号和“北极星”号由汽船“谭那萨林”号拖曳，“摩底士底”号由汽船“复仇神”号拖曳，“哥伦拜恩”号由汽船“弗莱吉森”号拖曳，“克里欧”号由汽船“伯鲁多”号拖曳，旗舰“皋华丽”号由汽船“西索斯梯斯”号拖曳，小舰“阿吉林”号和小汽船“麦都萨”号殿后，“伯劳弗”号和“司塔林”号则作为航标停泊于江口不动。

昨夜，舰队驶抵吴淞口外，锚泊。

此刻，曙色初露。

璞鼎查走出住舱，攀上驾驶台。

潮水平和，逆风，桅顶的风向标指向吴淞口。

他举起了望远镜。

镜头摇移。这是一道足以与厦门和定海媲美的港湾。但地势平坦，无崇山峻岭可做屏障，那黄绿相间中夹带着星星点点浅灰屋脊的旷野，一望无垠。

不失威武雄壮的，是逶迤连绵犹如中国古老的北方长城一样的要塞。它像一道围脖护卫着这块长江三角洲最美丽的土地，而那要塞上的垛垛炮台则像围脖上的珍珠。

那“珍珠”在渐强的曙色中闪闪发光。

他知道那发光的都是炮。铁炮，铜炮！

呀，密密麻麻——完全是一道用炮管编织成的钢铁藩篱！

璞鼎查冷着脸想数数到底它有多少门，可举在手上的望远镜却在半空中停下。因为这已经是了如指掌的事情。

根据侦察和情报分析，吴淞要塞分东西两座炮台，东炮台实力很小，主要是西炮台和连接西炮台与崇明岛隔水相望的宝山小沙背。清军总计兵力号称万人，实际7000人，250门大炮有134门安设在西炮台，其中铜炮43门，而更主要的是亲临西炮台负责指挥的是赫赫有名的陈化成。

璞鼎查决定兵分两路，以小部分舰船攻打东炮台，尔后抢占蕴藻浜，而集中优势兵力主攻西炮台和宝山小沙背。

只要陈化成的西炮台失守，清军将会全线崩溃！

他看了看他那心爱的怀表。

Ⅶ点。

他觉得，“Ⅴ”像匕首像投枪像一颗重磅炸弹，而“Ⅱ”则是他的两路纵队。

这是一个带有攻击性的时间。

璞鼎查车转身，向着喷薄欲出的太阳，祈祷上帝。尔后朝着“皋华丽”号主桅上的海军旗一个军礼，随即一劈手：

Start Out!

轰轰轰——三发信号炮！

炮声撕裂了大海的安宁。

波翻，浪卷。英军舰队飞矢鸣镝般向吴淞口直射而去！

## 42.

百年后的吴淞人也许会像淡忘电脑程序中的一匹黑马似的，忽略这个道光二十二年的五月初八。可应该不死的陈化成却至死记住了这一日。

凭着多年的海上经验，陈化成料定今天一定是阳光明媚。

老将军此刻正手按腰刀威风凛凛地屹立在吴淞口，脚下依然是坚实的海塘，身后依然是威武的大炮，那随风飘拂在头顶上空的，依然是镶着牙边缀着“陈”字的红绫帅旗。然而，涌溢在心头的却是一片阴霾。

前日，当陈化成得知两江总督牛鉴派人赴英舰求和，而求和未成，他就断定战争一触即发。所以，从昨天一早，吴淞要塞所有阵地大小官弁全部各就各位。

中军参将韦印福、周世荣和十几名千总、把总，戎装盔甲，刀不离手地聚集在陈化成左右。此时，太阳还没露面，海鸟尚在眠宿，吴淞要塞淹没在一片浓雾之中。但目力不及的海上仿佛有了动静，那潮息涛声之中似乎犹如惊蜇前后的春雷一般，响了三声。

江岸也在震动。

一霎时，从海塘畔的苇荡里蹿飞出一串野鸭水雁，噗喇喇的响声过后，几只海鸥腾空而起，接着是白鹭黑鸦伽蓝鸟，一只只展翅翻扑，眨眼便将整个吴淞要塞凝固了的空气搅浑了。

将官们如同劲鸟疾风奔向一个个土堡的瞭望口，密切注视着海面。

海面上的浓雾开始变白变亮。一阵热风过来，那铺天盖地的障幔被撕开了一角。

炮台上，土堡上，海塘大堤上，无数双焦灼的眼睛一眨不眨，遏制不住的烈焰在每个炮手的心底升腾，仿佛要蹿出憋仄的胸膛，引燃这令人窒息的寂静空气。

兵弁水勇，谁都清楚一场炮战即将爆发。

蓦地，有人惊呼：

“信炮!”

吴淞口正前方的鸡骨礁上蹿出一团烟火。

火光闪过之后，又是一串炮声。

显然，这是陈化成设在鸡骨礁的信号台，发现停泊在鸡骨礁洋面上的英国舰队向吴淞口扑来，赶紧向陈化成传送的报警信号。

众将士圆睁双眼，噤声屏息。

白面上撒芝麻似的，海上渐渐出现了黑点。

一个。

两个。

密麻麻一大片！

陈化成举起千里镜。果然不出所料，英军大举进攻了！

有一艘五道桅的英舰闯入陈化成的视线，三层火炮历历在目。

陈化成平静地对身边的将官们说：

“尔等速归职守，传令各营，切忌盲目发炮，浪费弹药。巳我炮射程不远，务必待敌靠近，方可重炮猛轰。”

众将分头散开。

陈化成的身边只剩下韦印福和周世荣。

这时，刘国标骑马狂奔过来。

他现在是陈化成的号手，因陈化成的迎敌方案到了牛鉴手上，大笔一圈就将他刘国标的名字圈掉了。但总督牛大人革不尽也圈不掉他的御敌之志杀敌之心。他刚从陈化成这儿去总督那里，又从总督那儿回到陈化成身边，带来了总督给陈化成的一纸手谕。

陈化成接过一看，八个大字：

以静制动，不可开炮！

痴人说梦，一派胡言！

陈化成心里骂了一声，一把将那张手谕扯烂了。

韦、周、刘三人谁也不敢作声。

陈化成的目光利刃般从他们脸上刮过。目光停在周世荣脸上时间颇长。往日，陈化成重用周世荣，是看中他埋头苦干，但怒其不争。本来想要与他聊聊，可惜没空。此刻正是鞭策他的关卡。因此说：

“世荣，你跟随我出入风波已经多年，可是真正的硬仗、恶仗，今日尚属首次。大战在即，而英夷又系虎狼之师，你畏惧么？”

“军门大人！”周世荣觉得提督明显对他不信任，于是放大嗓音，不失豪迈地说，“末将紧随大人历经大小海战数十次，深知大人威名远扬，英夷头目也怕你三分。有大人指挥，末将毫无畏惧之心！”

“好！说得好！”

陈化成说着便爽朗大笑起来。

众人正诧异，陈化成含笑道：

“我等今日福气不薄啊！”

“此话怎讲？”周世荣问。

陈化成语重心长地说：

“此战如果得胜，皇上自有重赏。万一战死，我等声名也将永垂不朽。福薄之人，岂能有如此机遇？”

韦印福听陈化成这样一说，率先跪拜在地，语含悲声：

“末将追随军门大人，不成功便成仁，虽死犹生！”

“军门大人，你待我恩重如山，我只有一句话——奋勇杀敌，万死不辞！”刘国标说着也跪了下去。

陈化成立即将刘国标搀起，抚着他的肩头说：

“国标，今日在场，你最年轻。这一仗，逆夷如何进攻，我军又如何反击，你不仅要多加观察，而且要想方设法活下来！”

“苟且偷生，遗臭万年！”刘国标说。

“胡说！”陈化成几乎是用训斥的口吻对着刘国标，“朝廷武将多如牛毛，但像你这样武进士出身，又有实战经验者太少。为了报效朝廷而保留将才，乃国家之大事，非你一人之私心。本军门此刻所言，你必须谨记！”

爱深责切，刘国标不禁眼角潮湿了，他无言以对。倒是平日少言寡语的的周世荣代他开了口：

“军门大人所言极是！”

正说着，海面上的英国舰队结伴成行，满舵满帆，眨眼之中便像群狼一样嚎叫着闯入吴淞口主航道。

陈化成手按腰刀，沉着地对着刘国标，大声下令：

“传令水师战船，出击拦截夷舰！”

## 43.

深沉而悠长的海螺声，在苇荡的上空盘旋。

隐蔽在吴淞蕴藻浜的清军水师战船，一艘艘拔锚启碇。炮手快速地扯去铜炮上的炮衣，桨手甩开双臂奋力摇动橹桨推动绞盘。其余的水勇，全都操起了武器。真是箭上弦，剑出鞘，刀枪林立，浓烈的硫磺气味瞬间弥漫着整个军港。

惊鸟一群群仓皇地飞往天空。

天空中，密布起彤红的战云。

顷刻间，14 艘同安霆船、8 艘火攻唬船和 4 艘明轮豁喇喇地冲出芦苇荡，呼啸着驶向吴淞口，像一道崛起的堑壕堵住英国舰队前进的水道。

两军对垒，近在咫尺。

尽管那英军舰队一艘艘炮舰牛高马大，清军水师的兵弁们却没有被敌人的气势所吓倒。只见，打头的一艘同安霆船的船头上岸然挺立着一员战将，他亮开喉咙顺着风向英军喊话：

“英夷舰船首领，老实听着——凡未经我大清帝国核准之外邦夷船，一律不允入港。我奉江南水师提督陈化成军门大人之命在此拦截，特令尔等立即返航！”

这话，句句酷似铁拳。

哪知，中国式的铁拳砸在英国式的海绵上，毫无反响。

英兵听不懂汉语。

鸥鸟无声，波涛也死寂了。

清军水师船上喊话的人，将喊话改成手势。

那手势一看就明白——滚开！

依舷而立的英兵明白了，但依然不明白这位铁塔般的清兵是清廷多大的官？谁赋于他如此权威？竟敢在英军总司令面前带着打架的姿势大声训话！

殊不知，刚才喊话的人在江南水师名震一方。

他叫刘长德，是陈化成的前营参将，人称“豹头将军”。本来，他率领霆船唬船驻守崇明鸭窝沙，陈化成的迎敌方案实施之后，他就移兵吴淞，一直蹩在蕴藻浜的苇荡之中隐蔽待机，好不容易才等到这出击的机会，哪知遇上的是这班装聋作哑不通礼义的恶夷，岂能不惹他冒火？

他豹眼圆瞪，大脚一跺，扯着嗓门将他的喊话重复了一遍。

此时，璞鼎查站在旗舰“皋华丽”号的敞篷操舵台上，一边用望远镜观察拦截他的清军水师船，一边耐心谛听身旁的通事那略嫌生硬的汉语翻译。

其实璞鼎查用不着通事翻译，早已听懂了对方喊话的大意，脸上不露表情，心里却是狡诈一笑：中国军事家的口头禅是“兵不厌诈”，他采用的则叫 Cunning Schem——诡计！

“用汉语通知他们——我们是普通的英国商船队，因江雾太大，迷失了方向，误入贵方领地，请将军息怒。我们保证所有船只很快就会返航，请贵军放心！”璞鼎查捻着嘴角的胡须，慢条斯理地命令通事。

通事借助纸喇叭筒，扯着嗓子用汉语复述着璞鼎查的话。

尽管逆风，但刘长德听清了夷人的意思。然而，他在心里冷笑道：鬼才信呢！普通商船带这么多大炮干吗？

“不要骗人了，你们是兵船、炮舰！”刘长德大叫着，当场戳穿了老毛子的谎言。

璞鼎查立即让所有舰船的主桅上都挂上一面白旗。

“夷船挂白旗了！”

“洋鬼子投降了！”

霆船唬船和明轮上，有不少清兵信以为真。

“千万不要上当！”

刘长德震耳欲聋地吼开。

几乎是刘长德提醒清兵的同时，璞鼎查对着副官史密斯下了一道指令：

“火速命令各舰，炮击清军战船！”

轰——轰轰轰！

英国舰队的大小舰船，以猛烈的炮火向清军战船轰击。

原先犹如堑壕似的水师战船队伍，顷刻间变成了一道火墙。

水师船上的清兵一下子被打蒙了。

“赶快开炮，还击!”

刘长德声嘶力竭地喊着。

清兵仓促应战。

无奈，清军水师船上每艘只有不足10门铜炮，而且射程近，炮弹的威力不大，高大的英国舰船根本不把那些实心的没有穿甲力的弹丸放在眼里。

“冲上去，抵近攻击!”

刘长德率领他的霆船首当其冲。

冲到离英船只有一箭之路，14 艘霆船上的所有大炮全部发威。

一艘英船上的前桅被打中了，桅断帆落。

一发炮弹击中了一名英兵，那兵立即头破血流。

而这时，8 艘火攻唬船又燃起明火，分数路闯入英船的间隙。

英国舰队的阵脚不稳了。

“打呀！往死里打!”

刘长德吼叫一声，朝后续的明轮狠狠地一劈手：

“冲上来！快!”

预先说好了，这时候该轮到明轮发起冲锋，可4艘明轮却裹足不前。为何？原来统率明轮的就是王志元竭力推荐的田浩然。

这田浩然生来一副死鱼眼，在这江南水师，不管对谁，他都是横看竖看看不惯。连陈化成他也不服，他服的人只有同属余步云麾下的王志元。是王志元帮他在总督面前牵线搭桥，他才高攀上牛大人这个“老乡”，而走通了这条路，他才有幸提升为水师副将。要说感激，最值得他感激的只有王总兵!

然而，不稼不穑，对水师一窍不通，又不分良莠不知好歹的田浩然，哪里知道王志元借刀杀人的险恶居心。

其实，田浩然和崔吉瑞都被王志元当做一把刀，一把捅向陈化成的“报复之刀”。

那次在陈化成大帐议军，王志元挑撺崔吉瑞向陈化成发难，他趁着崔吉瑞对刘国标的异议，借坡下驴地把田浩然推了上去。事后，他找到田浩然，却说这是陈化成的主意。田浩然还正在兴头上，为能当上明轮的统率有职有权而威风陡涨呢，见王志元一说，便请教王志元个中的缘由。

王志元附耳低言，说，陈化成这是存心让他姓田的当炮灰，英舰一来，明轮首先要“塞炮眼”！

田浩然见如此一说，便坚决不想干了。

田浩然一不干，刘国标就会顶上。王志元不愿明轮掌握在陈化成的亲信手中。像木偶戏子摆布木偶一样，暗中牵引住明轮，是王志元这盘棋中最关键的一着。

因此，王志元连忙稳住田浩然，说，现在已是总督的谕令了，生米被陈化成煮成了熟饭，不好改。

田浩然只有唉声叹气。

王志元将田浩然扯到一边，悄悄地面授机宜，说，明轮归你统率，你就有权机动，腿长在你身上，脑袋在你肩上，你不会见机行事？别人让你送死，你就不能想方设法活命？笨驴！

田浩然想想也对。这才装模作样地跟着刘长德隐蔽待机，又跟着刘长德出击拦截。可是，到了这生死存亡的节骨眼上，他手上的令旗却冲 4 艘明轮往左右一挥：

“撤！”

眼睁睁地看着 4 艘明轮兵分两路快如脱兔地撤出战场，刘长德简直气得七窍冒烟。他挥舞着令旗，勒令明轮火速回头。

就在这紧急关卡，突然，一发流弹尖啸着像长了眼睛似的扑向他高举的手臂。令旗落水。

“豹头将军”惨叫一声，像一棵被砍倒的大树，砉然倒下。

主将阵亡，霆船唬船顿失指挥。英舰见状，立即采取“各个击破”的战术，向来不及撤退的清军水师发起猛烈炮击。

顷刻间，26 艘霆船和火攻唬船只逃出 3 艘，其余统统未能避免那灭顶之灾……

摧毁了清军水师用霆船唬船筑起的海上堑壕，英国舰队便按照预定作战方案分成两路，张牙舞爪地向吴淞口扑来。

璞鼎查的主攻目标是陈化成的炮台！

## 44.

陈化成火了！

正当清军水师战船遭受英军毁灭性打击的时候，陈化成命令刘国标发出“准备开炮”的信号。

黄绿双色的传令旗，快速地升起。

各营传令兵不约而同地扬起手旗。

土堡里的炮手们早已规正好大炮的发射角度，每门炮的前膛里也早已装好了药饼和炮弹，点炮杆已经着了火嗤嗤地直冒黄烟。

就等军门大人一声令下了。

可是，陈化成手按腰刀，神态自若地伫立着，就是迟迟不下令。

英舰越来越近，越来越近。近得可以清楚地分清甲板上有几门大炮，每门大炮后面有几个英兵。

一直等到英舰完全进入了清军大炮的有效射程，海风凝神，海浪屏息，海空中的鸥鸟停飞了，陈化成这才运足丹田之气，将满腔怒火化作一声巨吼：

“开炮!”

轰轰轰！西炮台的134门大炮同时引发火线，密集的炮火带着仇恨向敌舰排山倒海般扑去，黑色的硝烟弥漫住海空，炮台、土堡在骤烈地晃动，整个要塞连同40里海塘都在颤抖！

霎时，吴淞口外的海面上喷泉般地涌起一排数不尽的水柱，有一艘英舰被打中了，又一艘英舰的舱面起火了！

首发命中的炮手，情不自禁地欢呼起来。

然而大部分的炮弹都没有直接命中目标。

陈化成将腰刀往砂土上一插，拔脚奔向身边的一门大炮。炮身上的铭文告诉他，这就是他亲自督造的“靖寇大将军”。他让刘国标亲自装药，而他则要亲自发炮！

弹药装足了，陈化成算好提前量重新校正大炮的方位，调整好角度，他的目标是那艘最大的五桅巡洋舰，他认识它。

它就是英军的旗舰“皋华丽”号。

“皋华丽”号浑然不知陈化成看中了它，依然甚嚣尘上地向前推进。进入射程了，陈化成亲执燃烧着的点炮竿，点着了大炮的后膛引线。

轰隆一声巨响，一发重磅炮弹从“靖寇大将军”的炮口射出，带着尖啸的炮声穿透硝烟，直奔“皋华丽”号。

面对这准确无误的打击，行驶中的“皋华丽”号根本来不及规避，“劈叭叭”一声山摇地动似的，呀，左舷的挡浪板被炮弹拦腰打断了。

"皋华丽"号甲板上的英兵乱成一片。

陈化成的西炮台呼声雷动：

"打中了！"

"打中了！"

"陈军门将敌舰打中了！"

"神炮啊！"

"神炮！"

彼伏此起的欢呼声，像烧红了的风火轮沿着40里海塘向前飞窜，3000守塘将士士气大振，吴淞要塞顷刻之间沸腾了！

## 45.

一听到炮声，而且是连绵不断的炮声，牛鉴顿时心惊肉跳。

按照迎战御敌方案，牛鉴率领督标前营、后营和海州营坐镇宝山县城总督全局，随时调集兵马弹药，策应各防御阵地。不料，这位总督大人却犹如九死之余，忧畏百端。

他一面收拾文牍准备逃跑，一面急如星火地派人前往西炮台，传令退兵。

第一个被派出传令的是督标后营的千总李进财。

此人是个只长个子不长脑子的蠢官。他拿着令箭不知天高地厚地跑到西炮台，找到陈化成正在督战的那个土堡，往土堡旁边一棵歪脖子榆树下一戳，像条疯狗似的狂吠道：

"不要打炮！停止射击！"

陈化成一听，肺都要气炸了，大声喝道：

"哪个混帐奴才，胆敢在此扰乱军心？"

李进财将令箭一举，牛气十足地说：

“宪台大人传谕，令你火速退兵！”

陈化成从砂土上将那把插着的腰刀倏地拔起，二话没说，对准那棵歪脖子榆树，“咔嚓”就是一刀。

碗口粗的歪脖子榆树弹指间齐崭崭地拦腰两断！

李进财眼珠子都看直了，一吐舌头，扭身就逃。

第二个被派出传令的是督标前营的把总鲍德怀。

此人外号叫“跑得快”。他打马跑到西炮台，人没离鞍，陈化成就让韦印福将他拦住，说，赶快回禀督宪大人，官兵在此誓死杀敌，有进无退！

“跑得快”只好快来快去，跑回去交差。

牛鉴见两道令箭都被陈化成挡回，气得不可开交。窗外，炮火连天，硝烟漫卷。审时度势，还是徐州镇总兵王志元说得好，敌强我弱之际，三十六计走为上；走则未败；未败者，胜之转机也。于是，他打定主意退却。可要退，必须拉着陈化成一道退，万一退错了，他也有个“同谋”。哪知陈化成不听招呼。他六神无主地转了一圈，赶紧又把督标参军张良生找来。

这张良生在总督衙门有“赛张良”之称，能言善辩又惯于见机行事。

张良生奉牛鉴之令，来到西炮台，见到陈化成，他并没有先亮令箭。

陈化成平日对张良生颇有好感，知他虽是牛鉴的谋士，但此人心术不坏。因此，张良生一到，尽管明明又是一位“说客”，陈化成却没有下“逐客令”。

张良生见陈化成如此善待自己，便深情地一跪。

陈化成一边对刘国标传令“继续炮击”，一边搀起张良生，说：

“参军请起，有话明说。”

张良生略一点头，说：

“军门大人，大敌当前，三军将士全力以赴，奋勇抗敌，在此你死我活之中，下官本不该妄自骚扰。无奈宪台大人有令箭一支，大人权且收下，一笑置之！”

“这样说，化成倒要看看宪台的令箭，颁布何令？”陈化成接过令箭，一看，只见上面写着：

火速退兵，违令者本部院定按军法处置。

陈化成淡然一笑道：

“我等奉旨在此为朝廷拼死奋战，抗击英夷，何罪之有？宪台大人理该总督水陆三军，却如此贪生怕死，有何面目与我说话？”

说着，陈化成便将那支令箭一撅两截，往身后一掼。

张良生临来之时，就料到这一着。此刻，果见军门大人一身浩然正气，不禁在心里叹为观止。他想说什么，可什么言语此刻也是多余。

而陈化成更顾不得与张良生说话了，他见“靖寇大将军”炮又装好了一膛弹药，手又痒了，立即奔上前去，规正，瞄准。

这一回，他发狠要打就打出点样子给总督大人的“特使”看看！

他正瞄准那高头洋马式的“皋华丽”号，打算点火发炮，转念一想不对。半个时辰以来，西炮台百余门重炮不停地开火，少说也打出近千发炮弹，然而，这种“天女散花”式的散打，只使英国舰队暂时受阻，并没有造成英舰致命的重创，不行！

有道是，伤其十指，不如断其一指！

陈化成想着便朝韦印福等人一挥手，率先奔出土堡，登高鸟瞰。

英国舰队像一条巨型的百足蜈蚣，令人望而生畏地横卧于吴淞江口。

它的最前头是载炮72门的“皋华丽”号、载炮42门的“布朗迪”号和载炮26门的“北极星”号，3艘重型巨舰的火炮其先进且不要说，单它的数量就远远超过了吴淞西炮台大炮的总和，显然陈化成不是它们的对手。再看它的尾巴，那“摩底士底”号、“哥伦拜恩”号和“克里欧”号，也是火舌频蹿，威力不容轻视。

这一头一尾，都找不到可以将其切断的“一指”。

情急之中，陈化成却看出英国舰队的破绽来了。它不仅火力布置头重尾轻，而且衔接头尾的“腰眼”是一些只具备自卫能力的运输船。不用问，它装运的不是弹药，就肯定是乘载着准备登陆的步兵。

其中有一艘，被韦印福和刘国标认出来了，它叫“白龙特”号。

就打它！

陈化成当机立断，改变战术。他将宝山炮台、西炮台和新月堰炮台自然分割成三路的火力，集中成一股，合力打击“白龙特”号。

刘国标跃身上马紧急传令。

韦印福和周世荣分头行动。

江面上和海口子里早先布下的水雷、火桶、“混江龙”和“水底龙王炮”，已经急不可耐了，而那门“靖寇大将军”炮也是怒火中烧。

陈化成用手抚慰了一下身边的“靖寇大将军”，又亲自指挥分布在他前后左右的10门8000斤重的大炮，填药、装弹。

一声令下，百余门大炮吐出一条条火龙，一齐劈头盖脸地蹿向英国舰队的“腰眼”。

与此同时，“水底龙王炮”们也一齐发威。

整个吴淞要塞震颤了。

如雨如织的炮弹带着震天撼地的杀声，以摧枯拉朽之势突然间向敌舰猛烈覆盖。霎时，敌舰前后腾起了十几丈厚、几十丈高的烟幕火墙。

被烟火包围的“白龙特”号，左冲右突，防不胜防，连中几十发炮弹，前桅和后墙都被击穿，海水汹涌地卷进了船舱。

船舱里不是步兵而是一支小型炮队，炮手，迫击炮，还有满满一舱的弹药。

“白龙特”号上乱成一团，水手们顾不得自卫还击，赶紧抢救弹药。不料，又是数十发连珠炮弹在“白龙特”号的前后甲板倾泻而下，“轰隆隆”一声巨响，船舱的弹药被引发爆炸了。

这一炸，炸坏了“白龙特”号的绞盘车。

失去操纵装置又经海水灌饱的“白龙特”号，上帝再也救不了它。它像一只断了线的锤砣，嗤溜溜地往海里直钻。

“鬼子兵船打沉了！”

“洋鬼子翘辫子了！”

雷鸣般的欢呼声在西炮台的上空起伏激荡。

吴淞口，仿佛是有史以来第一次出了太阳！

## 46.

刺目的阳光，射得璞鼎查一阵眩晕。

而炮战失利，又让他心跳骤然加快。

他在“皋华丽”号的敞篷操舵台再也立不住了。

“白龙特”号就在他眼皮底下徐徐下沉，弹药箱、煤油桶、破碎的舢舨和漂浮的篷帆旁边集聚着落水的英兵，撕缠扭打，你争我夺，像一群毫无人性的凶鲸恶鲨。又是一阵排炮从岸上射来，可怜的幸存者随着这猛烈的炮火顷刻间又都葬身海底。

这可以说是英军进攻中国以来最大的惨败，惨败！

“仁慈的主啊，让他们的灵魂升入天堂吧！阿门。”璞鼎查一边祈祷，一边在胸前划着十字。

那十字犹如一柄利剑直刺他的心脏，他胆怯了，本能地想到了他的前任——陆海联军总司令查理·义律被撤职时的那张死灰色的脸。

为了排遣对失败的恐惧和掩饰他举止的失措，他掏出金表。

看着祖父给他的这个传家宝，他这才定了定心。表针，毫不慌张，始终如一安详地走着，这给他很大的鞭策。自己不是个普通的士兵，也不是平常的一个舰长，而是一个执掌指挥权杖维系全军 20000 人生死存亡和国家荣誉与命运的总司令呀。士兵凭体力角斗，总司令应该靠理智作战。他沉着了。

针指 8 点。

战斗进行了整整一小时，舰队仍然被阻截在距离西炮台 200 米左右的海面，而且，损失了一艘“白龙特”号和一船数十吨的弹药装备。显然必须改变战术。他歪了歪脑袋，略加思考，便下达了暂停攻击的命令。

“皋华丽”号抢先升起蓝色信号旗，一个倒车，迅速退出了清军大炮的射程之外。

这时，璞鼎查脸色苍白起来。他让海军司令巴尔克接替指挥，患有轻微美尼尔氏综合征的他需要安静下来，稍事休息。

他下了舱，斜躺在靠椅上。

副官史密斯上校不知就里地跨进舱门，见状欲退。

璞鼎查乜了一眼，说：

“停住!”

史密斯收住脚。问，有什么需要帮助的？璞鼎查拂手，反问他有什么需要报告？

一份刚刚打印的《战况简报》在史密斯手上一扬。

“宣读!”璞鼎查说。

“自从我东方远征军与中国军队作战以来，这是我方遇到的最为激烈的抵抗。”史密斯语调平静地说，“在前一小时的炮战中，我方已有13艘兵船和运输船，遭受到不同程度的炮击。”

“说具体一点。”璞鼎查微微直了直腰身。

史密斯条理分明地回答：

“其中，‘麦都萨’号连中10炮，船头被打坏。‘布郎迪’号被击中7次，后樯和主樯都被炮弹击断，正在抢修。进攻东炮台的‘西索斯梯斯’号和‘伯鲁多’号也被击中十多处。”

璞鼎查将脸背了过去，条件反射地吐了一口恶气。

史密斯接着说：

“我旗舰‘皋华丽’号——”

璞鼎查挥手打断史密斯的话。作为总司令，他就站在“皋华丽”号的敞篷操舵台，情况一目了然，它的左舷板和后樯已经被击穿了，若不是火速堵漏，半小时前就会有“白龙特”号同样的下场。他急切地说：

“快报告兵员伤亡情况！”

“兵员伤亡情况也很严重。”史密斯说，“被炮弹击中要害当场阵亡的官兵共有35人。其中，有马拉特海军中尉和特乌赫伊海军少校。这数字还不包括刚被击沉的‘白龙特’号。除了阵亡人员之外，士官生夏利浦腿被打飞了，一起被送往医院船的重伤员有52人，轻伤……”

“别说了！”璞鼎查语气一沉，站了起来。

踱步。这吴淞之战好比一盘棋呀。国际象棋。黑方以“飞象式开局”欲将白方“将死”，却被白方“王车易位”一阵“长将”，损马丢象，直逼王后。

观“棋”至此，璞鼎查顿有所悟。

善于下棋的人一定要首先审时度势，知道什么情况下要正面出击，什么情况下要出奇制胜，什么情况下要运用声东击西的战术，处处先有准备，一切成竹在胸，方能不被对方趁机偷袭而一鼓作气击败对手。

打仗与下棋一个道理。善于用兵打仗的人也必须在事物未露端倪，战争尚未打响之前就高瞻远瞩，看清敌我态势。这就需要大量的精力、人力投入，抢先察访敌情，详细稽查火力配置，使敌对国的一举一动甚至阵地上的一草一木都能了然于心。用中国人的说法，就是“明察秋毫”。只有如此事事在先，才能制服敌人而不被敌人所制服。想探悉敌情使它没有隐遁所在，靠什么？靠间谍。

对于这一条，璞鼎查特别上心。他要打中国，因此早就研究中国，甚至是孜孜不倦地学习中国，所谓“先当学生后当先生”。中国的老师在古书上传授过他许多“用间”，也就是使用间谍的经验。“间”者主乎离间，从前中国的楚、汉，相持于成皋，汉用陈平之计携黄金千斤离间楚国君臣，于是使力拔山、气盖世的楚霸王虽有足智多谋的范增而不用，离间的威力真是太大了。“谍”者主乎侦探，比如“楚师伐绞”，而罗人派伯嘉混入楚国“察其举止，烛其隐微”，这些，都是他效习的范例。

但是，中国古书上说的这些典故都是中国内部的事，而现在璞鼎查指挥的是一支英国的“东方远征军”，让蓝眼睛白皮肤的西方人混入黄皮肤的中国人中，犹如黄面包上的白奶油十分显目，不等混进门，人就暴露了，怎么“间谍”？

要了解中国人骨子里的事，还得使用中国人！

因此，在香港，在广州，在厦门，在舟山，在宁波，都有了他们的人。唯独吴淞一线没有。璞鼎查便抓紧物色。

为了摸清吴淞江的情况，先找到一个叫王在坤的渔民，许以重金，让他带路。可那王在坤左推右诿，躲躲闪闪，好不容易才说活动了。一见松动，璞鼎查便让“麦都萨”号的希威特少校派侦察兵前去与王在坤接头。王在坤同意夜里暗中行事，英兵便跟着他深夜里驾驶着一艘小渔船沿吴淞江往上走。走呀走，走到一条小河汊里，那河汊水草茂密，船舵被水草缠住，前进不得，后退不了。王在坤与通事说，他去找几个力气大的人来帮助拉纤，叫英兵们不要放声耐心等待，说着用一支长篙一撑，人就像撑竿跳高一样，飞上了岸。英兵左等右等不见人影，情知上当受骗。英兵们爬上岸找到他家一看，空无一人，连铺盖卷也不见了。

中国人中像王在坤这样的血性汉子不少，但要找出几个软骨头来，也不是什么多大的难事。

璞鼎查很快又物色到一人。

这人是个和尚，法号妙灵。

妙灵和尚出家的寺庙叫做“戬谷禅院”，就在吴淞东炮台附近。据说，寺庙和炮台同时建于康熙年间，是中国式的战争与和平的象征。炮台要打仗，而寺庙求平安，那“戬谷”二字也就是“福谷”，福者，吉祥也。据说，这也是康熙皇帝的立意，因为“戬谷禅院”是康熙的朱笔手书。由于康熙有过圣谕，所以选主持均很郑重。传到妙灵是第八代了。前面都是老和尚当家，当不两年，顶多五六年就死了，死了一个接一个，实在选不出老成持重的了，只好让年轻的妙灵做了主持和尚。

这妙灵四十五六岁，长得粉团儿似的，一派福相，终日一身蜡染黄色袈裟，清清爽爽的，看上去倒也有股仙风道骨，斯文盎然。

谁知道，这和尚却是佛口蛇心。心太贪，心太花，是个远近出名的“光头太岁”、“酒肉和尚”。

璞鼎查要的就是这号货色。一是觉得他容易上钩，二是认为他那和尚的外衣颇受军营官兵敬重，出入军营肯定方便。于是，马上派一位英商暗中与他联络。英商去一说，妙灵心领神会，伸手便要定金。他见英商往禅台上倒出一大摞银洋，忙将银洋统统撸到自己手边，一块块掂量，嘴上吹风耳边听音，喜形于色地断定是上等纹银，这才拉勾起誓，愿为英军效力。

不久，妙灵果不食言，送来了一份东炮台的详细情报。情报上不仅有炮位多少，大炮几门，多重多大的口径，而且连守军将领崔吉瑞的脾气秉性和嗜好都说得一清二楚。

璞鼎查不得不对这位肉头肉脸的妙灵和尚刮目相看了。问他凭什么本事将情况摸得这么细的？妙灵说，东炮台的首领崔吉瑞好酒贪杯，他三天两头给东炮台送酒，一来二去已经成为“莫逆之交”啦，既是朋友，则随处可去呀。

璞鼎查一听，赏了他比定金多3倍的银洋，又指示他去摸清西炮台的情况。

哪知，石沉大海，久无音讯。

派人去追问，方知妙灵去了西炮台，刚在行辕前转悠两步，就被稽查巡官“请”到陈化成的座帐。虽然有幸见到了陈化成，却受了一番含沙射影的“规劝”，实际上是挨了陈化成一顿训斥：

“出家人应修身养性，体验佛法，切切不可不守寺规，招惹是非！”

妙灵碰了一鼻子灰，灰溜溜地回去了，那西炮台多高多长，从哪个台阶上去，他压根儿没有摸到门儿。

都是因为敌情不明朗，舰队的进攻才首战失利呀！

璞鼎查当着副官史密斯的面，又长长叹息了一声。

面对扑朔迷离的作战态势，他只能使用推理和大胆的估计，除此，只有中国人通用的“投石问路”与“敲山震虎”。

首先，吴淞要塞的陈化成久经海战，勇猛顽强，这是他早就了解到的；英军进攻西炮台，必定会遭到守军的坚决抵抗，这仗比定海、乍浦之战都难打，也是早在他的预见之中。他之所以部署最强的重型炮舰驶在最前头，就是想先让陈化成暴露目标，再用优势火力压倒对方，不仅将吴淞炮台的所有土堡的大炮全部砸烂，甚至发狠连那城楼和那一道海塘也要连根摧毁。

但是，他压根儿没有想到，对方的抵抗力如此之大，而且火力如此之猛，大清造的土炮在陈化成的将士手上，竟然能打得如此之准，真让他这位“沙漠狂狐”倒立地看！

一道拖着曳光的啸声从心尖飞过。

舷窗外，竖起了一根冲天的水柱。

浪花飞溅之时，璞鼎查想到那位在香港的铜锣湾一起游泳一起打水仗的华生舰长，于是让史密斯去把他请来。

其实，此时华生舰长已经站在舱口。

华生舰长是璞鼎查祖父的得意门生。年轻时曾经是个出色的拳击手，参了军，他在海上打过不少漂亮仗，战功卓著。这次加入东方远征军，在厦门、定海、镇海和乍浦之战中，他都因出奇制胜，而受到维多利亚女王的多次通令嘉奖。平时他像兄长一样关心照顾璞鼎查，战时则是璞鼎查的“好高参”。刚才，他见“白龙特”号沉没，总司令下舱休息，他便心灵感应似的，知道璞鼎查在这关键时刻会想到他。

他不请自来。一进来就示意史密斯走开，接着便开门见山：

“司令官阁下，回顾刚才的炮战，我发现战术不对！”

“战术不对？”璞鼎查反问，“什么地方不对？”

华生舰长推开舷窗，一挥手说：

“司令官，你在操舵台上难道没有看出，吴淞要塞的抵抗虽然激烈，但炮火主要集中在西炮台，东炮台方向炮火单薄，而南边，那地图上标明的‘小沙背’，却根本见不到炮火听不到炮声。”

璞鼎查默默一点头。

“可是，我们却把舰队排成一路纵队，而且是直线平移，失策呀，失策！”

华生舰长的话一针见血。

璞鼎查解开那将军服缀满金黄麦穗的领口，问：

“一路纵队，怎么就是失策呢？”

华生舰长以手势助说话：

“对方将火力集中攥成一个拳头，我方却把拳头散开，成为互不策应的五根指头。对方老谋深算专找我方薄弱环节，冷不丁来一顿老拳，我方却平分秋色眉毛胡子一把抓，妄图全线突破。这不明摆着是失策之举！”

灯一拨就亮。

璞鼎查的美尼尔氏综合征立刻消失了。

他的精神又抖擞起来，快速地走向那舷墙上的军用地图，一个蟹钳式的作战方案立即在他的脑海中形成。

## 47.

张良生回到宝山的总督行辕，一五一十地将陈化成如何铁心抗敌，又如何一举击沉英夷兵船，绘声绘色地一说，牛鉴两眼发直，傻了！

可样子傻，心里半点不傻。

首战告捷，旗开得胜。尤其是一艘英夷兵船，竟然被陈化成重炮击沉，这可不是平凡易举的小事呀！

据《战事阅抄》所报，自中英两国开战以来，穿鼻、官涌、虎门、厦门、定海、镇海、宁波、乍浦等历次战役，中国的水师战船和海岸炮台都曾击伤和重创过许多英夷兵船、炮舰，但像今日陈化成这样直接将英夷兵船击沉江底，尚属首次。牛鉴想，如此空前大捷，一旦上奏朝廷，皇上必定龙心大悦，重赏无疑！

他按他的思路向前推断。

陈化成能否大获全胜呢？

能。

因为，“有进无退”这句陈化成的宣言，已经不是他一个人在说了，而是早已成了江南水师全体将士的誓词。因为，吴淞炮台那一百余门大炮也不是从前的那种旧铜废铁了，新铸的重炮确实威力倍增。更因为，40 里海塘上长城般垛立的是陈化成训导出来的兵弁勇士，他们不是常说，一人吐一口唾沫，也能把洋鬼子淹死！

可是，陈化成打了胜仗，为何不派人前来总督行辕向他禀报呢？

牛鉴顿起疑心。

“莫非，他陈化成想一人独占头功？”

疑心生暗鬼。牛鉴越想越觉得他的推断正确。

他按他的思路继续推断。

陈化成有功，他牛鉴就会有过。

有过的官，就可能当不成总督。

保不住总督的位置，就保不住命。有人说。

否则——没戏！

吃一堑，长一智。他牛鉴绝对不能走林则徐、伊里布的路，那都是些艰险路，走得不好就丢官削职。他也不能照着琦善的路径往前走，那路都是些断头路，弄不好脑袋就是莫名其妙搬家，平白无故送命。他的路只能自己摸着石头过河，小心翼翼地朝前走。走一步，三回头。千万错乱不得呀。

就这样反反复复思前想后，末了，牛鉴的心思还是归结到与陈化成争功诿过上来。

孙武子说，毕其功于一役。

平头百姓则说，过了这一村就没这一店。

成功于否，在此一举。他难道能让陈化成将来在皇上面前奏他一本，说他牛鉴无功受禄坐享其成不成？

不成！

俗话说，路上捡馅饼，见面分一半。想到这里，他便急不可待地将督标营的参将、千总和亲随心腹召集在一起，大堂议事。有道是，同在华盖下，荣辱均沾边。这事不须多议，众人一致共识，两江总督牛鉴身为宪台大人，节制水陆各师，临阵督战，乃天经地义之责，谁也无可非议。

说干就干。

牛鉴立即传令：各营官兵立即整装出发，随本抚赶赴西炮台痛击英军！

须臾，宝山县城，南门洞开。

前往督战的队伍出南门经教场向西炮台方向进发。

好威武，好雄壮，好气派的一支队伍！

鸣锣开道的是总督衙门的亲兵，摇旗呐喊，耀武扬威。那一面“牛”字的牙边红绫大纛，此时益发牛气冲天。紧随着的是一整套执事、伞盖、仪仗、衔牌、旗幡、顶马、戈什、巡捕、差官，人吼马叫一字排开足有里把路长。居中，花团锦簇的是牛鉴乘坐的绿呢八抬大轿。像跟屁虫叮在轿后的是骑马的亲随，再后面才是督标各营各哨扛枪抬炮的将弁兵勇，虽是长龙尾巴，但也闪鳞耀甲，浩浩荡荡。

整支队伍风樯阵马席卷残云一般直奔吴淞西炮台。

这排场，真去上阵御敌？

鬼知道。天晓得。

只有牛鉴自己心里明白，他本来的目的就是“造势”。

## 48.

“白龙特”号的沉没，给气焰嚣张的英军当头一棒，舰队被迫后撤。

璞鼎查在“皋华丽”号上召开紧急军事会议。到会的各舰舰长和陆军联队的长官们一个个憋着一肚子火气，这仗，打得太窝囊了！

最窝火的是陆军司令卧乌古。

这位从炮队起步，跟随威灵顿公爵在葡萄牙、西班牙参加过对拿破仑战争的功勋爵士，早就不服璞鼎查。此前，陷定海，攻镇海，打乍浦，哪一次不是他的陆军联队冲锋陷阵，胜了，因为他卧乌古身先士卒靠前指挥。眼下进攻吴淞口，璞鼎查亲自坐镇号称以海军为主导的攻坚战，战绩如何？一艘船被击沉了！他不心疼那艘船，他心疼的只是那支虽属小型但很有战斗力的炮队，炮队队长是他的亲戚，还有那迫击炮，其中一门跟随他打过不少激烈的狙击战啊。

然而，盘旋在巴尔克的肚肠里的，则是一股无法排遣的怨气。

“白龙特”号白白地葬送了，巴尔克作为海军司令脸上也是红一阵白一阵火火辣辣的。但他不能对总司令发火，因为是他向璞鼎查首先提出进攻吴淞口以海军为主。再说，出身英国贵族的他，跟璞鼎查一样 12 岁就参加海军，21 岁就担任舰长，43 岁当上希腊方面军的英国海军司令，后来进入唐宁街，那把海军部大臣的转椅一坐便是整整 8 年。8 是个没有尽头的数字，他屁股上都起老茧了，如果不是璞鼎查极力推荐，给了他这个重返海洋的机会，他那屁股上肯定要生褥疮！

巴尔克不表态，卧乌古却沉不住气。

虽然老了，但他的性格依然像门年轻的“迫击炮”，不管璞鼎查高兴不高兴，乒乒乓乓先放了一通。

身为总司令的璞鼎查克制住自己。

他的祖父曾经告诫过他，动不动就发火的人，是懦夫，是童子军，因为它表示自己幼稚得还无法驾驭自己。

所以，不管别人怎么攻击，他说什么也不能发火。初战失利的不满情绪和对中国守军猛烈的炮火所产生的恐惧心理，如同迅速弥漫在舰队四周一点就着的煤油，他一发火，毁灭的将是整个舰队！

等军官们稍事安定之后，璞鼎查说：

“我们英国有句比喻，一磅的牢骚，也换不来一盎司的胜利！因此，请各位头脑冷静下来，认真分析首战失利的原因。首先，作为舰队首席指挥官，我，负有不可推卸的责任！如果，在未来的时间里，舰队不能攻下吴淞口；我亨利·璞鼎查将向巴麦尊首相引咎辞职，毫无疑问地接受大英帝国军事法庭的审判！”

这话，像一枚冷弹在人们心空上炸开。

全场确实冷静了。

璞鼎查大步走近舷樯，对着那幅军事地图挥了一下手，说：

“根据吴淞守军暴露的火力，我们的战术将做大幅度的调整。简单扼要地说，是从以海军为主导的攻坚战，变为海陆协同联合作战的破袭战。”

卧乌古与巴尔克的目光碰撞了一下。

璞鼎查信心十足地说：

“为了大英帝国的神圣事业，我以舰队司令的名义命令——

欧姆斯贝舰长率‘西索斯梯斯’号随旗舰‘皋华丽’号正面牵制西炮台火力。胞祖海军少校率重型炮舰‘布朗迪’号与贺莫爵士率领的‘北极星’号一起进攻东炮台。东西炮台控制住了，我们则把大部兵力投向清军的薄弱防区——吴淞口北面的小沙背。托洛勃奇舰长、马他伦海军少校、希威特海军少校、都德海军少校各自率领‘克里欧’号和‘阿尔吉林’号炮舰与‘麦都萨’号、‘伯鲁多’号武装汽船一起，在摧毁敌方炮台的同时立即强行登陆。”

说到这里，璞鼎查停顿下来，将他那带有茸毛的手，右手，五指笔直地并拢，像一把铲刀似的沿海口向吴淞江上的一条汊道一插，说：

“这是一条从海口通向内河蕴藻浜的航道，据侦察测量情报，它水位较低，然而轻型舰仍能通过。我决定派‘复仇神’号和‘谭那萨林’号，携带野战炮车和来复枪联队，待东炮台被我摧毁后，沿着黄浦江以东航线，以最高航速直插吴淞江的蕴藻浜。此举虽属危险，但这道航线不在西炮台的大炮射程以内，我陆军联队只要绕过西炮台便可抢占蕴藻浜，在那里建立炮兵阵地。这样，西炮台的守军再顽强，堡垒再坚固，它也处于腹背夹击的困境之中。有我陆军联队从后方牵制住西炮台的火力，那么，海军炮舰的正面进攻就易如反掌了。到那时，胜利就是你们的啦！”

这席话，简直无懈可击。

有人叫着好。

巴尔克满意地一啧嘴。

卧乌古自然而然“炮口归零”。

这个新的、大胆而周密的，显然是璞鼎查经过深思熟虑的作战方案，很快便征服了与会所有人的心。

见大家没有异议，璞鼎查突然话锋一转：

“既然在座各位口径一致，那我就不客气地警告你们，任何环节，任何人，都不允许发生任何差错。为此，我送给你们一首民谣，英国民谣——丢失一颗钉子，坏了一只蹄铁；坏了一只蹄铁，折了一匹战马；折了一匹战马，伤了一位骑士；伤了一位骑士，输了一场战斗；输了一场战斗，亡了一个帝国——那将是多么可怕的事情。所以，我要求你们，并通过你们要求全军，把握战斗的每一环节，必须确保万无一失。否则，等待你们的也同样是军法从事！”

“明白！”

“散会！”

干净。利落。西方的军事会议不是东方的茶话会，没有七嘴八舌，只有服从命令，立即行动。

然而，华生舰长没有走。

“老师，”璞鼎查对华生舰长亲切地叫了一声，接着请教地说，“这样部署，可行吗？”

“刚才不是有人叫好？”华生舰长略加思索地仄了仄脑袋，说，“不过，‘复仇神’号和‘谭那萨林’号的舰长，荷尔，瓦尔，只能跟随编队行动，而难以独挡一面。”

“确实，他们还太年轻，缺少实战经验。”璞鼎查说着一摊手，“可是，除了他们，再没有人比他们更强了！”

“那必须有人给他们保驾！”

“谁愿担此重任？”

“我！”

## 49.

初战告捷的西炮台渐渐从热火朝天的气氛中冷却下来。

当英国兵船后撤之后，陈化成利用这难得的战斗间隙，跨上他那匹枣红色的战马，走马海塘，巡视各营。

他激励将士，顺便叮嘱各营营官，务必将刚才炮战中的有功将士，记入功劳簿，以备战后奏请嘉奖。

巡视中，陈化成痛心地发现，从浙江等地调来的弹药，夹杂着碎砖瓦砾。而新铸的大炮，也有不少门经不起射击，只七八发炮弹一放，炮口便开裂了。对此，他愤愤不平，要怪，还是怪那些监制大炮的官员疏于督查，玩忽职守，让“蛀虫”钻了空子，以致大炮有好有坏，质量不均。然而，此时此地纵然有天大的证据在手，也不是对簿公堂的场合。他咬咬牙一跺脚，等仗打完了，非要叫那些鸟过拔毛、雁过扯翎的贪官污吏，也在他陈化成面前脱一层皮不可！

让他感奋的是，西炮台各营将士，士气旺盛，面对敌人排山倒海的炮火，几乎没有一个人畏首畏尾。所到之处，兵弁将勇个个扬眉吐气，那眉宇间洋溢着的是一股喜不自禁的胜利喜悦。

此情固然可嘉，但骄军必败。

他告诫将士们：

“适才与夷敌交战，只能算作小挫其锋。夷船虽被我击伤多艘，但绝大多数未能击沉。打沉的一艘，一是多亏我火力集中，二是多亏它装运火药，引火自爆。现英夷舰队突然后撤，必有他图，并非休战罢兵，畏我而逃跑。对付此等狡诈之敌，我等切切不可有丝毫的轻敌松懈！”

正说着，土堡顶上的了望兵急吼吼地喊道：

“军门大人，洋鬼子的兵船又开过来了！”

陈化成一个冲刺，奔上土堡，从了望兵手上接过千里镜，一看，果然是英夷舰队又压过来了。再一看，陈化成不禁浑身一个激灵，他惊讶了一声：

“老毛子，换花样了！”

原来，海面上的英国舰队不再是一字长蛇阵了，而是形如一只凶神恶煞的“九头鸟”，分头扑向东炮台、西炮台和小沙背三个方向。

咬住西炮台的，只剩下一艘武装汽船，和那艘重炮层层但让陈化成击中过后樯的英军旗舰。

陈化成一边让刘国标火速奔赴小沙背，向徐州镇总兵王志元传令：注意阵守；一边号令西炮台的炮火，向迎面扑来的两艘敌舰以迎头痛击。

可是不要小看进攻西炮台的英舰只有2艘，其火力却不比第一次进攻时有所减弱。相反，由于西炮台的炮位和所有的大小火力点，已经从隐蔽走向公开，暗火变成明火，英舰的炮火其准确性加大了，一炮偏左，二炮偏右，第三炮说打哪就打哪。眨眼间，不少土堡被炸毁了。

陈化成钢牙咬得格崩响，一声大吼：

“开炮！”

一霎时炮声隆隆，弹雨纷飞。

江面上烈烟腾空，一片火海。

陈化成再次奔到那“靖寇大将军”炮的旁边，校正了一下方位角度，向韦印福一挥手，韦印福立即装填弹药。

点炮手操起点炮杆，正谁备点火，突然，一发流弹从海面上呼啸而来，轰隆隆一声巨响，土堡炸塌了半边。

“闪开！”

陈化成顺着韦印福的喊声一闪身，可一块飞溅的断石哔叺一声不偏不倚地砸到点炮手扬起的手臂上，那手，立刻被炸飞了！

点炮手惨叫一声，昏死过去。

韦印福撕下一块衣衫，赶紧替点炮手包扎。又招呼两名戈什将点炮手送下去抢救。

陈化成浑身青筋暴突，他用脚尖一挑，地上那依然燃烧着的点炮杆就顺势地到了手上，他操着它对准大炮后端的引线口，迅速点火。

“嗤”！——

紧接着轰然一声巨响，一发炮弹带着万钧的仇恨报复似的向敌舰飞去！

这发炮弹犹如长了眼睛，同样地也是不偏不倚的击中了英舰一个英兵。

那兵，刹那间脑袋被削飞了！

## 50.

“报告总司令，情况不妙！西炮台方向出现一支援军！”副官史密斯气急败坏地向璞鼎查报告。

璞鼎查举起了望远镜。

镜头中，的的确确出现了一支状如长龙，却又望不见头尾的队伍。

璞鼎查平移着望远镜。

看见头了，再从头看到尾。呀，这是一支少说也有两千人马的队伍，它正沿着无遮无盖的通衢大道，从宝山县城的南门向着正被炮火映红了的西炮台挺进过来。

扛枪抬炮的队伍干嘛又扛旗打伞？

仿佛还有吹吹打打的锣声和鼓声。

是援军吗？

还是迎亲团？送丧队？

璞鼎查赶紧询问身边的中国通事。

这位通事叫熊宝生，生于北京，长于香港，留学于英国剑桥，研究过汉学，是个典型的中华活字典。他接过璞鼎查递来的望远镜，远远一看，马上就用肯定的语式明明白白地说：

“司令官阁下，这是中国的高官出巡！”

“高官？”

“高官就是大官，我判断至少是个一品大员，说不定还是一位钦差大臣呢！”

“你凭什么可以判断？”

熊宝生遥遥一指，说：

“阁下请看，这队伍的前头很长一段都是旗幡、伞盖和仪仗牌，中间是一顶八抬大轿，后面是近卫亲随。中国的大官，尤其是钦差大臣出巡，总是这样鸣锣开道，前护后拥，十分地讲究排场。”

“好极了！”璞鼎查叫了起来，“你们中国有句古话——擒贼先擒王，对吗？”

“对对对！”

熊宝生的腔调一片谄媚，璞鼎查却没工夫欣赏，他车转身大声吩咐史密斯：

“命令所有火炮装上开花弹，对准仪仗队，开炮！”

璞鼎查一声令下，“皋华丽”号上右舷三层36门火炮全部炮口大张。

轰轰轰！

飞窜的炮弹在牛鉴仪仗队的上空爆炸了。有好几发开花弹就炸开在牛鉴那八抬大轿的前后左右，气浪将轿门掀开，滚滚浓烟扑面而来。

这从天而降的炮弹轰轰隆隆地爆炸在牛鉴眼前，科场发迹的两江总督犹如一脚踏进了阴曹地府，顿时吓得肝胆俱裂，魂魄出窍。他何尝见过如此真枪真炮的实战？鬼哭狼嚎，血肉横飞，好端端的通衢大道成了一个屠宰场。抬轿的兵弁早已扔下轿子抱头逃窜，可怜宪台大人的裤子全尿湿了。

“来，来人哪！”

督标参军张良生奔了过来，搀出瘫倒在轿子里的牛鉴。

牛鉴一出轿门，神志尚不清楚，但他却本能地将身上的官帽朝服三下五除二地脱得精光，只留下贴身的小褂子和那尿湿的裤头。

他怕被洋鬼子抓住，认出他是个大官。体面与排场对性命而言，分文不值。性命攸关啊！

可是，濒海的六月天乍暖还寒。张良生看着抖抖索索的总督大人，忙说：

“大人，后撤吧？”

牛鉴盯了张良生一眼，结结巴巴地问：

“往，往，往哪，撤？”

“退回宝山再说。”

“宝，宝山，不能去。”

“那就西撤昆山？”

“昆山?”牛鉴歪了歪头，“行行，就，就昆山。”

“坐轿?”

“不不不，走，你扶我，一起走。”

“走?”

说着，一发炮弹曳着火光从头顶上空飞过。

牛鉴一下子吓趴在地上，说啥也起不来了。

张良生正手足无措，一彪轻骑疾驰而来。朗朗的骡马项下的铃铎声由远而近：

“总督大人，我来救你!”

四脚朝天的牛鉴惊喜万分，一激动，再也不结巴了，他张开双手，仰天大笑：

“此乃天不灭曹也!”

救牛鉴的是河南参将陈平川。牛鉴有恩于他。他跃身下马，替牛鉴穿好衣衫，将提拔他的恩人装扮成一个普通的兵弁，又命令紧随他的600藤牌兵，护送总督大人经宝山、嘉定、太仓，向昆山逃遁。

一路西行，牛鉴将徐州镇总兵王志元说过的话，反反复复熟习了一路——

三十六计走为上。走则未败。未败者，胜之转机也……

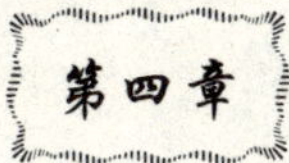

# 第四章 炮殇，血海映忠魂

石破天惊。只要听到这声“文天祥”的人，没有一人心头不是一个战栗。中国人，谁人不识文天祥？他那“人生自古谁无死，留取丹心照汗青”的绝笔，简直就是华夏民族气节的写照！

## 51.

刘国标骑马飞奔到小沙背王总兵的防区。

驭手们正手忙脚乱地在一驾驾骡马大车上捆扎行装。步兵们斜靠着土堡耷拉着没精打采的脑袋。炮声在西炮台像逢年过节的爆竹乒乓乒乓地响着。要塞行辕和督标衙门与这里等边三角远在十里之外，八鞭子打不着。大兵小勇全是徐州镇标的人马，谁也不搭理他，也许，根本就不认识他是陈化成手下的红人刘国标。

刘国标一发火闯进总兵的座帐。

座帐内，秽气熏天，一片狼藉。

拦住一位老兵。老兵淫淫一笑，露了点口风，说，总兵大人正在吃奶呢！

“吃奶?”

刘国标不懂。

“玩女人，懂么?”

都什么时候了，还玩女人？刘国标本来是奉军门大人之命，好心好意来通报英夷舰队动向，提醒总兵大人早做应战准备，岂料，镇标营如此混乱，而总兵本人又在此重兵压境之际去寻欢作乐，还有什么可通报可提醒的呢！他跃身上马，叭地一甩鞭，走了。

那老兵晾在那里，心里咂巴道，我可没有撒谎啊。

不假。那老兵没有撒谎。

王总兵此刻的确是钻在粉名香桃的闺房里。

房里家具倒也体面，几幅字画，一盆吊兰。可惜如此附庸风雅的所在，却极其浊气地在那靠壁的地方，摆着一张宽大的凉榻，正中安放着一盏烟灯。

一男一女，虽盖着丝棉薄被，但几乎是光着身子裸着毛茸茸的胸脯和肉嘟嘟的肥臀，分别侧卧在烟灯左右。

左边就是堂堂的前朝武探花，今日的镇总兵，牛高马大的王志元。

右边便是香桃。

香桃是她的花名，粉名。真名李玉芬。她原本是一个土娼，年过三十，又是一身肥膘，谁还看得中？怪吧，她就有那种迷人的功夫，惹得八方的嫖客骨软腿酥神魂颠倒。沾过她身的男人都啧啧连声：香桃好吃，好吃！

为啥?

因为香桃不俗。看那房里挂的字画就略知一二。

她本是诗书耕读人家出身，只因家父抽上大烟，由父及母又教唆全家，家私本来很大，单海里的沙船就有十几艘，另有绸缎布庄、竹器行好几爿。哪知这万贯家财抵不上一酌鸦片，不上三年工夫，父跳海娘上吊姐妹两人沦落风尘。唉，出身好不能终其一生，善与恶只一字之隔，自从入了这条道，犹如白布掉进染缸，想清白也是终生无望了，她开始自暴自弃，破罐子破摔。不过，燕子还想筑巢呢，是女人谁不愿王谢堂前呢喃取宠?因此，放浪之间，常常留神存心，心想，只要碰上一个好人，真娶她，她就从良。今春等，明夏盼，总算福星高照，如意吉祥，让她傍上了王志元这棵大树。她从此不再随便接客，真是：一心归命，侍奉总兵。

总兵王志元呢，跟着余步云打了败仗，像惊弓之鸟漏网之鱼从浙江撤到宝山，正心猿意马烦躁不安，迫不及待想消遣消遣找个地方发泄发泄，正巧，此时地方上念他新军初驻，多有宴请，觥筹交错之中，有位专拉皮条的人见他是个“花头”，便将名满勾栏的香桃引荐给他。

头一回见到她，他眼睛就发直了。

俗话说，当兵三年，母猪赛貂蝉。何况这韵味十足一掐就出水的香桃?睡了一夜，果见她风情万钟，第二天就包下了她。

此刻，浓妆粉黛的香桃伏到王志元身上，伺候王志元一个烟泡。那王志元深深地吸一口，紧闭眼皮，从鼻孔里慢慢退出几缕白烟，倏地，浑身犹如猛虎添翼精力勃发，一个猫腰弓身，便蓦地将香桃反过身去，再死死地压到凉榻之上。

俩人正干好事，笃笃笃一阵敲门声打掉了他们的全部兴致。

“哪个冒失鬼？做啥？”香桃娇嗔地问。

门外人急切地回答，有紧急军务。

香桃披上衣服，开门一看，见是王志元的把兄弟、千总王恩义。

“禀报镇台大人，宪台大人，他，他逃跑啦！”

王志元是昨晚上来看香桃的，喝了一顿花酒，又抽了两泡烟，酒足饭饱烟过瘾，那活儿也做了，本想回营，香桃又曲意逢迎一个劲地留他，说教他打一种“上大人牌”。

他觉得新鲜。问，啥叫“上大人牌”？

香桃说：

“读书人不是生来就念——上大人孔乙己八九子化三千七十士佳作仁福禄寿尔小生？……”

香桃不打呃地一口气念到底，王志元听得好不惊奇。他幼时蒙学上私塾整日描红，描来描去就是这段不知所云的文字。后来做了官，才渐渐弄懂，读这一段文字要断句：上大人孔乙，己化三千，七十二，尔小生八九子佳，作仁，可知礼也。但他不知这文字与牌有何牵连？

香桃一说他才明白。原来，有人发明一种牌局，全局 24 个字，3 个字一组，每个字 4 张牌，总共 96 张牌。这 24 个字就套用的刚才这段话：上大人、孔乙己、八九子、化三千、七十二、佳作仁、福禄寿、尔小生。这就叫“上大人牌”。不过，这牌玩开了，真像孔夫子有三千弟子七十二贤人一样，繁衍无穷，变化万千。

他觉得有趣，就留了下来，邀上两个牌友，凑一桌摸了一宿的“孔乙己”、“福禄寿”。

一大早想走，突然听到炮声，他却不想走了。

本来，他早就让王恩义打点行装准备撤，只是没有借口。现在，既然炮对炮接上火了，他反不想急于撤了。因为他料定，这仗，明摆着清军必败，他倒要坐山观虎斗，看看陈化成究竟怎样惨败，又怎样向英军投降？

于是定下心来抽烟又兴致勃勃调弄香桃。

哪知，来了一个冒失鬼把他的好事搅了。

他发狠，门一开就啐来人一口。他喉咙里正巧有口烟痰。

没料到来人是王恩义，又听说两江总督已经逃跑了，他忽然没火气了，痰一吐，喉咙一清，心罅同时大开：嘿嘿！早想脱离陈化成的控制，却走不成，现在两江总督临阵脱逃，岂不是给了他一个契机，一个借口，要走大家走！此时不走，更待何时？何况，将来皇上怪罪下来，有牛大人在前面顶着。

可是话说回头，牛大人这举措虽有些突然，却是他王志元怂恿的。他不是说过，三十六计走为上吗？想着，他便冲王恩义说：

“宪台大人绝对不是逃跑，是撤退！”

“撤退？我们撤不撤？”王恩义问。

王志元腾地起身，一劈手：

“撤！”

不等王志元站稳，香桃张开双臂：

“我呢？”

“你？”

王志元一愣，转念一想，夫妻本是同林鸟，大难临头各自飞。到这份上，夫妻都各顾各的，还管姘头？他二话不回拔腿就走。

情急之中，香桃用她那胖乎乎的身子将房门一堵。

堵的是一员武探花呀，打不过洋鬼子，揍一个烟花女还不是小菜一碟?

王志元抡起拳头。

香桃本能地一缩。

王志元顺势出门，跟上王恩义，噌噌噌地下了楼。

楼上的香桃杀猪般嚎哭起来：

“你个千刀万剐的！欺侮老娘，不得好死!”

## 52.

英军很快发现了驻守宝山县城的清军全部逃跑，而那小沙背方向大片的开阔地上也是阒无一人，望远镜里望不见一缕烟尘，半点动静都没有了。

璞鼎查立即向“布朗迪”号和“北极星”号发出战斗信号，命令胞祖海军少校和贺莫爵士，以最强的火力，最短的时间，迅速攻占东炮台。

东炮台与西炮台对江夹峙。它位于吴淞口东面，离川沙高桥镇不远，始建于康熙五十七年。因海潮侵蚀，海塘变更，所以东炮台也几经迁徙。现在这座炮台是道光十五年，林则徐任江苏巡抚时改建的。陈化成奉调江南提督，专门派人进行了全面的加固整修。此时，东炮台周长 16 丈，高 1．5 丈，呈椭圆形，台樯用条石钉桩砌面，垛墙炮洞则用三合土搅拌花岗石子夯打而成，十分结实，炮台后的半圆形围樯用砖瓦砌成。整座炮台共设 30 个炮位，另外，离炮台一箭之地建有营房 12 间。

从陈化成调任江南提督至今，这东炮台一直是川沙营参将崔吉瑞率领本营和安庆营 300 余人在此驻守。配 8000 斤重炮 5 门，

4000 斤、5000 斤不等的大炮 20 门，还有 5 门小型移动铜炮。另外，陈化成又指派河标游击黄永清、李辉连，都司张家桐及漕标游击卫永祥等人，带兵驻在高桥，随时策应东炮台的崔吉瑞。

崔吉瑞外号“崔大炮”，那是指他的脾气。若论嗜好，他还有个雅号。那雅号实际是从他名字谐音衍化而来：

崔吉瑞——崔一醉。

一醉方休，是他的人生的极致。有道是，五湖天马将，四海地龙军，成年累月戍边守海又没个女人在身边打岔，假如再滴酒不沾，万一上阵杀敌一命呜呼，那这辈子不是清汤寡水没滋没味，白活了！因此，隔三差五，每逢遇上高兴事或是碰上烦恼，他都要来个壶底朝天，喝他个肉醉！

醉过酒的人，醒来时就像死过一回一样，胳膊鼓不起腱子，浑身打不起精神。看他那颓唐样子，好心的部下劝他今后少喝。这下完了，他会逼着那部下与他再干三杯。

久而久之，他的部下都学会喝酒。

久而久之，他的部下都不再劝他。

他说，喝酒见人品，不敢喝酒的兵不是好兵！猛虎一杯山中醉，蛟龙两盏海底眠，好汉不喝酒，莫进川沙营！

这些半醉半醒的豪言壮语被学童编成了竹枝词和凤阳花鼓，唱遍了宝山吴淞高桥。有人说他们是“九（酒）军”，背地里奚笑道，“醉汉当旗兵，九两一条命！”

奇怪的是，这支“九（酒）军”，其营风倒不像徐州兵那样差劲。当兵的可以喝酒，但谁也不敢闹事。他崔吉瑞那炮筒子脾气，当兵的都很畏惧。倘若哪个新来的兵弁，不知深浅，借酒卖疯，甚至滋扰乡邻，这下就更完了，他会拎一桶酒来：

“喝！”

不喝？那他就将兵弁的脑袋往酒桶里一扪！

不让你呛死，也要让你下跪。

所以，东炮台的兵，酒能喝，仗也敢打。

这一回，英国舰队冒犯吴淞，崔吉瑞在陈化成座帐议军，听王志元暗中挑撺什么周世荣升任苏松总兵，他心里马上窝了一股火，与军门大人戗了几句。回到东炮台，一气又喝了一通憋气酒。酒醒之后，万分懊悔，他觉得他中了王志元的圈套，不该将矛头指向陈化成。想那陈军门一心为公，吴淞人都称陈老佛，这样的人敬还来不及敬呢，为什么鬼迷心窍让王志元把他扛在肩上当枪使？

是的，陈军门准备提拔周世荣，那又咋？人家祖坟冒着青烟又干得出色，你崔吉瑞眼红个鸟！

他把自己臭骂了一通，一甩手，虎虎生风地上了炮台。一门炮一门炮地敲打，又跑到弹药库查点了库存的弹药，接着召集川沙营和安庆营全体官兵，一个不落地排成一个方阵，听他训话：

“将士们，洋鬼子拉屎撒尿欺侮到我吴淞口了，炮战已不可免。朝廷俸养我等官兵，为的是国土无伤，社稷安宁，有道是养兵千日，用兵一时，我两营官兵为守东炮台，自今日起封坛戒酒，违者立斩！此话不是酒话。我崔吉瑞一向是滴水成冰，板上钉钉，说话算数。当然，话说回头，只要击败英军，全营将士一醉方休！”

从那一刻起，崔一醉变成了真正的崔大炮，几乎不离炮台一步。

当英国舰队驶进吴淞江面，敌人发起第一次进攻时，崔吉瑞披甲上阵，他手执令旗，指挥官兵连发100余炮，其中有半数命中敌舰。只因炮弹威力不大，又不能开花爆炸，而未能重创。

正有些牢骚呢，万万没料到一艘英国兵船生吞活剥地在他眼皮底下骨碌碌地下沉！

他心里知道，这不是他东炮台的战绩，他不想抢西炮台的头功，但是，这又是江南水师全体将士都可分享的胜利。

对面的西炮台沸腾了！

他脚下的东炮台也遥相呼应，沸腾成一片。他带头振臂欢呼！

然而，欢呼声渐渐止息的时候，被硝烟覆盖住的海面江面犹如刚才没有发生过炮战似的，突然安静起来。

怎么回事？他下意识地，像揭开笼屉吹拂着遮眼的水蒸气一样，探着头用嘴使劲吹，又舞着双手用力扇、扇、扇。咦，弥漫的硝烟居然消散了许多。

他定睛一看，哟，洋鬼子撤退了！

这时对面的呼声也顺风传了过来：

“洋鬼子——逃跑啦！”

“洋鬼子——害怕啦！”

东炮台的炮手们也跟着引吭高呼：

“英军——击败了！”

“我们——打胜了！”

是呀，英军被击败了，我们打胜了！崔吉瑞顿时浑身发烫，立马想起了他说过话——只等击败英军，全营将士一醉方休。因此，当兵弁们将他簇拥起来时，他便将盔甲一脱一甩，地动山摇般叫道：

“喝酒去！”

三日不闻酒香的官兵们顿然开怀畅饮。

酒过三巡。崔吉瑞脱下战袍，解开箭衣领子，将那青瓷酒杯朝着已经醉意朦胧的都司张云面前一举，说：

“此番大败夷贼，全仗弟兄们同心协力，来来来，为兄敬大家一杯！”

“干，杯！”张云一饮而尽，大着舌头说，“崔崔大，人，朝廷发，发赏赏银，千万别，别忘，忘了兄弟！”

“那里话，朝廷有赏，人人有份。此番不论官大官小，我将一视同仁！”

话音一落，碰杯相庆。猜拳声，嘻闹声，饱嗝声，被酒精烧成了一片。

众人正热火朝天地喝呀，跳呀，狂欢闹腾得不可开交，訇然一下，炮声骤起，山崩地裂般响彻云霄。

轰轰轰轰轰轰轰！

几案上的坛壶杯盘碗筷盏盅，被巨大的声浪震得叮当当乱响。

全场大惊失色。

东炮台的官兵酒热正酣，都以为英国舰队兵退三舍，怎想这帮逆贼卷土重来？来了就是毫不留情的炮火！

炮手仓促上阵。

大炮又将炮口归位，炮手手忙脚乱地朝前膛装弹填药。

不料，有一个炮手醉眼迷糊之中，将次序颠倒了，本来先填药后装弹，他却先将弹头往炮口里一喂，再塞上满满堂堂一炮口药饼，点火！

轰！

一尊5000斤的大炮炸膛了！

巨响连声，火光迸发，硝烟席卷，砖飞石走。

顷刻间架炮的土堡夷为平地。

只见，血流成河，尸陈一片，整门炮的炮手无一幸免。

惨状空前。

崔吉瑞酒醒了，一看，不由得火冒三丈，捧起手边一只酒坛，“嘿”地大喝一声使劲地掼下。这一掼，像触动了英夷逆贼的神经，排炮、爆破弹长了眼似的直扑东炮台。

东炮台成了一片火海。

炮手们纷纷跳下土堡。

崔吉瑞一个箭步冲向一座土堡，大吼道：

“回来！”

没有人响应。只有那座已经被敌人的炮火轰击得体无完肤的土堡站在身边。他扑向墙缘，十指紧紧攥住墙土。坚硬的三合土被他崔大炮的拳头擂松了，捏碎了，从指缝间沙沙掉下。

军心一散，组织反击已不可能。

不撤，只有等死。

撤？只要离开东炮台一步就是临阵脱逃！

逃到天涯海角都会被擒拿，杀头无疑。逃得了和尚逃不了庙啊，他心里说。

哪知说到和尚，和尚就来了。

崔吉瑞一见妙灵，来不及打揖，便叫道：

“这什么时候，你上来送死！”

妙灵双手合十，阿弥陀佛一声，说：

“佛法无边，普度众生，我来救你，免于一难。”

崔大炮对浑身浮油的妙灵和尚不屑一瞥：

“你救我？”

“我救你！”

“何以为救？”

“回头是岸。”

崔吉瑞对这种佛家禅语不以为然。他说：

“妙灵大师，既有救人于水火之法，不妨明白直说。”

“你先看！”妙灵说着，将崔吉瑞的箭衣一扯，领他走到高处，再撸起自己的袈裟长袖伸手朝浦西北的宝山城方向一指，“崔大将军，你们的宪台大人已经撤出宝山，西去嘉定昆山了。”

崔吉瑞一惊，酒彻底醒了，忙问：

“知不知道徐州兵的动向？”

徐州兵和他川沙营连同安庆营以及漕标、河标虽受陈化成指挥，但归两江总督调度，到了战时连陈化成的督标也全部受牛鉴统一节制。只要对面小沙背的徐州兵也撤了，那就证明是全线退却。

妙灵见崔吉瑞打听徐州兵的动向，忙说：

“你是问王总兵？嘿，一听说，总督走了，镇台大人比兔子跑得还快！”

崔吉瑞急忙取来千里镜，一看，只见宝山城西南教场和西北小沙背，两个方向多路人马，像秋风扫落叶一样向西卷去。

一向沉着的崔吉瑞慌张起来了。

他走了两步，但还拿不定主意。

都司张云不知从哪里又冒了出来，说：

“崔将军，走吧！”

“走？”崔吉瑞仍然犹豫不定，临阵脱逃必成千古罪人，不要说葬送一生功名，即使不死，也无颜再见江东父老，因此说，“东西炮台，互为犄角。我东炮台一撤，陈化成的西炮台岂不成了孤军作战？不行，一走，谁也说不清了！”

“哎呀！”妙灵将袈裟的长袖一甩，完全不是出家人的口吻，说，“大路朝天，一人半边。你这半边怎跟陈化成相比，他那西炮台40里海塘一眼望不到边的大炮，他怕啥？可你呢？你这里却是弹丸之地，面对的是英国人的铁船洋炮，施主，不要硬撑啦，赶紧走吧！再说，总督牛大人走在你前头，杀头有他顶着，你怕啥？”

就在这时，有兵弁来报，安庆营的李廷峰和河标、漕标的人马都随宪台大人西撤了。

崔吉瑞圆瞪双目环顾左右，左右一张张脸上都是写的一个“走”字，谁也不愿挨炮，谁也不想送死。他不得已地一跺脚，违心地下令：

“封炮！”

妙灵不动声色，心里却像见到一坛金子似的笑开了花。

## 53.

陈化成一脸硝烟地站在土堡前面。

敌人的炮火几乎一直压得他抬不起头来。但是，任凭将士怎样呼唤，他却岿然不动。身后原本招展着的，那面牙边红绫的“陈”字大纛，已经像草标似的几乎成了一根秃杆，杆子虽没倒，旗布早被炮火烧光了。他觉得他往这最大的土堡高处一站，全海塘将士都会看见他。他就是面旗子！

只是他这面旗子，太疲惫了。太阳已经横在头顶准备午休，可他从早上到现在，只顾指挥发炮射击，却没顾喝上一口水吃一口饭。

饭，他命令不做。整个西炮台今天不动烟火统统发点心。

他的一份跟亲兵陈小全合在一道。此刻，陈小全瞅准机会给他送来一竹筒水，又给他一摞点心。

他确实又渴又饿。见陈小全送来水和点心，只点了下头，没接。他举起千里镜观察江口，敌舰的火炮频频发射，但不准，准的话，他站着的这座土堡目标最大早该摧毁了。可见逆夷的本事差劲，目测力更不行，一炮也打不中。打不中，他正好抽空吃顿饱饭。于是他接过水，咕噜噜喝了大半竹筒。抹了把嘴，再伸手接过点心。

他闭着眼都知道这点心是块圆圆的干蒸饼，中间有个圆洞，像只粗大的手镯，可以套在手腕上，打仗时手上套几圈，饿了咬一口，装弹瞄准均不碍事。

这是他陈化成让炊事这样做的，所以士兵们叫它“陈饼”。

他说，这不是他的发明。这叫“光饼”，是当年戚继光沿海打倭寇，见士兵们山里来浪里去没法做饭，就让大厨发明了这种带圆洞的干蒸饼，行军打仗时用绳子一穿往脖子上一挂，随饿随吃十分方便。后来，这“光饼”从戚家军流传到福建民间，家家户户会做，他就是从小吃“光饼”长大的。

不过，江南水师做的“光饼”比较粗壮，吃一块能止半天饿。

此刻，他习惯地将“光饼”往手腕上一套，没有动口先端详。

蓦然，他的脑海里回旋着抗倭名将戚继光和戚家军的威名。想那东洋倭寇从明朝初年一直到嘉靖年间对我沿海骚扰不息，嘉靖四十年，倭船数百艘，寇贼一二万大举进犯台州。戚继光率领他的戚家军奔逐苦战一月，歼敌5000多人。接着奉命南援，转战闽地千里，仅三月，就荡平横屿、牛田、林墩三大倭寇巢穴。紧接，在平海卫战役中，戚家军斩歼倭寇2200余人，救出被掳男女2300多人，克复平海卫，收复兴化府，然后又北上政和、寿宁，歼寇1600余人，救出被掳百姓3000多人。倭寇变本加厉组织反攻，2万余人分乘船舰68艘在福清、泉州、漳州登陆，戚家军一月内水陆奏捷12次，歼敌3000余人。又有倭寇二万围攻仙游，戚继光率兵6000前往救援，重创顽敌，使被围50天的仙游城得以解围。敌人被戚家军打得抱头鼠窜，无处藏身，至此，百年倭患始平。时人赞扬戚继光：

> 能用寡击众，一呼而辄解重围。以正为奇，三战而悉收全捷。盖自东南用兵以来，军威未有如此之震，军功未有如此之奇者。

这话一直植根在陈化成心里。

难怪，陈化成一想起戚继光就肃然起敬，一说起戚家军就无限自豪。

此刻，陈化成吃着“光饼”，边吃边在心里说：今日我吴淞要塞，如有戚家军在此，拒敌当不在话下！

这只是一种幻想。

两百多年前的戚家军永远不可能驰援今日的吴淞，但戚继光的神勇却在陈化成的脉管里奔突。

一块“光饼”被他狼吞虎咽地消灭了，又将剩下的小半竹筒水往嘴里咕咚一倒，搁下竹筒，举起千里镜。

英军又发起进攻。3艘舰船呈锥形战术群向前进击，1艘小型炮舰领先，2艘武装汽船殿后，已经驶入炮台的射程。那先头炮舰上射出的炮弹不断坠落在陈化成站着的土堡周围，震得碎石迸溅，尘土飞扬。

“准备开炮!”

开炮！开炮！开炮！炮台上像有一根烧着了的导火索载着“开炮”二字向前飞窜。

一枚枚炮弹向敌人的舰群射去。

又有人高呼:

“英夷兵船冒烟了!”

“打中了，打中了!”

千真万确，那小型炮舰的后甲板上浓烟滚滚。可是，陈化成在千里镜里看得很清楚，3 艘舰船包括这艘冒烟的小型炮舰在内一艘也没有真正被打中。

呀，敌人在耍诡计。陈化成想到，这是逆夷惯用的伎俩。当年在澎湖、台湾一带洋面缉捕鸦片走私兵船，洋鬼子要逃，就在夷船上施放烟幕。

陈化成向身边的刘国标大手一挥:

“传令各炮，对准浓烟中心，狠狠地打!”

密集的弹雨准确地坠落在烟幕之中。浓烟熄灭了一下，腾的一声巨响，蹿出冲天的火柱。火光映照之中看得见这艘小炮舰像只陀螺在海面上打转，它失控了，好!

陈化成赛如揪住了老虎的头，运足平生力气，吼道:

“打!”

用不着多打，这艘小炮舰就像一只中了猎枪的老虎不分东南西北没命地逃窜，一不小心掉进了泥淖。搁浅了!

“嗬嗬，洋鬼子不经打啰!”

“哟！老毛子又翘辫子喽!”

西炮台上的欢呼声足以把这艘搁浅的小炮舰从江里打捞出水，又托举起来。

可是，打红了眼的清兵根本顾不到人世间还有“怜悯”二字。何况，这帮凶神恶煞般戕害苍生的吃人豺狼早已欠下中国人累累血债，血债要用血来还，根本就不能对这帮强盗大发慈悲。因此，西炮台的所有大炮都重新昂头，将官摩拳擦掌，而炮手们则早已在那炮膛里装足了弹药，一霎时，几乎百炮齐发，整个西炮台都随着炮声嗥嗥叫，非要把那搁浅的小炮舰打沉不可！

无奈那小炮舰搁浅的地方正巧是吴淞江口最浅的水道，想沉也沉不了。它拖着一尾残烟趴在那儿，只有出气没有进气，彻头彻尾一只死老虎！

死老虎再揍也是白揍，清兵们这才不再对它浪费弹药，将目标转向殿后的那2艘英船。

让人弄不懂的是那2艘武装汽船明明看见它们的伙伴陷入困境，不但见死不救，反而迅速地向宽阔的外水道撤去。

西炮台大炮的射程够不着了。眼睁睁地看着它们从眼皮底下逃走，犹如烧熟了的鸭子飞了，气得陈化成的兵头将尾们一个个脸色乌青。

就在这时，陈化成突然发现撤退的2艘英船一个转舵，扭头驶向了黄浦江，三帆高挂，而且是蒸气腾腾，气鼓鼓地疾驶向前。

前面就是蕴藻浜。呀！

这一惊讶，非同小可。

敌人的意图，陈化成全明白了：敌人这次不是主攻西炮台，而是以一艘炮舰掩护两艘武装汽船，向蕴藻浜进发，怪不道后面那两艘英船打不还手。再一想，方才转向的两艘英船上必定载有登陆部队。如果他们在蕴藻浜南岸登陆成功，势必建立炮兵阵地，以切断我西炮台和宝山县城的联系，再从背后包抄西炮台，西炮台则腹背受敌。态势已经十分明显，如其得逞，后果将不堪设想。

陈化成一分析，身边几位将官立即感觉到了态势的严重性。

韦印福马上请缨：

“军门大人，本营尚有唬船两艘，末将愿带敢死队拦在江心狙击夷船，打不沉它，就撞，撞不倒它，我敢死队就焚火烧船冲上去与敌同归于尽!”

“韦将军迫切尽忠，本军门心领。”陈化成想了一想，以水师幸存唬船拦江狙击，只能是杯水车薪，以卵击石。贼之将至，唯有锁门闭户。于是随即发令，“现拨给你骑兵百名，令你抄近路火速奔赴蕴藻浜，会同衣周塘提标游击张惠，阻截英军登陆!”

“末将遵命!”

韦印福领命而去，陈化成又抽出两支令箭：

“周将军，刘将军，听令!”

“末将在!”周世荣与刘国标同时应声。

“周将军速赴宝山城，向宪台大人如实禀报军情，请拨两营士兵运送弹药，增援我西炮台。刘将军，你立即奔赴小沙背，传我令，即调王镇台两营骑兵火速增援衣周塘守军，绝不让英军登陆成功!”

周世荣接令走了。可刘国标早上已经跑了一趟小沙背，对徐州兵的德行深恶痛绝，本不想去，但军门之令，不可违抗。他也接过令箭，策马而去。

望着几位将军远去的身影，陈化成陷入沉思。

然而，他再沉思也不会想象到，此时牛鉴正在准备前护后拥进驻教场“督战”，也就在此时过后不久，一幕总督大人狼狈逃窜的丑剧即将上演，而那徐州镇总兵王志元此刻正躺在香桃的臂弯里抽着大烟……

## 54.

衣周塘是吴淞西炮台向西蕴藻浜以南的一段海塘。

顾名思义，它就像披在吴淞海塘周围的一件蓑衣。

驻守在这里的是江南水师提标游击张惠率领的一个营，备有小唬船5艘，铜炮10尊。唬船参加首轮海上攻击全部被英舰击毁，而营中发炮技术高的炮手又抽调到西炮台，剩下的虽不是老弱病残，也略显实力不足。

西炮台的炮声从早上一直响到晌午，张惠的心一直提在喉咙口，不知道这仗打得如何，他真担心陈军门顶不住，像前出的水师战船一样功亏一篑，那他这衣周塘也就岌岌可危了。突然，西炮台蔚为壮观又激动人心的炮声渐次减弱，而那洋炮原本火爆爆的响声也像泄了气的尿脬没音了，他一怔。

有情况！

他奔上哨楼一看，呀，有2艘洋鬼子的武装汽船飞一般朝蕴藻滨驶来。

糟了！

正感到自己势单力薄难以御敌，哒哒哒哒的马蹄声就像是一个狂风暴雨中的雷鸣霹雳，轰隆隆震撼着他的心。

马蹄声近。来人是韦印福参将，跟在后面的是一支剽悍的马队。

韦印福将陈化成的分析和军门大人的命令传达给张惠。与刘国标同年的张惠踊跃得如同刚进标营的新兵，初生牛犊不怕虎地一捋胳膊：

“韦将军，张惠今天听你指挥，你说这一仗怎么打，我就怎么打！”

韦印福是修这段海塘时的总管，对这里的地形特别熟悉。东边是西炮台，北面是蕴藻浜，往西是一片望不见尽头的芦苇荡。他与张惠合计了一下，想了一个“口袋计”：将10尊铜炮全部密布在通向西炮台的道口，将骑兵隐蔽在西边芦苇荡深处，从芦苇荡开始一直沿蕴藻浜浅滩，埋设一排水雷和水底龙王炮。留下南边水道口让鬼子进来。他料定，敌人显然先攻衣周塘，那干脆先给它尝点甜头。

一切安排妥当，拉开队伍，张惠守住西炮台道口，韦印福率骑兵到芦苇荡埋伏。

须臾，偃旗息鼓。衣周塘死一般寂静。

日头渐渐西斜，英国武装汽船“谭那萨林”号和“复仇神”号终于露头了。

率领这2艘汽船的就是颇有胆识的华生舰长。佯攻吴淞炮台和小炮舰施放烟幕都是他的主意，后来小炮舰撤退时遇到陈化成的猛烈炮击，他为了执行蕴藻浜偷渡任务而见死不救，有人批评他，他毫不心软，战争就是一场赌博，而且是一场流血的赌博，为了胜利必须不惜付出一切代价。用中国人的话说，舍不了孩子打不了狼。

其实，华生本人就是一头饿狼。

而狼具备人的思考就更凶残了！

他一面指挥55陆战炮队先行涉水登岸，一面用他的高倍望远镜，像荒原上的野狼寻找羊群一样搜索着这片陌生的旷野。

“咦，怎么杳无人影？”

他深怕踩中什么地下杀人机关似的蹑住手脚，一直走到衣周塘的营门口，也没遇上任何阻拦，连条看门狗也没有。

“坏了！一定是中计了！”

华生这个英国洋鬼子实在是鬼，他揆度了一下前后左右，右边是远远的炮台，左边是一望无边的苇荡，正前方一片烂泥海滩，三面连成一道弧线，像一只巨大的口袋，而他们刚刚占据的脚下这块土地，就是袋口呀！

“口袋计！”

中国人最会关门打狗了。他想，不能轻易上当。四面不见人影，显然清兵要跟他打“影子拳”，那好吧，我就回你一通“组合拳”，来个左刺拳与右直拳组合、上勾拳与侧勾拳组合，让你也防不胜防。而眼下，必须“将计就计”！

好一个老拳击手，简直是老奸巨猾！

很快，他酷如重返拳击场，旋风般对他的部队做了简单而明了的布置：

——第 55 团华伦陆军少校率领 3 个连，从右翼封锁通往西炮台的道口。

——第 6 马德拉斯土著步兵团卓佛尔陆军中尉带 1 个连，封锁对面蕴藻滨开阔地。

——马德拉斯炮队贾拜特陆军中尉率领炮兵尽快将炮车拉上塘岸，就地呈多棱散状布局分批次架设。

所有人必须听从他的号令。

而他则亲率第 36 马德拉斯土著步兵来复枪队扫平芦苇荡。他判断这神出鬼没的芦苇荡里埋伏有数量可观的清兵。

“不，”他斩钉截铁地说，“是骑兵！”

随同他上岸的荷尔海军少校不解地看着老舰长华生，问：

“凭什么说不是步兵，而是骑兵？”

老华生唬着脸，像装上了拳击护齿一样只动手不动口，指了指芦苇荡的天空又向脚下一指。

纷乱的蹄花像盛开的矢车菊，从脚下这块场地一直沿苇荡边的小道铺向远处。而芦苇荡的天空中正盘旋着一群苍鹰。

荷尔信服了，问：

“爵士阁下，下一步我们怎么行动？”

“各队按命令散开！”

队伍散开了，身为“复仇神”号舰长但不懂陆战的荷尔又问：

“下一步呢？”

“引蛇出洞！”

说着，老华生就从腰间拔出短枪，对准芦苇荡开了一枪。无数的水鸟惊飞起来。他的用意是惊吓战马，那马群听到枪声肯定会对空嘶鸣。

然而，马儿没叫。

原来，韦印福的战术是诱敌深入，而要让敌人深入到清兵的伏击圈，就不能抢先暴露自己。人可以做到，马一受惊岂不嘶鸣？因为预先估计到了，他便让骑兵进荡时按辔徐行，而到达埋伏点，他又让马队排成一路纵队，并将所有的马口全套上了嚼子。

这就叫魔高一尺，道高一丈！

老华生想，他的判断绝对正确。但为了保险起见，他还是在大胆之中存了一点小心。于是先派出一个排进入芦苇荡实施侦察。

这一排 24 个英兵就这样不知深浅地一步步走进了他们的

墓地。

原来，当老华生看不见他的“侦察兵”时，这帮“敢死队”就“赶死”来了。清兵的水雷、火桶和水底龙王炮犹如在这群洋鬼子的手掌边、脚踝旁爆炸开来，正惊慌得鬼叫狼嚎，芦苇丛中突然又冲出一支手执大刀长矛和火绳枪的骑兵，天神似的，旋风般吼叫着，从天而降。

在冷兵器时代，战场上的每一个士兵心里都知道，让步兵对抗骑兵是不可能的事，谁也没有这个勇气敢面对奔腾而来的骑兵队。

虽然此刻的英兵已经走出冷兵器时代，双手端着来复枪，那枪厉害得很。然而清兵靠的是神勇的突然袭击，打了他们一个措手不及。在这群英兵准备扣动扳机之前，大刀长矛不是从他们头颈间削过就是把他们的胸腔来个“串糖葫芦”。

进入芦苇荡的一排英兵，就这样全被韦印福的“口袋”包了饺子！

老华生失算了。但是，他不怕交不了差。他与他的上司璞鼎查的心息息相通，为了夺取胜利，损失几艘炮舰都在所不惜，同样，在英军的花名册上消失一排士兵，而且是土著黑人，有什么值得心疼？

他镇静了一下，下令：

“第36马德拉斯来复枪队全体集合！”

训练有素的土著步兵，很快在老华生的眼前组合成一个黑鸦鸦的方阵。

老华生走到排头的辛普森上尉面前，教他将方阵改成三路横队，一排横队一排横队地上，对着芦苇荡立姿、蹲姿、卧姿，层层射击。

这一着，老华生又失算了。

韦印福比洋鬼子还鬼。他早已料到英兵会拉网似围剿，枪子儿不长眼，但人有心，将骑兵列成纵队只占一枪位置，因此，敌人十枪有九枪击空。

然而，敌人的火力太猛了，密集的枪弹形成一张火网，打得尽管是一路纵队的骑兵不敢贸然抬头。韦印福觉得老这样窝着，引不来敌人，人不被乱枪打死，马也会被硝烟憋死。他想起陈军门的教诲：悬师深入，难以持久。解围之法，攻其必救。而先发制人，后发制于人。想到这里，他便决定豁出去杀它一个满场开花！

马口的嚼子全都摘了。马通人性。100 匹战马引颈长嘶，那声音壮烈而高昂，一声声直冲天宇。

老华生毕竟老奸巨猾，他刚从璞鼎查那儿学来两句中国话——“擒贼先擒王，射人先射马”，于是让辛普森一个传一个通知到每个士兵：

“先打清兵的战马！”

而这时贾拜特陆军中尉又来报告，炮兵阵地已经建立。

老华生立即命令炮队先用榴弹炮轰击芦苇荡的深处，再用迫击炮打它的近处。前后一夹，再顽固的长蛇也要出洞！

就在炮声响起的时候，韦印福率先领着他的马队冲出来了！

预先准备就绪的英军来复枪队，一排排枪弹向着韦印福的马队横扫过来。不少骑兵中弹从马背上掼下，而更多中弹的是战马。没有中弹的又跑了回去，可这时的芦苇荡早被榴弹炮和迫击炮轰成一片火海。

跑回去的人马又踅转回头。

回头便是人马被击倒一片。

韦印福双脚紧踏马镫，骑着战马左冲右突，两把大砍刀在他身前身后不停地挥舞，只要闯上一个英兵，刀光一闪肯定是一颗人头落地。

他的战果令活着的骑兵振奋。

然而，他的目标也实在太大。

老华生大声命令：

“集中火力，对准高头黄马！”

突然，韦印福的身后响起一阵猛烈的排枪，他一个闪跃，挥舞的砍刀被飞溅的弹片撞击得当当当直响。

好一个不惧死的韦印福！

又是一阵排枪从前面射来。跟随韦印福多年的黄骏马情知韦印福这一回躲闪不过了，为了保护他的主人，它腾地前蹄凌空，用它那比人类宽阔的胸脯挡往了那密集如麻的枪弹。

韦印福大叫一声：

“我的马！”

他的马，他的这匹比人还通灵的战马永远在他眼前倒下了！

敌人的来复枪一齐垂了下来。

韦印福蹲下身子，将他的脸贴在马的腮畔，马嘴翕动着，汩汩地溢着鲜血。他撩起战袍替他心爱的战马，不，朝夕相处的朋友，擦着血。

擦着，擦着，它那原本圆瞪的一对马眼，流下了与人类同等的又苦又涩的眼泪，渐渐，渐渐，它在主人的抚慰下安详地将那眼皮，闭上了。韦印福噙着泪水，将双刀一撑，直挺挺地站了起来。

他要替他的战马看清杀害它的凶手是一群什么样的恶魔！

他看清了，一群红毛蓝眼睛浑身苍白得没有一点血色的夷人，正冲着失去坐骑的他挤眉弄眼地狞笑。

他不由得怒火中烧！

冷不丁地，一把砍刀从韦印福的手上飞了出去，不偏不倚，那刀，对准了那笑得最得意一个英兵的前胸，从正中直插了进去。

英兵一头扎地。死了。

狼一样的老华生不犹豫了。他可以对异类产生一丝同情，却不可放过一个企图反击的敌人。当他将手上白色的手套褪下往身后一甩，无数支来复枪同时举起，对准韦印福，对准这个清兵的将领就是一阵毫不留情的射击。

血，从韦印福的面部、胸部、腹部涌溢出来。另一块弹片穿透了他的头盔，嵌入了他的头部，如注的血流从头盔被击穿的枪眼喷射出来。他一个踉跄，向前冲了满满的一步。他站住了，没有让自己倒下。

这一回，他不愿再面对这群恶魔了，他咬住牙关，转动着自己的身子，找到了正前方那个自己曾经战斗过的西炮台。他，咚地一声，跪了下去，声泪俱下地留下了他在这个世界上的最后一句话：

“军门大人，末将先走了！不灭英夷，死不闭眼！”

## 55.

英军占领了东炮台、蕴藻浜、小沙背，陈化成的西炮台已经完全孤立了。

此时，英军旗舰“皋华丽”号像一只养精蓄锐的非洲雄狮开始了它的真正发威。三层 72 门不同口径的大炮一齐喷吐着曳光的炮弹，射向西炮台。肉眼都能看清那海塘上的土堡接二连三地被夷平了好几座。

“摩底士底”号、“哥伦拜恩”号和“北极星”号开始从正面强行登陆。

陆军联队在炮火掩护下，已经利用舢舨犹如在陈化成的鼻尖底下搭起了一排排长长的浮桥。

显而易见，西炮台上那些固定式的清军火炮无法进行近距离攻击，而清兵装备极为有限又笨拙的火绳抬枪其射程只有四五丈之远，根本就够不着英军的登陆点。

璞鼎查放心地举起了望远镜，眼帘里很快出现了一串不失壮观的镜头：几百名身穿红色上衣、蓝条短裙的苏格兰来复枪联队的士兵，平端着着枪刺，威武雄壮地登上了吴淞海塘，他们的后面是年轻的衣冠笔挺迈着正步的英国军官，戴着白手套的手举着出鞘的指挥刀护卫着鲜艳的“米”字旗，飘扬的旗帜后面是风笛手和洋鼓手。激越的洋鼓声和悠扬的风笛声糅合在隆隆的炮声之中，顺着海风正源源不断地叩击着璞鼎查的耳膜。尤其那笛声很悦耳，他能辨别出它不是礼仪场合使用的“盖莱·欧文”乐曲，而是一支苏格兰的牧羊曲。太阳也听入迷了，踩着英国人的鼓点朝西方走去，把橘红的云彩镶嵌到那湖蓝色的天幕上。这是一个美丽的黄昏。他心里不禁有一股日不落帝国的自豪感随着那云彩在飘逸。

璞鼎查胜券在手地看了看他的怀表，针指在“V”上。

下午5点正。证明第二次的作战方案正确。虽然英军损失很大，但战果不凡。他喜欢表上的这个罗马数字“V”，觉得比早晨的那个“Ⅶ”更形象更能表达他的心情，V，将是高祭在陈化成头顶上的达摩克利斯之剑。

“陈化成，你的死期不远了!”

璞鼎查诅咒着。因为，这个“陈老虎”已经击沉了他两艘兵船，打死打伤了他 200 多名士兵，他不能不对陈化成恨之入骨。

他咬着牙龈在心里发狠：等陆军联队冲上西炮台，一定要活捉陈化成，看他是怎样的三头六臂，而后按中国最古老的方法处以酷刑。只要降服了陈化成，就会无形中降服中国人的一大片。

而现在，他要先拿一个人开刀。

这个人，是华生舰长让卓佛尔陆军中尉从蕴藻浜押送来的 15 名清兵俘虏中最死硬的一个，看样子是个头目。一个清军鸟枪队的头目。

他一个人就少说打死了 20 名英兵。

璞鼎查也要让这个厉害的中国人知道英国人的厉害。

他被押了上来。

璞鼎查走近一步，打量了一下这位相貌平常的清兵头目，用生硬的汉语厉声地问：

“什么姓名?”

“清兵!”

“清兵?”璞鼎查接过话茬，“西炮台的清兵有多少?”

“……”

清兵头目不说，璞鼎查说：

“你去喊话，叫你们司令官陈化成停止行动，马上投降，我保证你们守军包括你的人身安全，大英帝国将愿与中国永久友好!”

“呸!”那清兵头目狠狠地吐了一口唾沫，开口怒吼道，“谁跟你们这群野兽，走私贩毒、杀人越货的洋鬼子友好?告诉你，我与你洋鬼子不共戴天，要砍要杀，赶快动手，想叫我投降，瞎了你们的狗眼！”

“孺子不可教也！”

一句似通非通的古汉语从璞鼎查嘴里脱口而出，接着，他恼羞成怒地朝副官史密斯一挥手：

“KILL！”

15 名清兵俘虏全部被璞鼎查下令处死。这位宁折不弯的清兵头目更是被处以极刑——英军刽子手惨无人道地将他拿铁丝捆绑起来，再用长长的船钉将他的头部和四肢活活地钉在一块舱板上，抛入了浪涛翻卷的吴淞口。

## 56.

这位被英军处以极刑的清兵头目是吴淞营的把总龚增龄。他奉陈化成之命与千总钱金玉组成一支鸟枪队。敌人强行登陆时，他冲锋在先，鸟枪打红了，又与洋鬼子展开白刃战。一连用长矛捅死 20 几个鬼子，终因寡不敌众，受伤被俘。

他死了。死不闭眼。载着他尸体的舱板随波漂流到海塘脚下，他，死了也要回自己的家园，也要再来看军门大人一眼呀！

清兵们发现了，不顾敌人的炮火奔到海边，将龚增龄的尸体捞了上来。

但谁也不敢声张，不敢让军门大人看见，甚至不敢把这噩耗传到陈化成耳中。

然而，临风屹立在土堡之上的陈化成，却是火眼金睛，方圆几十里的海口江面都在他的视野之中，他能不看见？他看见了，只是看不清是谁，只知道那是他的一个部下，像跟随他转战南北多年战功卓著的参将韦印福一样，为国捐躯了！

他默默致了一哀，心头涌溢着无言的悲愤、震怒。

更令陈化成震怒的是，眼看着英军3艘炮舰驶近海塘，英军的陆军联队潮水般涌上滩头，而西炮台没有被敌人击毁的大炮都不能俯角射击，抬枪的火力又达不到，简直气得他双眼冒血，万箭穿心。

此时，陈化成已经知道牛鉴、王志元早就临阵脱逃，而东炮台失守之后，衣周塘也失守了，英军已经在蕴藻浜建立了炮兵阵地。

他知道，西炮台已经是英军眼中最后一根钉子。根基松动了，要拔掉这根钉子并不费事。真是兵败如山倒啊！

咳！他早就估计到，这场吴淞保卫战是场恶战，却没有估计到败得这么惨，这么快。只要敌人突破了炮台的防线，占领了海塘，手无利器的清兵只能用血肉之躯去抵挡逆夷的子弹。但是，他自信江南水师的官兵是不怕死的。哪怕只剩下一门炮、一把刀、一个人，死也要死在阵地上！

可不！

此时吴淞营的兵弁已经不多，把总、都司以上将官也已经没有几个了。一眼望得见的只剩下徐大华、钱金玉、许攀桂、张惠守在几个隘口，咦，周世荣在哪？

陈化成扫视一周，仍然不见周世荣。他问身边的刘国标见过周世荣没有，刘国标也摇头。不管他了。陈化成先将一把砍刀在炮台上的拴马石上噌噌地磨了两下，用手抹了一下刀口，将刀往腰上的鞘里一插。又将腰间插着的鸟铳拔出来，装上一发火药弹子，检查了一下击发机，重新将它归位。腾出手来，理了理早已被炮火熏黑烤焦的战袍箭衣，再正了正自己为之奋斗一生的头盔，朝着北方，在心里向皇上跪了下去。

“皇上圣明：微臣久历海上，承蒙皇上隆恩，命臣守此吴淞要塞，自知任重如山。英夷猖獗多年，今我江南水师五千官兵奋勇拒敌，击沉夷舰两艘重创数艘，击毙数百名夷兵于我炮火之中，吴淞保卫战，堪称壮哉！不料弹尽援绝，微臣有心杀贼，无力回天，致使功败垂成。微臣自知有辱使命，无颜面见圣上……”

陈化成在心里说到此处说不下去了，他昂起头，仰天一声长叹。

转身四顾，前后十几门炮的炮手几乎全都阵亡了，倒塌的土堡冒着余烟，炮管东倒西歪，不忍侧目。目光收回身边，身边除了刘国标，只有一个亲兵陈小全，还有，还有那门在今日的炮战中立下大功的，8000 斤重的“靖寇大将军”炮。

“还有弹药吗？”他问。

“已所剩不多。”刘国标说。

“给我装炮！”

也许，这将是他陈化成一生中的最后一炮了。他恨不得一炮便将所有的夷舰击沉！

弹药装好了，点炮杆已经点着了，陈化成随口往手掌心里吐了点唾沫，了望海面，“皋华丽”号正在抛锚。

“好！就打它！”

陈化成说着立即奔向大炮后座，校正方位调整角度，瞄准英军最大的这艘炮舰的主桅，点火发炮。

只见一声巨响，正中敌舰前舷。

殊料，来不及高兴更来不及躲闪，意想不到的灾难降临了。

就在炮弹击中敌舰的同时，陈化成的身边也是轰隆一声巨响，这门西炮台上火力最强功劳最大的8000斤大炮，因发炮太多，炮膛超热，突然炸裂了。巨大的气浪将陈化成、刘国标和亲兵陈小全拱倒在地。

刘国标和陈小全安然无恙，只是陈化成的左脚被土堡震塌的砖石砸伤了。

陈小全赶紧上去替陈化成包扎。

这时，数不尽的英兵已经顺着海塘大堤蜂拥着向主炮台冲来。

陈化成一跃而起，振臂高呼：

“将士们，杀贼！”

惊蜇一动，蚯蚓出洞。陈化成的喊声刚止，周世荣便突然从土堡后面冒冒失失地爬了上来，手上提一杆钩镰枪。枪簇上沾满了污泥。

众人正纳闷，周世荣却鬼鬼祟祟地奔到陈化成身边，以心腹的口吻，悄悄说：

“军门大人，末将有事相告。”

“何事相告?”

周世荣看了看陈化成身边的刘国标和陈小全，欲言又止。

陈化成嘿了一声，说：

“明人不说暗话，这里都是我信得过的人，但讲无妨。”

周世荣未语先叹气，接着豁然一跺脚，说道：

“末将认为，这仗已经打到头了，得赶快收兵。”

“收兵?”陈化成无动于衷，“往哪儿收?”

“末将已经勘踏过了，”周世荣一指刚才上来的方向，说，“土堡后面有条幽道，曲曲弯弯直通江边芦苇荡。”

陈化成打量着周世荣手上那杆沾满污泥的钩镰枪，全明白了：

“你是说，让我从这里下去，躲进芦苇荡，从那儿逃跑？”

“不是逃跑，是……”

“是什么？”

“是，是撤退。”

“皇上有旨吗？”

周世荣摇头，讷讷地说：

“可，可牛大人不是早就走了？”

“牛大人走了，还有位比牛大人，比我陈化成，要大得多的大人还在，你，怎么不请他一起走？”

周世荣不解地寻找一眼。陈化成身边虽然还有不少官兵，但战将寥寥无几，而且没有一人比陈化成官大。于是，疑问道：

“还有位大人？谁？”

陈化成放开喉咙，大义凛然地说：

“文天祥！”

石破天惊。只要听到这声“文天祥”的人，没有一人心头不是一个战栗。中国人，谁人不识文天祥？他那“人生自古谁无死，留取丹心照汗青”的绝笔，简直就是华夏民族气节的写照！

周世荣埋下头。

陈化成早就对周世荣的懦弱有所感觉，恨铁不成钢，因此每每想与这位从厦门跟他一起调来吴淞的同乡聊聊，一直忙，今天正是时候。他循循善诱地说：

“周参将，你可记得裕谦大人殉难之时，我当着众将士说过，良将不惜死苟免，烈士不败节求生？在此阵地险危生死存亡之际，你不向我进言，要我也像韦印福参将一样杀敌捐躯，反而让我跟你私逃。莫非你要陷我陈化成于不忠不义，做一个临阵脱逃的卑鄙小人不成?”

有道是，泥人也有三分土性，平时不哼不哈的周世荣被陈化成训了一头雾水，气愤地将钩镰枪往地上一戳，说:

“你不要不识好人心!”

“那我就是狗咬吕洞宾了?”陈化成火了。

刘国标在旁边一直插不上话，眼见军门大人火头上来，心想，都是这场失败的炮战把人逼的，再犟下去谁都要走火入魔。于是往周世荣面前走了一步:

“你不要惹军门大人生气。”

周世荣脸一板，扭头就走。

陈化成一个箭步，挡住周世荣的去路。他不能容忍自己的亲随部下，不能容忍他从福建带来的100名将士中有一人当逃兵，而坏了他陈化成，毁了整个江南水师的名节。

在他们发生这场冲突的同时，整个西炮台早已进入白热化了，爆豆样的来复枪声，轰隆隆的迫击炮和榴弹炮声，一直就没有中断过。数十倍于徐大华的英兵团团包围住徐大华守卫的那个隘口，他身边的清兵全在鬼子的来复枪面前饮弹阵亡。徐大华将雪亮的大刀挥舞得密不透风，像哪吒踩着风火轮似的，冲向敌群，一连砍杀了十几个鬼子。一个鬼子冲着他的左臂开了一枪，他的左臂被枪打飞了。与此同时，他用大刀取走了那个鬼子的整条性命。敌人的排枪响了，他终于中弹倒了下去。这一切全映在陈化成眼中。他冲周世荣直呼其名，咆哮道:

“周世荣，你若不是孬种，就转头往前冲，像徐千总一样，杀鬼子!不然，休过我陈化成这一关。”

周世荣见陈化成抽出砍刀，情急中也将他的钩镰枪平举在手，那带着污泥的枪头正紧对着陈化成的前胸。

“反了？你！”陈化成见周世荣去意坚定，棒喝道。

“军门大人，你不放我走，甭怪末将绝情！”周世荣动了真格。

“懦夫！恨我当初看错了你！容你负我，不容你负国！”

陈化成说着，手下便不再留情了，他完全忘记了自己脚上的伤痛，一个虎步冲上前去，嚓的一声将刀对准周世荣，当头劈下。

周世荣一闪身，将手上的钩镰枪一横，迎着刀光运足力气往上一挑。

咣当！

砍刀在陈化成手上一截两断。他惭愧地摇着头，其实他哪里知道自己鏖战一天，腿脚又受了伤，更何况68岁高龄呀。

周世荣慌了。他将钩镰枪一甩，单腿一屈，算还了陈化成的提携之情，尔后趁陈化成尴尬之际，纵身跳过了胸墙。

陈化成随手攥起地上的钩镰枪，像在战船上跳帮一样用枪杆一撑，上了胸墙。

而就在这半步相差之间，周世荣已经下了幽道，转瞬就不见人影。

“丢人！”

这时陈化成才在心里抱怨自己，刚才怎么不拿鸟铳打这孬种，白白地让他逃了。

## 57.

枪声炮声渐渐稀落了下来。

浓烈的火药味在枪炮声止息时才能真正感受到它的存在。一团团混混沌沌的硝烟，在吴淞口的上空翻卷，填满了海塘下的深谷，罩住了陈化成坚守的主炮台。

陈化成倚在胸墙上，喘着气。

他终于尝到了近50年军旅生涯未曾尝过的人生滋味：失败。

西炮台上到处都是清兵的尸体。每一个隘口都垒了一堆。海塘大堤因为血光在夕阳下闪烁着一种只有魔鬼世界才有的斑斓。

亲兵陈小全早已中弹倒在被敌人的炮火摧毁的土堡旁，那土堡的圆顶被掀飞了，只剩下一圈羊圈似的石壁。周世荣逃走之后，张惠那儿杀声震天，枪炮声不绝，他让刘国标骑马驰援去了。整个主炮台上只剩下陈化成一人。

国殇！海殇！炮殇！不，不！

生为炮台人，死为炮台鬼。他决心与炮台共存亡。

有了这种赴死之心，他便蹲下身，将自己那只砸伤的脚重新捆扎一下，拄着钩镰枪一步步走向土堡。

站在羊圈似的土堡前，他忽然苦苦一笑，觉得自己的的这条命是周世荣给的。假若不去追杀那个孬种，他和陈小全肯定寸步不离土堡。

现在身边一个帮手也没有了，他必须自己拾掇自己。他饿了。

于是，用钩镰枪一撑，跳进土堡。一箩筐的“光饼”还在。他赶紧抓上一块，扑打了一下，咬了一口，咽下。咽下一口就全饱了。他将那只“光饼”往箭衣胸襟里一掖，再取了一块塞进去。他的胸脯又厚实起来。回过头再一看，一眼就瞟见角落里有两只铁桶。

呀，这是两只火桶，居然没有被炮火引爆。

太好了！

他运足力气将一只火桶搬出土堡，搁到左边斜坡的道口。再去搬第二只时，他几乎使尽了吃奶的力气。不管怎样，他成功了。第二只火桶搁在右边斜坡的道口。

他又将两只火桶的引线全理了出来，平摊在桶端，再用碎火药将那引线埋起来。做完这一切，他欣赏着自己的杰作。左右两个门神，配在一起就是哼哈二将呀！

有它俩在，他什么也不怕了。敌人上来，他将与敌同归于尽。敌人不来，他将在月亮还未升起的时候，趁着黄昏夕阳抱住火桶自爆。他绝对不愿当俘虏。

绝对！

忙完这一切，他觉得好生纳闷。仗，似乎彻底结束了。不然，怎么没有一点响动？

没有响动正好，他已经三天不知床板的味道，而今天整日都是站着。

他倚着胸墙慢慢地坐下，将钩镰枪搁在脚边，将鸟铳握在手上。他微微闭上了他的眼皮。其实他只是想稍息一会，为了自己的名节，他不敢让自己真正困着。

过了并没有多长时间，他忽然隐隐约约听到了一种稀奇古怪的声音。

不是鸟叫。也不是蛙鸣。

蓦然回首，妈的！一群洋鬼子，少说也有 20 个，蹑手蹑脚地顺着左首的斜坡摸上来，正一步步向他靠拢，那交头接耳打着的手势告诉他，刚才听到是夷语，十有八九是——捉活的！

陈化成也好活捉？他在心里奚笑这群洋鬼子有眼不识泰山，嘿，老子是在这儿坐着恭候你们光临呢！

他向洋鬼子们招招手。希望他们再靠近他的火桶一步。

洋鬼子很听话，一步步上来了。陈化成手拿钩镰枪一撑，腾地站起身，绰起鸟铳用不着瞄准对着那火桶的顶端，噗地就是一枪。

枪子儿准确地击中火药，火药蓦地点着了，蹿动的火舌又烧着了引线，整个火桶发出了嗤嗤的怪叫。

洋鬼子们被镇住了，不知道拦住道口的这只冒火的铁桶是一种什么新式武器，一个个向后没命地撤退。

想逃？没门！陈化成抢前一步，举起钩镰枪，趁着那火桶还没爆炸，用枪尖一钩凭地用力一推，那火桶便骨碌碌地沿着斜坡朝敌群滚去。

敌人的排枪先响了。

罪恶的子弹无情地击中了陈化成的胸脯，刹那间，他血如泉涌，由不得他再顶天立地了，一个趔趄便栽倒在地。然而，在他倒下的同时，他换来的代价是轰然一声巨响，火桶爆炸了，原来准备活捉他的洋鬼子全部血肉横飞！

这也算是同归于尽吧。陈化成终于闭上了眼睛。

又不知过了多少时间，已经站在地狱大门口的陈化成却被一个人伸手揣住。

谁？

刘国标。

刘国标也受伤了。他的一条腿中了许多霰弹，像麻布包一样，庆幸的是没有伤着血管，只是一时不能站立行走。他几乎是爬着回到军门大人这儿来的。快到的时候，他目睹了刚才惊心动魄的一幕。

为了救活陈化成，刘国标早已不听使唤的腿脚突然神奇地充满了力量，他站起来了，他奔向陈化成，他不停地摇晃着军门大人的双肩，希望陈化成能够醒来。

陈化成一时还醒不来。

刘国标趴到陈化成身边，用耳朵贴着军门大人的胸脯一听，咚咚咚，大人的心还在顽强地跳着！他活着！

一定要把军门大人救走，这已经是刘国标的誓言。可从哪儿走？四面八方都像梅花桩似的钉满了英兵，从这主炮台向左向右都走不通了。他奔向胸墙，立即想到周世荣说的幽道。其实这幽道，刘国标最清楚不过。他毫不犹豫地背起了陈化成。可刚背起又放下了。他看到了另外那只火桶。

他奔过去，将火桶移到胸墙边，又使劲举起它搁到胸墙上，人再跳过去将火桶搬到幽道的入口处，安置在紧贴土崖的地方，手脚麻利地拉出了原本很长的火桶引线。这才跨过胸墙把军门大人背了过来。

待他背着军门大人走进幽道估计丈把远了，他用军门大人的鸟铳击火将那引线点着了，等他走到幽道深处，随着身后一声闷声闷气的响声，幽道里顿时伸手不见五指。他放心了。封了入口，敌人就发现不了他们的行踪。军门大人有救了！

他的腿一点也不觉得疼了。他加快了脚步。

很快，他们就到达了芦苇荡。

这是刘国标最熟悉的地方。他大步流星地奔向苇荡深处。

他看准一块干净的草地，先轻轻地将陈化成放下，让军门大人平躺着，转身尽量不发声地用腰刀割了许许多多的苇叶，将它扎成一个松软的枕头，替陈化成把头枕好。除下头盔，舀了一盔水，再扯下自己内衣一只清爽的袖管，沾水替军门大人揩了一把脸。

陈化成大概一生中都没有如此放松过，他长长地吐出一口憋在胸廓里的浊气，眼皮翕动两下，居然醒了。

头顶上绿叶摇曳，四周不见硝烟，身边又有心腹爱将刘国标护着自己，而且像有一股仙乐在耳畔缭绕似的，陈化成以为这不是人间阳世，急欲坐起。

刘国标见军门大人苏醒了，万分惊喜，忙按住军门大人的肩头，说：

“大人，你醒过来啦，醒过就好啊。”

“此是何方土地?”陈化成问。

“西炮台海塘下的芦苇荡呀。”刘国标说。

“西炮台，海塘……”陈化成那没有一点血色的的脸上灿然飞红，“如此说来，我还活着?”

“活着，活着，活着!”刘国标轻声地，激动地说。

陈化成一下子有了精神，说：

“我饿了。”

“饿了?”刘国标手足无措起来，自从炮声一响，这芦苇荡连鸟毛都飞得不见一片，到哪找吃的?

陈化成不为难他，自己伸手从箭衣的前襟里掏出他藏着的那块缺角的“光饼”。

一块血饼!

刘国标接上手，手指都僵直了。

陈化成不满意地再掏，可是，箭衣里的另一块“光饼”早已粉碎了，他只掏出了一把凝固了的血渣。

“呀！这么多血?”刘国标倒吸一口冷气。

陈化成若无其事地说：

“我中了鬼子几颗子弹。”

刘国标急忙伸手要解军门大人的箭衣。

陈化成压住箭衣不让解，说：

“你先替我把饼上的血洗掉，我吃一口。”

刘国标颔首遵命，重新用头盔舀了一盔江水，洗着那块沾满血痂的“光饼”。

陈化成的目光从“光饼”移到头盔。说：

“这顶头盔是我一生所获，我如有三长两短，这头盔就留你做个纪念。”

刘国标见陈化成说话如此清楚，心想军门大人肯定没大危险了，哪里会有三长两短？他摇摇头，将洗好的“光饼”，撅下一小角，递到陈化成的嘴边。

陈化成张口吞下这角“光饼”。

刘国标又动手要撅。

陈化成连忙抓住刘国标的手，说：

“这‘光饼’神得很，吃一口点下心，就不饿了。你先坐好，听我说话。”

刘国标顺从地坐好，用自己的的一双手捂住陈化成的那只手，目不暇接地看着军门大人的脸。心想，能独自聆听陈军门教诲真是太幸运了，他洗耳恭听。

陈化成清了清喉咙，说：

“刘将军，吴淞一战，所以致败，皆因我江南水师实力不足，缺少一支御敌于外洋的真正水军，而吴淞炮台虽有重炮百门，但只是自铸土造，威力不敌夷炮。加上军心不稳，主帅临阵出走，徐州兵又作壁上观，见危不助，见死不救，以致全军覆没。”

说到此处，陈化成语气一变，说：

“其根归咎皇上!”

“皇上?”刘国标接口道。

“是怪皇上，主张不一。老臣曾向皇上禀奏，我海疆绵长而军备守旧，一处失防则全线遭殃，建议皇上加速坚固海口，以闽浙战事经验，不宜长驱调集内陆客军。我曾力陈，调客军不如练土兵，调水师不如练水勇，选将练兵以联声势，可皇上听而不纳，枉费我化成一片心机啊!”

刘国标点头称是。对调集内陆客军他早有想法。一是调集内陆客军须动用大量车船、骡马、徭役，辗转周折，费时费力；二是内陆客军不熟悉海口防务，只知死守前沿，而不知纵深布防，作战方法仍旧是骑射为主，不会操船使炮；三是内陆客军选将往往不严，或是朝廷亲贵，生长深宫，不谙世事；或是书生典型，只知纸上谈兵；或是拔自行伍，虽曾效命疆场，不过纠纠武夫，指挥并不在行；或是出身武科，虽然弓马娴熟，亦止匹夫之勇，对韬略冥然罔觉，统率无方。如此拼凑之军，将不知兵，兵不识将，其管束之难，协同能力之低，显而易见。

陈化成见刘国标点头，知道已经领会了他的意思，便叹了口气，又接着说开。他说，倘若皇上早就采纳魏源的主张，“师夷长技以制夷”，再按照林则徐的建议，真正建立一支强大的船炮水军，吴淞之战，绝不会如此一败涂地。可他又说，军事之败，非傲即惰，而国力凋敝，民不聊生，建立强大的水军，只是梦想。就这样，滔滔不绝，他心里似有千言万语要对刘国标说。

可是，从小是个孤儿，没有经历过与亲人生离死别场面的刘国标，哪里懂得陈化成精神这么好，话又这么多，完全是一种即将离开人世的回光返照。

他只知聚精会神地听陈化成说。

听着，听着，刘国标便觉得不对劲了，因为陈化成的那只手渐渐在他手上变软变凉了，而军门大人也渐渐语焉不详。

他紧张地盯住陈化成。

陈化成的眼睑合上了！

刘国标摇撼着陈化成的手臂，呼唤着：

“军门大人，大人！”

陈化成又醒过来了，但这一回精神大不如前。也许意识到自己即将远去，他叹了口气，但仍然虎气威然地说：

“刘将军，我死之后，求你将我的首级割下，将我的尸体扔进江里，以免遭受逆贼凌辱。”

刘国标噙着泪水，低下头不敢应允。

陈化成伸手抚摩着刘国标的头。

刘国标觉得军门大人的掌心里有一股爆发的舐犊之情。他感受到了。他从小没有父母，10 岁就投身军营当差，好不容易中了进士，哪知又犯罪充军。自从到了江南水师，军门大人不仅不嫌弃他，甚至把他当儿子看待，只是自己觉得位卑人贱，虽常存报效之心，却无非分之想。可此时此刻，军门大人显然不行了，他两个儿子都在前线捐躯，身边没有一个后人尽孝，他刘国标想着想着泪水止不住就滚滚地流下来了。

这时，陈化成用一种只有父辈才有的口气，说：

“孩子，我知你的心思。唉，苦的是我两个儿子先走我一步，我，已无子嗣，早想收你为义子，一直未向你表白。如你愿意，就对我一拜吧！”

刘国标一听此言，郑重地站起身，扑打了一下身上的尘土，虔诚地跪下，对着军门大人磕了三个响头，向着陈化成生平第一次地叫了一声：

“爹！”

陈化成心里美滋滋地一笑。可这一激动，却马上引起一阵难以克制的胸闷，整个心窝都像被砂石堵塞满了，他迫切地需要透口气。

他强打起精神，说：

“标儿，我憋得慌，你替我把箭衣解开吧。”

刘国标急忙解开了陈化成的箭衣。

箭衣里缠着胸部的是一道道血布。

陈化成的手一动，冲刘国标做了个割开的手势。

刘国标拿腰刀一挑，当血布尽除之时，刘国标“哇”地惊讶一声。

他发现军门大人的胸膛上原来束着一块木板，而被血染得紫红的木板上早已弹孔密布！

陈化成解掉了血布，还嫌憋得慌。连这么一块，跟随他肌肤相亲舍生入死，帮助他在士兵面前建立起昂首挺胸形象的木板，也嫌重了。他自己动手将它一掀。

这一掀，犹如储满了沼气随时准备爆炸的窨井掀掉了盖头，他那被子弹打烂的胸肌一下子暴裂开来。

乳白色的人肺袒露在刘国标的眼前，差点把他吓晕过去。

陈化成却真正喘了口气，简直是神人一般，拗起头，盯着他那裂开的胸膛看了一眼，一颗鲜红的心脏还在扑簌扑簌地跳动，呀，赤心！

刘国标正急得手忙脚乱又无从下手，却蓦地听见陈化成大叫起来：

“天哪，天不灭贼，死不瞑目！”

说着，他张开大口，喷出一块血饼子。紧接着头一歪，浑身便像一张断了弦的强弩硬弓，松弛在绿色的草地上。

刘国标不顾一切地扑到陈化成的身上，失声恸哭：

“军门大人，大人——爹！”

好半晌，刘国标才从悲痛中抬起头来。军门大人把一切全托付给他，他必须忍痛节哀，先替军门大人把后事料理好才是。

他解开了陈化成的战袍箭衣，用头盔舀着江水洗净了军门大人的身子，毫不畏怯地用手捂平了他那开裂的胸肌，再脱下自己的内衣替军门大人穿好，仍按他生前的装束在胸上扎好木板戴好头盔穿上箭衣和战袍。

陈化成的这个义子没有收错。

刘国标不愧太湖武进士出身，从小钻惯了芦苇荡，很有心计又有经验。只见他砍下一大堆芦苇，又将苇叶和苇秆分开。苇叶当布，苇杆是绳。先用苇叶将军门大人的头手四肢包牢，一层又一层，最后用揉扁的很有韧性的苇秆将军门大人的全身扎得严严实实。

苇荡深处，再深处，有一根带缆柱一样的石头，刘国标知道那是秋天割了苇子之后，放牛用的拴牛桩。

他扛起陈化成的尸体一脚深一脚浅地涉水走向柱石。

他将尸体掩埋在柱石旁边，仔细地将它们捆成一体。

仰头看天空，天空收尽了最后一抹余霞。

低首望江水，满目的江水成了一片血海。

啊，血海！

刘国标这时候才真正体会到什么叫做“血海深仇”。

他摸了摸贴着心口的那块被陈化成的鲜血染红过的“光饼”，决定今夜不走了。

他要为军门大人，不，为他的义父陈化成，守灵！

## 58.

守卫宝山的知县周恭寿见吴淞失守，立马弃城。

守卫宝山城东门的提标游击王凤翔、守卫城西北的江阴游击董占元也树倒猢狲散地跟着一走了之。

英军没有遇到丝毫的抵抗，顺利占领了宝山县。

6月19日，英军分水陆两路进犯上海。

上海，这座坐落在吴淞屏障后面的商业重镇，与镇海后面的宁波命运相似。前线抬下来的死尸和伤兵，以及关于“连樯”而来的夷兵如鬼似神的传言，为这个富饶的县城带来了极大的恐惧，高贵或富足些的生命群起逃亡。

上海道台巫宜禊和知县刘光斗，早在16日吴淞失守的当夜弃城逃跑，英军不开一枪就占领了上海城。171门铁炮、9吨火药被英军缴获。须臾，30万两白银也作为赎城金装进了英国人的腰包。

至于民众在这场家园破碎的动荡中的精神摧毁，时人笔记有这样一段记载：

> 洋人既退，居民渐复，然风声鹤唳一日数惊。最可笑者……辰刻，一火轮船自外口入，阖境闻之复各逃命。妇女晏起者或披发露体，号泣狂走。守城兵勇一如前者。甚者一男子倒抱一婴儿，一手提破灯笼一盏；一妇以裙披于肩，两手持衣下掩……

而兵不血刃占据上海同时也扣留江湾里数百艘货船的英国

人，则“将屋里许多精巧的装饰品拆下来当柴火烧饭。……兵士们围着火，身上披着各种镶着高贵毛皮的绸子和缎子的外衣，手里拿着绣花的扇子在煽火……”

鸣呼！哀哉！

## 59.

不屈的陈化成，死了。

死后第七天，他的义子、太湖武进士刘国标将他的遗体护送到嘉定。

县令练廷璜亲自给陈化成擦拭遗体。怪么，陈化成虽死犹生似的，那遗体如此完好真让他暗自惊奇。他细心地从陈化成身上取出了数十块弹片。

遗体在嘉定武庙入殓，尔后举行了隆重的丧礼。

与不久前的关天培比起来，死节吴淞的第二位中国提督陈化成，注定不朽的形象更加高大。

道光皇帝闻讯，赐祭葬，谥忠愍，赏银千两，命同安、宝山两地建祀祠。

人民则以自己的方式纪念他们的英推。殡葬时，嘉定宝山一带，“数万人罢市哭奠，杀牛以祭。绅耆、士庶、妇女，乃至挑夫、贩运，莫不奔走哭送，家家设香案于路，人人痛哭失声。”很快，一幅神像——身穿盔甲，左手持军书，右手握大刀，巍然昂立的一名武将绘像就流行于民间。人们说，那是陈老佛。

一代武将殉职，万千百姓凭吊。自然，硝烟过后文人们也不甘寂寞。

吴淞要塞行辕的两侧山墙一时贴满了凭吊的诗文：

报国捐身日，遥天黯将星。
山河留壮气，风雨泣阴灵。

泪洒三军血，名流万载馨。
茫茫烟水阔，凭吊问沧溟。

势急慷慨誓捐躯，荧荧碧血靴刀溅。
千人痛哭为公死，万古忠贞气不磨。

击碎重冥万斛舻，炮云卷血洒平芜。
谁将战绩征新诔，一幅吴淞殉节图。

嗟乎！父老龙钟仰天哭，何时还我旧长城？然而，死的已死了，人死不得复生；活着的还活着，谁也阻止不了他行走或是招摇于世间。

在人们凭吊陈化成时，不明底细的人私下里在问两江总督到哪去了？

知情的人大声地说：

“牛鉴早跑啦！”

## 60.

从吴淞一跑，牛鉴就剩下“华山自古一条路”了，只能主和而不能主战。

他从宝山逃到嘉定，小憩两天，尔后便直奔太仓、昆山，从昆山又躲到了苏州。一路上，就听到有人编了童谣讥讽他：

> 一战甬江口，督臣死，提臣走。再战吴淞口，提臣死，督臣走……

走，既然走到这一步，也只有一条道儿走到底了！

于是，他孤注一掷地向长江沿岸的守军下达军令，一律“不许开炮”，而“遗之牛羊”，设法谋求一条向英军妥协的捷径。听说英国舰队经崇明、福山，顺利通过江阴天险鹅鼻嘴，牛鉴一面“顿足捶胸，仰天号哭”，一面立即从苏州赶到常州，命常镇道周顼筹款12万元犒赏英军。

这一来，百年后的作家们就发现了历史上的“今古奇观”：璞鼎查的进军南京，变成了外国佬的沿江旅游。

歇帆缓行的英军陆海官兵，轻松陶然地欣赏这条世界大河的盛夏景色，“呵，扬子江流域的风景甚为优美。江水流经江阴的时候，江面突然狭窄，但一过江阴，江面的宽度又和下游差不多了。江阴镇有一座使人注意的宝塔，我们好不容易说服一位相貌庄严的和尚，请他带我们到宝塔那边去……舰队向上游开行，越走陆上岭越多，风景也越优美。”

看，这就是英国兵当时的日记。

这日记是英国兵写的，可中国的大官牛鉴给了英国兵这个抒心畅怀的机会。

失去安宁的江岸民众恨死了牛鉴。

牛鉴却抱定“识时务者为俊杰”的歪理，明令暗示，继续软化清军将领。但是，也有人不听从这个从前线吴淞溃逃的两江总督指挥。

谁？

那就是京口副都统海龄。他决心坚守镇江。

镇江，原名京口，从这一名字看来，就知它地理位置十分重要。璞鼎查进军南京，实际上是要夺占京口，掐住南北大运河的咽喉。这里将是英军“扬子江战役”的最后一战。为达此目的，璞鼎查投入的兵力比以往作战中任何一次都大得多，几乎是倾巢而动。东方远征军的大小炮舰，除留下载炮 26 门的“北极星”号封锁长江口外，其余舰船于 7 月 6 日自吴淞启航，风卷残云般向镇江进犯。让他高兴的是沿途不断收到伊里布的求和信和牛大人的犒劳品，所以，璞鼎查认为在镇江不会遇到多大的抵抗。

江风和畅。白云像羊群般点缀在天空。璞鼎查难得有这样的好心情，他悠然自得地扶着甲板上的栏杆，和巴尔克、卧乌古一起观赏着江岸风景。

前面就是金山。山上有寺。亭台楼阁，层层相接，殿宇厅堂，殿殿相衔，而且三面临水，气势极为雄伟。璞鼎查知道这就是“树影中流见，钟声两岸闻”闻名遐迩的金山寺。指着金山寺，他给身边的人扯起了《白蛇传》的传说。尔后，他又博古通今地朝着江北岸一指，说，那是大运河与长江的交汇点，顺着大运河向北可以直达北京。起点的地方叫瓜洲渡。从前，有一个美女抱着一箱金银财宝从那儿跳水自杀，有人将它编成了故事，叫做《杜十娘怒沉百宝箱》……

对璞鼎查这种一贯性的卖弄，卧乌古很是看不惯。他不顾礼貌不礼貌，打断了璞鼎查谈笑风生的话：

“公使阁下，你看镇江城城门紧闭，城外有军队扎营。清兵肯定做好抵抗准备，我们不可掉以轻心！”

“中国有句话，叫做草木皆兵。”璞鼎查摆摆手说，“你不要害怕。这儿的清兵跟上海的差不多，闻风丧胆。不信，打两炮试试?”

说着，璞鼎查冲巴尔克挥了挥拳。

巴尔克立即下令舰炮发射。果见城外的守军乱成一片，大批清兵慌慌张张地弃营，向新丰镇和丹阳方向逃跑。

原来，驻扎在镇江城外的是从浙江和湖北临时调防过来的援兵。4000 多援兵归浙江参赞大臣齐慎和湖北提督刘允孝分管。他两人听信牛鉴的话，根本不打算抵抗，安营扎寨只不过虚设幌子做做样子。为了不蹈吴淞要塞的覆辙，为了保存各自的实力，为了活命，一听见炮响，岂有不撤之理?

耳闻目睹城外的清军一击即溃，卧乌古这下来劲了，他以为镇江城一样不经打，便组织他的陆军联队大摇大摆地登陆，大模大样地兵临城下。

7 月 21 日，萨勒顿少将率领陆军第一旅攻打西门，叔得少将率领陆军第二旅攻打南门，巴雷特少将率领陆军第三旅攻打东门，卧乌古和蒙哥马利陆军中校则率领炮兵一旅和参谋部攻打北门。

殊料，卧乌古低估了驻防旗兵的力量。

英军遭遇到青州旗兵的坚决抵抗。

镇江城犹如铁桶一般，虽被炮火团团包围，但守城清兵毫无畏惧地把守住各个城门。那堞垛箭楼是清兵隐蔽的盾牌，不停地有炮弹、火雷、利箭和砖头石块倾泻而下。英军伤亡惨重，攻城相持了两天，37 人阵亡，128 人受伤。

璞鼎查明白，这是碰上陈化成一类的硬汉子了。

卧乌古攻不下镇江城，璞鼎查正好一展身手。他决定改变战术。

他让卧乌古先在城北门佯攻，然后将陆军第一旅、第二旅、第三旅三股合一股集中攻打西门，故意放开东门和南门让清兵逃跑。清兵愣是不逃。他便在城西南角到处竖立云梯，蚂蚁啃骨头一样群体攀城。

城池终于被攻破了。

巷战。短兵相接。手舞砍刀甚至是手无寸铁的清兵，靠血肉之躯，哪里抵挡得住英兵来复枪的射击？可是，镇江城的清兵跟吴淞西炮台的清兵一样的血性，他们不能容许这群野蛮的洋鬼子践踏他们的土地，亵渎他们的家园，他们与荷枪实弹的英兵肉搏，临死也要咬洋鬼子一口！

黑雾腥云笼罩着原本车舟辐辏的镇江城。

巷战后的长街上，尸横一片；烧焦的房屋里，余烟不绝。

负责指挥镇江保卫战的清军副都统海龄，先焚烧了自己的妻儿，而后，自缢殉节。

街河交织的镇江城随即被英兵洗劫一空。

# 雪耻，只等后来人

璞鼎查像一颗流星，划过英伦三岛政坛和军界诡谲的天空，很快，就从香港消失得无影无踪。其威名，也就在大不列颠 1843 年以后的历史中渐渐淡化得像一张白纸。

## 61.

英军攻陷了镇江，也就封锁了运河，璞鼎查的“扬子江战役”大功告成了，而璞鼎查这个洋鬼子的威名也震撼着中国的大江南北。

他本来还想光顾一下“夜桥灯火连星汉，水郭帆樯近斗牛”的扬州，想不到扬州的两淮盐运使但明伦请出扬州的大盐商、大烟鬼颜崇礼和江寿民，早在英军舰队抵达京口焦山码头时，就上船接洽。镇江被攻陷的那一天，颜、江两人携带现款银洋 50 万元，合纹银 355000 两作为赎城费，乖乖地交给了英军。

这一切，统统是他璞鼎查日后向他的子孙炫耀的一份辉煌。

然而，这些并不是璞鼎查的目的。他的目的是梦寐以求的进军南京。

为迫使清政府无条件地投降，璞鼎查挥戈西进，将战争的火舌窜向江南腹地——江宁。

江宁地位之重要，自不待言。它背负钟山，襟带秦淮，俯瞰大江，确有一股龙蟠虎踞之势。明朝时，它是朱元璋建立的南都，大清入关后在此驻有两江总督及江宁将军，人口百万。然而，这个“才士云集，珍宝荟萃”，象征着千年文明骄矜而自傲的故都古城，防务的薄弱却令人吃惊：一个幅员60里的中国第二大城，守军一共才7000人，其中还包括从宝山仓皇逃来的徐州镇总兵王志元和从镇江临阵撤退的湖北提督刘允孝手下1700名残兵败将。

1842年8月9日，英国舰队以40艘舰船的浩荡之师直逼江宁城下，草鞋峡江面上“樯列如林，樯间烟气腾腾”，牛鉴吓坏了！

他身为总督，有守土之责。江宁一旦失陷，他如果没有海龄一家那样的殉节之心，逃脱了战火，也逃脱不了死罪。

为使英军不攻江宁以保全身家性命，惶惶不可终日的牛鉴擅自越权，直接与英军接洽议和事宜。他先派千总陈伯龄、武举张攀龙向璞鼎查递交照会，赌咒发誓清廷已有投降之意，恳求英军止步勿进。

这纸照会，马上碰了一鼻子灰。

牛鉴不死心，又脸老皮厚地两次向璞鼎查求情，说，“皇帝已明降谕旨，（议和事宜）交与钦差大臣广州将军耆、乍浦副都统前大学士伊，妥为筹办”，他一心一意“赎省会以免战祸”，并表示“兹已凑足三十万之数，即日专弁送交”，如英军“将兵船退出数十里之外，即当招集富户，再凑银三十万两，续行致送，决不食言”。

如此卑躬屈膝，却没有换来一丝怜悯。

璞鼎查一面将赎城费抬高到300万元之巨，一面积极准备攻城。

巴尔克和马礼逊周密侦察江宁地势和设防部局之后，以占领钟山为突破口的攻城方案便在璞鼎查脑海中形成了，很快，它又成为英军白纸黑字的“蓝皮书”。

江宁朝不保夕，牛鉴连篇累牍地上奏告急。

伊里布和耆英风尘仆仆地从丹阳赶到江宁。

三位“臭皮匠”凑成一道：和，赶快求和！

他们联名给璞鼎查写了一封新的照会，在冠冕堂皇的“天朝”言词虚掩搪塞之下，全是可怜巴巴的哀求：

——久慕芳型，只缘中国相隔，未畅晤芝宇，殊深怅然。

——实年来庸臣误事，以至如此，夫复何说？唯此中委曲，非我皇上不洞悉下情也，但全权公使将我沿海蹂躏，其天下为公共天下，有德者居之，今如此涂毒生民，天潢不忍坐视，敬此偻阵。若公使畏天命，敦仁义，两国照常通好，上天监察，定有以垂佑。

——公使年高有德，还望熟思，是所切嘱。手书数字，出于至诚，倘有欺诈，天地殊之。

璞鼎查不领人情。他根本就没有把这三位钦差大臣放在眼里！

一贯以居高临下的姿势看待西方贡使的东方天朝大臣，一旦被人视如草芥，像一只木屐丢在一边，他们就没辙了！

山穷水尽之中，他们什么也顾不得了，但唯一剩下的是还想顾及体面。

体面是天朝之魂。他们不能体面地把夷人赶走，但必须体面地将夷人请来，共商体体面面的通好通商的国策大事。因此，他们必须选一个精明机敏而效忠于天朝的人去与夷人体面地交涉。

选来选去，选中了张喜。

## 62.

张喜是个小人物。

不用他时是根草，想用他时草变宝。

国耻未雪，何以成名？这是李白的话。意思是，国家的耻辱还没有洗雪，有什么理由追求个人的名声？

诚然，他张喜并不十分看重所谓的名声，因在舟山与夷人一面之交，听说连裕谦大人也对他颇有微词。他耳朵发热过，但风一吹就让它过去了。他知道自己做过什么，也知道自己姓什么。姓张，单名一个喜，师塾先生给他取的，取自范仲淹的《岳阳楼记》，说，见到这个“喜”字就应想到“不以物喜，不以己悲，居庙堂之高则忧其民，处江湖之远则忧其君”。他还嫌不足，又给自己取号“大凉”，外加一个字“小沧”。沧凉——这是他对自己命运的评估！消极么？不。常读司马迁的《史记》，浩如烟海的文字中，他觉得磁力最大的是——常思奋不顾身，而殉国家之急。

论学识，他不是个“天才”，也算个“鬼才”。可惜，因无功名而长久地不能一展自己的鸿鹄之志。诸子百家他通览过，夷文番语他也能捉摸得八九不离十，这样一个难得的人才，却只谋得一个“抱牍案侧”为伊里布代写奏表跑跑腿的机会。别人为他叫屈，他却十分知足，为伊大人效劳，也就是为朝廷尽力。不是说，国家兴亡，匹夫有责么?

两年前，伊大人给张喜借了一套六品顶戴，让他冒充清廷特使，参与了舟山岛上的“夷务”，那事虽非他个人所愿，但他“位卑未敢忘忧国”，竭力斡旋，应该说并没有什么伤国体失国格的地方。可此事后遭弹劾，伊中堂被撤职查办，他也被逮京问罪。庆幸的是，皇上最终开恩，放了伊大人也放了他。他以壮年之身赋闲在天津卫的老家，国事纷纭一片愁云惨雾，他的心情也不开朗。正烦闷着呢，伊大人突然来了一信：

> 昨扬威将军（耆英）闻你之事，即慕且叹，谆谆嘱我谕你速来。
>
> 原本此事是我与你商议办理，如今终要你来，方能达我意于夷人，以期大局速成，你万勿迟滞。

他是个经不得三句好言慰勉就耳朵发软的角色。回想上一次，伊大人让他赴舟山与夷人面涉，他便向伊大人当场表白，“数载以来，受恩深重，无可报效。值此海疆不靖，何敢稍存推诿之心？即于大海波涛之中，死于夷人刀剑之下，亦份何当!”

的确，只身前往夷人强占的一座孤岛，而且那夷人洋枪洋炮早已被国人形容成吃人不吐骨头的“红毛生番”，赴岛面夷，非要有一股不怕死的胆识。

他有胆。胆敢接过义律递过的“玻璃盏”，那里面生平未见的洋酒是污血样的"紫黑色"，他不惧是否有毒，像刘邦赴鸿门宴似的接过手一饮而尽。这不是胆是什么？

他有识。那机警巧对之处，直让英国人瞠目结舌。他上那英舰是带有暗中侦察使命的。义律显然知觉，但一高兴，当然也为了宣示威力，便让通事马礼逊领他参观。马礼逊指着火轮船上的机关，说："贵国之人，亦能此否？"张喜说："此技虽巧，天朝之人，用心不在此。"马礼逊问："彼之用心何事？"张喜淡淡一笑："我国用心在文章。"马礼逊无言以对，只好手指一门大炮说："可打九里，并可攻城。"张喜接口道："炮虽好，彼此罢兵不用，更好。"又说，"尔国至此，相隔万里，兵船粮饷，有减无增。我朝兵丁粮饷，俱可源源而至，尔国焉能与我抗衡？"这些话，说得可算是不失一点国格！

更令人佩服的，是他接着代表伊里布去广州与英国人谈判交还舟山。英国人索要俘虏坚持要中方同时交还一名叫做布定邦的汉奸，张喜严词质问布定邦是夷人，还是汉人？英国人见此议被拒绝，便以不交还布定邦则不交还舟山相要挟。张喜闻此言，怒气直冲。遂一手拔出腰刀，一手捉住英翻译官罗伯聃，说，"我以理相待，汝反不讲理性，休怪我一时鲁莽之间，不知谁生谁死！"

这些，都是前话。自从道光皇帝不分青红皂白像踩一只蚂蚁一样，差点将他一脚踩死，他这个无品无级的"家人"再也无心跻身仕途，再也不想做过去那些颇为招惹是非的事了。他开始听天由命，两耳不闻窗外事，一心恭读圣贤书。哪想到日子虽然时有烦闷，但正渐渐习惯呢，伊大人来信又要他去。

去与不去，颇费斟酌。但他还是去了。

带着"一了结夷务，二救江浙苍生，三愿中堂复职"的一片夙愿，张喜从天津赶到扬州。此时长江已不通航，他夜间偷渡至丹阳。听说伊、耆两位大人在无锡，他又披星戴月往无锡赶，到了，却闻大人们去了江宁。

张喜深怕贻误国家大事，又是一阵紧赶，总算赶上了伊里布和耆英乘坐的官船。

耆英马上召见张喜，询问退敌议和之策。

张喜谦虚道：

“喜只能听从指挥，效奔走，主意仍须将军斟酌。”

耆英客气道：

“我等教你乃印板话，必须通权达变才好。”

“将军所言极是。”张喜说时欠了欠身。

耆英看着张喜那身官不官民不民粗布素衣的打扮，说：

“你须入伍，方可补个功名。”

张喜抱拳道：

“将军忧国忧民，诸多大事操心，不必为此区区小事耿耿于怀。喜之来此，非奔功名而来。”

耆英见说，颇为赏识。忙让幕僚准备了一套五品的顶戴让张喜临时穿上。

张喜没有坚辞，他知道耆英的用意是让他体面一点，不要在英国人面前有失天朝尊严。有道是，人是衣衫马是鞍嘛。果然，耆英说，在英夷面前，既不能太寒碜，更不可做孱头！

张喜默默点了点头，说：

“喜虽无奇才异能，尚有忠肝义胆。如差喜去见夷酋，一则不致过刚，弄出枝节，误国家大事，使将军掣肘；二则不致过柔，示弱于异域，给大清丢脸；再者，更不敢稍存畏惧之心。”

耆英大喜道：

“早闻你久负盛名，今日一见，果然出语不凡，名不虚传!”

伊里布站在一边，听着他们的对话，心里头甭提有多惬意。

## 63.

中英《南京条约》非官方预备会谈由此开始。

第一轮会谈的地点选在江边的静海寺。这是当年明朝的永乐皇帝为纪念郑和下西洋平安回京所建的一座古庙。这儿离英舰停泊处不远。

中方代表佐领塔芬布和张喜。

英方代表是璞鼎查负责外事的副官麻恭和翻译马礼逊。

英方提出的订约条款有八大项:

第一，中国赔偿鸦片烟价600万元、商欠款300万元、英军战费1200万元。并规定支付日期，逾期加息。

第二，两国官员文移平行。

第三，将香港永远割让给英国。

第四，开放广州、福州、厦门、宁波、上海通商，并设立英国领事。

第五，废除行商垄断，英商纳税由本国领事直接与海关办理。

第六，英国货物在一处口岸纳税后，可遍运天下，不得再征重税。

第七，释放英俘。

第八，俟赔款付清和各口开放，英军由招宝山、舟山、鼓浪屿撤出。

张喜将上述条款带回去汇报。按与英方人员的约定，第二天再会面一次。这次临行前，张喜与三位大人相见，讨教机宜。伊里布关嘱张喜：“只说清理税务，不准再有商欠，断不可许给银两；要看上谕，要钤御宝，俱勿庸议。”随后再问牛鉴，牛鉴又嘱咐：“战费名目不佳，当为驳去。”

他感到两位大人的态度既鲜明又强硬，与平日所作所为判若两人，大惑不解。同时感到，这样的态度去与英国人谈判肯定要崩。

更让他啼笑皆非的是，张喜向牛鉴取英方拟的那张条款清单，牛鉴却推说幕僚外出不在，不给张喜。张喜觉得以中国官场暗中作梗的一套“韬略”，去应付在文化上完全不同的英国人，这交涉肯定被动。

张喜因而颇觉为难，但还是去了。

哪知一去，果然陷于窘地。英国人大光其火，扬言中方必须交呈有关文件，否则开炮攻城。

马礼逊甚至扬言，“今日之事，非昔日可比，必须打破南京，一路上去，打了安徽、江西、湖广，取了四川，一面分船由天津攻到北京，才好讲话。”并取出一张标有行军路线的地图，指给张喜看。

张喜一看，禁不住横眉冷对：

“你们动辄攻打北京，谈何容易？京都有兵二十余万，关外还有数十万，你们虽善用兵，断不能稳操胜券！”

“我不与你争辩。”马礼逊说，“总而言之，给了赎城银子，准了码头，赔了烟价和战争费，即可罢兵，否则即便攻城。”

张喜说：

“到处攻城，残害生灵，岂不上干天怒?”

“此是大清杀害生灵，非我大英帝国之过。”马礼逊说着又强词夺理道，“皆因你们这边反复无常，而且怂恿沿海兵民污辱我们，使英国不服，致有今日。”

张喜一挥手，说：

“请出示证据!”

马礼逊拿出一张字帖，上面写有“逆夷、夷匪、跳梁小丑”字样。

张喜接过那字帖，拿手将它一拍，不卑不亢地说：

“你们生得不类人形，行得不类人事，何谓不丑? 到处杀人掳物，行同无赖，深为可耻，何谓不匪? 以外夷犯我中华，以小邦侵我天朝，何谓不逆?”

英国人被张喜驳得脸红脖子粗，一时语塞。

但文的不行便来武的，这是无赖们的惯技。

马礼逊给张喜下了最后的通牒，不交回原条款清单或不答应大英帝国的所拟条件，马上攻城。

塔芬布让张喜留下，他急忙回城，将英方的最后通牒转告三位大人。三位大人慌了手脚，一面急忙让幕僚找出原条款清单，也不再推敲商榷，只决定所提各大端一字不易地一概允准；一面将责任全推到张喜身上，说他扯谎胡诌。

张喜知道了，心里很不痛快，但碍着伊大人的面子，他还是竭尽全力地跑前跑后。哪知，商定初次会谈的前夜，伊里布突然告诉张喜，耆将军决定张喜隐退，而专令黄恩彤、咸龄经理此事。

张喜觉得受骗了。虽说他一再申明不为名利，还是怒从心起。他责问道：

“当夷人猖獗之时，为何不派黄、咸二位大人前往?”

伊里布确实比张喜老于世故，他说：

“以前用你是在暗中，现在用他们是在明处，千人万眼盯着，万一有个闪失，于你不利。他们官职大些，肩头宽些，况系翰林出身，同年故旧很多，出了差错，未必有人参他。”

听起来，伊里布是在为张喜作想，实际上这位老谋深算的伊中堂，早在肚子里遛了几圈的马：他因抚夷被罢官刚启用，正是谨慎之时，让自己的家人与英国人接上头，便显示了自己的能耐，但不可持久，出面太多了，谁知道会有什么意想不到的事情发生呢？虽然，他明知道耆英这位皇上的宗亲近臣，是害怕张喜太出色了，功劳全归了伊里布，所以才要裁张喜，但是，他还是支持耆英的决定，从此不让张喜在正式场合出面了。

地球少了张喜照样转。

这时，英国人告诉中国人说，将在 1842 年 8 月 13 日开始攻打南京。

1842 年 8 月 9 日，“皋华丽”号已经开到距城墙、陆地的射程之内。两天之后，伊里布做出回应，给出三百万两白银的甜头，耆英将它亲自送到“女王”号上。这份厚礼让英国人稍稍缓和了一下，推迟了对南京的进攻。

第二天，耆英、伊里布和牛鉴放下架子，最终亲自出现在“女王”号上。他们答应只要取消进攻计划，将作为全权大臣开始认真的谈判。英国人同意了。四天之中，使节们往来于船与陆地之间，终于使条约基本定型。

8 月 20 日，英国人邀请耆英、伊里布和牛鉴以及随行同僚到“皋华丽”号上做客，并用茶和樱桃白兰地招待他们。在双方的礼貌背后，璞鼎查还是对客人持有戒心——过去这些人的欺诈和拖延曾让义律失去理智，最后含羞回国，这一次绝对不能再半途而废。对比于璞鼎查冷冰冰的怀疑态度，伊里布和耆英表现了极富涵养的天朝大员所具有的礼节。他们看到船舱里挂着维多利亚女王的画像，深深鞠了一躬。

璞鼎查见状在心里说：马戛尔尼、律劳卑、安赫斯特伯爵应该含笑九泉了！

而对于大清王朝，对于这个已经经历了多次军事失败的国家来讲，这完全是一次外交上的惨败。

## 64.

1842 年 8 月 29 日 11 时，耆英、伊里布、牛鉴等大清王朝的钦差大臣们穿着汗水浸透的厚重官服，登上了高昂着乌黑锃亮的巨型火炮锚泊于南京下关江面的英舰“皋华丽”号，与璞鼎查、巴尔克、郭富一起签署条约——这份条约非常详细，足足四卷纸，用丝绸捆好，以显示其绝对的庄严。

“皋华丽”号的桅杆上，英国的“米”字旗和大清国的“龙”旗高高飘扬。场面也是绝对的隆重。

当三位钦差大臣的朝靴一踏上英舰的甲板，“皋华丽”号上突然连发礼炮。咣、咣、咣……一共十八响。

三位钦差闻炮色变。卖国只能偷偷摸摸，岂可大轰大嗡地公开？

被炮声一吓，皇上的钦差大臣们全然没了底气，在接下来的仪式中居然看都没看一下那些屈辱的条款，就用颤抖的手草草签了字。

接着是一顿丰盛的午宴。在饭后的甜点时间，耆英坚持要按满洲的风俗，让璞鼎查在嘴里塞满蜜饯，以象征和解。

耆英在蜜饯上的花招，掩饰了中国人对于条约中各条款的苦涩绝望之情。不管怎么解释，这场战争是以大清王朝的失败而告终。

做梦也笑醒了的是英国人。虽然，中国御宝和英国国玺都还没有正式盖上《南京条约》，但璞鼎查流畅得像龙胆花似的英文签名和大清王朝三位钦差大臣鲜红的硃砂关防，已经将它装点得赫然醒目。

璞鼎查终于颔首微笑。

英国的铜管乐队快活地演奏起“盖莱·欧文”的乐曲。中国近代史上第一个“国耻时刻”便不以四亿中国人的愿望为转移地降临了。

悲哉！

## 65.

英国人终于如愿以偿昂首阔步于南京街头，而最让这帮洋鬼子手舞足蹈的是游览这六朝故都的名胜古迹。

璞鼎查听张喜说，南京好比一部古书，打开它得先去看石头城。

他便邀请张喜当向导，一起去了。

它位于南京西北清凉山后，南北全长3000米。城基遗址为赭红色，内有大量河光石，最高达17米，系自然山岩凿成。中段几块突起的红色水成岩，酷似丑脸，故称鬼脸城。

张喜告诉他，此城原为楚威王的金陵邑，筑于楚威王七年，少说也有两千年历史。东汉建安十六年，吴国孙权迁至秣陵

（南京），翌年在这石头山金陵邑原址地势险要处，依山筑城，以江为池，取名石头，有“石城虎踞”之称。

出石头城，进朝天宫。张喜说，相传吴王夫差要打仗，打仗需要铸剑，便在此筑冶城，有规模很大的冶铁作坊，所以这儿又叫冶山。明洪武年间才修朝天宫。张喜领着璞鼎查走进一个带有“万仞宫墙”的地方，说这地方叫习仪亭，为文武百官学习朝贺天子礼仪的场所。当年永乐皇帝就是从这里送郑和启程的。

璞鼎查觉得很扫兴，他原以为这儿是个很大很大能容纳世界第一大船的深水码头呢！不过，登上冶山上的飞云阁，璞鼎查来兴致了，在这儿望见了一座巍峨的大山。张喜说，那是钟山。明朝的旧皇宫就在钟山脚下。

璞鼎查想去。

张喜直摇头。

要去就去北京的紫禁城，那才雄伟壮观呢。张喜说。璞鼎查知道，那是马戛尔尼碰过钉子的地方。不过，他不是马戛尔尼，《南京条约》如有闪失，他还是要去的，去见识见识金銮殿，见识见识天坛北海九龙壁，见识见识道光皇帝比马戛尔尼见到的乾隆皇帝，哪一位随和，哪一位慷慨潇洒。

隔了一天，璞鼎查觉得玩得还不够，又把张喜请来。这一回，张喜带他们去了聚宝门外的报恩寺。

那寺内有千佛绿琉璃宝塔一座，被誉为世界八大奇迹之一，因此，对中国古老的文化颇有兴趣的璞鼎查特别来情绪。

他和马礼逊、郭士立等人一起竞攀塔顶。

南京全景尽收眼底，他禁不住诗兴大发。

他用英语吟诵了一首诗。很美。马礼逊觉得好像是中国古代什么人写的。

璞鼎查点头，说这是一首中国唐诗，唐朝人李白写的，诗名《登金陵凤凰台》。接着，他用并不标准但不失抑扬顿挫的汉语将诗句复述一番：

> 凤凰台上凤凰游，凤去台空江自流。
> 吴宫花草埋幽径，晋代衣冠成古丘。
> 三山半落青天外，二水中分白鹭洲。
> 总为浮云能蔽日，长安不见使人愁。

“A good idea!”马礼逊和郭士立异口同声地叫好!

张喜心里窃笑。堂堂中国的好诗好文章，好看的好听的好玩的好吃的好东西真是太多了，浩如烟海。那璞鼎查背两句唐诗就烧得不轻，充其量只不过是拾人牙慧附庸风雅罢了，其他且不说，若论诗，他张喜读过的绝对不比这个英国人少。

此刻，在这中国的古塔上，听一个外国佬用那种生硬的汉语朗诵这样的名诗，真让张喜感到十分别扭。他耐心地听到最后，也就是这最后两句——“总为浮云能蔽日，长安不见使人愁”——说到了他的心里。

他俯瞰远处那条像一根绿缎带的长江。对这条江，中国历朝历代大诗人留下了多少千古绝唱！像“京口瓜洲一水间，钟山只隔数重山。春风又绿江南岸，明月何时照我还”，像“金陵津渡小山楼，一宿行人自可愁。潮落夜江斜月里，两三星火是瓜洲”，像“一道残阳铺水中，半江瑟瑟半江红。可怜九月初三夜，露似珍珠月似弓”，还有，“不管烟波与风雨，载将离恨过江南”，“不念英雄江左老，用之可以尊中国”，等等，再有“大江东去，浪淘尽、千古风流人物”，那才更令人荡气回肠呢！

是啊，长江不舍昼夜地滚滚东流，大浪淘沙，光阴飞逝，湮没了多少英雄豪杰，又销蚀殆尽了多少人间的败类！

看着想着，他仿佛悟出了一点人生的真谛。英雄没有了，长江还在；败类不在了，江水仍流。鸦片战争打了两年，4亿中国人卷进风涛，唯独这条被英国人习惯称为“扬子”的长江一直忍辱负重，冷眼旁观。

桀骜不驯的长江知道谁卖国。

百折不挠的长江知道谁丧权。

卖国的有功。丧权的嘉勉。只要不死，哪怕屈膝投降过，也可以逍遥法外继续光宗耀祖升官发财。

耆英和伊里布因功升了。

牛鉴却以不守长江被捕。

而那个曾经劝说陈化成逃跑未果自己拔脚就溜的软骨头周世荣，后来还升任苏松镇总兵。奸猾的王志元呢？留任。

只是张喜无官。无官一身轻。他一笑，一代做官，三代拉砖。

他想，一切荣华富贵都是身外之物过眼烟云，只有这长江才是不朽的。

等事情告一段，他准备仍旧回他的老家天津乡下，粗茶淡饭，守分安命，隐姓埋名，顺时听天！

想到这里，这张喜浑身解脱。不想了。他奔到璞鼎查的身边，强作欢颜地当他的向导。

诚然，璞鼎查不会十分留意张喜的心思，他只是要在这位中国人面前显示他们这些英国人比文明古国的人还文明，还有文化。他转身对郭士立说：

“你是个汉学家，给我们做一首汉诗，好吗？”

马礼逊在一旁极力怂恿。

郭士立想了想，摇头晃脑地吟道：

聚宝门外金陵塔，天朝国土脚下踏。
东方巨龙虽骄横，俯首伏爪一纤手。

这“一纤手”比喻英国女王。郭士立说，他的诗做得不算好。但璞鼎查却听得比自己的那首学来的唐诗过瘾，特别是“天朝国土脚下踏”一句，多么带劲！

更带劲过瘾的是，他们把千佛塔上的琉璃瓦扒下了几块，说，带回国，将它献给伦敦大英博物馆，那可是价值连城的战利品呀！

他们正要动手，张喜却竭力一挡：

“不可以，不可以！”

整个香港都可以随便拿，拿你几块破瓦片有什么不可以？

琉璃瓦，终于有一天走进了伦敦大英博物馆。

洋鬼子们笑逐颜开。华人却咽不下这口恶气！

## 66.

养心殿。道光帝手捏一迭耆英的奏报和那份《南京条约》的文本，在御座前像一头受伤的貔虎气急败坏地来回踱步。

丹墀下，满蒙王公、军机大臣和一班文官武将跪满一地，个个匍匐垂袖，偷窥着皇上有点蹒跚的步履。

在惧怕英军武力这一点上，道光皇帝与耆英、伊里布和牛鉴等人并无二色。英军进犯长江前，他战和不决举棋不定，那是因为他极不情愿失掉大清的体面，同时对于在天津挡住英军以争取较有利的议和条件抱一线希望。英军打开天朝的东大门，继而闯入长江，封锁运河，攻陷漕运枢纽镇江，又兵临南京威逼京都，这一步棋完全出于他的意料。就凶残霸道而言，英夷也是一只虎，饿虎！他正全力防备英夷这只饿虎对他“猛虎掏心”，不料，下腹却突遭沉重一击，惊恐真是不可名状。

诚惶诚恐的他，深怕重蹈明朝灭亡的覆辙。

唉！——道光帝长叹一声，简直是五内俱焚。

他此时能对群臣再说什么？

而群臣中又有谁比他高明？

内阁形同虚设，纵揽天下要政的军机处全是些酒囊饭袋！封疆大吏，钦差星使，说起来都对皇上负责，可每回究竟负了多少实责？大到战与和，小到油米盐，拨领军饷，动用仓储，请购米谷，造船铸炮，调撤防兵，押放俘虏，收拒夷书，哪一条一款不烦他道光皇帝宸衷独断？唉，鸦片卷起战争，沿海4省先后接敌交战，7省设防，驿马终日不息地往返传递，单每日盈尺的奏章就够他看的了。他扫视着叩头如捣蒜的军机王公们，一恼火，便将手上的奏折和那《南京条约》的文本掼了下去。

退朝！

这一天，道光皇帝过得不如一个平头百姓。

夜凉如水，星光摇曳。一轮枯黄的月亮照着一片重檐翘角的方殿，沥粉金漆的盘龙柱和富丽堂皇的蟠龙藻井，依然安在，但他彻夜未眠。独自一人，反剪着双手在殿阶上踱来踱去。

刚才，他在耆英的奏折上批道：“览奏不胜愤恨”、“朕唯自恨自愧，何至事机一至于此”，仅此几句，足以看出他心中的苦闷。

他是嘉庆二十五年八月二十七日在前面的太和殿即大清国皇帝位的。翌年，以“道光元年”颁行天下，同时将名字“绵宁”改为“旻宁”。改名是因为，早年跟祖父乾隆帝去木兰狩猎，他射中一鹿，祖父赏他一件黄马褂，又对父皇嘉庆帝下了一道谕旨，“绵字为生民衣被常称，尤难回避，将来继体承绪，当以绵作旻”。当时他不懂，请教太傅，方知“旻”当天空解。后来读书读到柳宗元的“毁成败实兮更怒喧，居民怨苦兮号穹旻”，才恍然大悟，祖父乾隆帝给他取这个“旻”字，是期望他上遵祖训、下体民情啊！

唉！他长吁一声。

回顾登极20年来的所经所历，所作所为，他自信宵衣旰食，一日不懈，却不料闹出割地赔款的奇耻大辱，如何不令他顿足捶胸，痛心疾首？

想当年，午门降贼，何等的英雄盖世，眼下却被区区劣夷逼立城下之盟，叫他怎能甘心驯服？那赔款尚属小事，丢失祖宗土地可是头等大事，自己何以面对臣民，又将有何面目去见地下的列祖列宗？

道光帝思前想后，真不愿画押签约。

但是，不用御宝，又有何解救良策？

天又亮了。

在这个空中祥云缭绕而心头阴霾密布的——1842年（道光二十二年）9月15日，这个曾被乾隆帝嘉勉过的绵宁，当了皇帝也确实励精图治的旻宁，终于，愧对先祖地，含辱批准了《南京条约》。

# 67.

三个月后，《南京条约》也在伦敦受到英国女王的批准。

1843 年（道光二十三年）伊里布在广州病死，钦差大臣耆英从南京赶来代替伊里布的职务。6 月 26 日，耆英来到香港与璞鼎查举行了《南京条约》的换文仪式。

璞鼎查手中的《南京条约》英文本，有一段强加于人的措词。这段文字的中文直译是：

> 中国皇帝陛下同意，英国国民及家人和仆从，从今以后获准居住于广州、厦门、福州府、宁波和上海的城市和镇，以进行通商贸易，不受干扰和限制，统治大不列颠及各处的女王陛下，将指派监督或领事官员，驻扎上述城市和镇。

同时，根据《南京条约》第三条款规定“香港一岛给予大英君主暨嗣后世袭王位者”，璞鼎查当天宣布香港为大不列颠女王维多利亚陛下的属地。尽管此时的香港还是蛮荒之地，但已经成为女王陛下王冠上一颗璀璨的新宝石。吸引英国人的是那里郁郁葱葱的丘陵和深深的港湾，当地的土著居民人数又极少，无法抵抗新来的英国主人。而从英国人踏上这块土地，香港，这个风姿绰约曾被称做“红香炉”、“赤柱山”和“香埠头”的香气四溢的海岛，便成了大清王朝正式割让给西方列强的第一块中国国土。

同时，根据《南京条约》第三条款规定“香港一岛给予大英君主暨嗣后世袭王位者”，璞鼎查当天宣布香港为大不列颠女王维多利亚陛下的属地。从此，香港，这个风姿绰约曾被称作“红香炉”、“赤柱山”和“香埠头”的香气四溢的海岛，成了大清王朝正式割让给西方列强的第一块中国国土。

就在同一天，璞鼎查在总督府宣誓就任第一任港督。

璞鼎查笑了！

可是，他笑得太早了！

璞鼎查开山拓土，办邮局，办银行，办马礼逊学堂，又组织行政局与立法局，成立香港法庭，自己兼任裁判法官。

一切方兴未艾，好事却突然多磨。

女王派特使莅临香港，刚刚当上港督不久的璞鼎查，居然利令智昏地与女王特使在会晤中大谈治“国”方略。可笑！

这种太过明显的“功高震主”的做法，很快就让白金汉宫的维多利亚女王对璞鼎查提高了警觉。

本来以为替大英帝国争得了香港这块“风水宝地”，代表女王签订了永载大不列颠史册的《南京条约》，同时事实上已经成为香港首任总督的他，从此将步入坦途，前程一片阳光灿烂。然而，上任伊始，实行第一个宵禁的那一天，钳制香港舆论的英国商人们就大胆预测，说他只是“昙花一现”，其任期不会超过秋天。

果然不出所料，第一片黄叶从树上落下，这一预言就成了事实。

英国的宦海同样无情。璞鼎查还没来得及洗净从海上视察带回总督府的征尘，他就被女王解职了。

对于大英帝国来说，在中国的胜利是异乎寻常的。而对于璞鼎查来说，他替女王赢得了这场胜利，却发觉给自己赢得一无所有。他像女王甩下的一只穿过了的袜子。不，他自己对自己说，离开了军队，他就不是他了。论治军，他太像一个政客；而从政，他简直就是一个童子军。所幸，他一生的追求是当一名香港的总督，他当上了，虽然不长。

以先哲自居又以“中国通”自豪的璞鼎查，忽略了中国人有句亘古不变放之四海而皆准的真理——多行不义必自毙！

同样，这千古绝句是中国人送给这个洋鬼子的最得体的评语！

呜呼！璞鼎查像一颗流星，划过英伦三岛政坛和军界诡谲的天空，很快，就从香港消失得无影无踪。其威名，也就在大不列颠 1843 年以后的历史中渐渐淡化得像一张白纸。

## 68.

呵，一切都结束了。

就这样简单得不可抗拒，“第一次鸦片战争”仿佛暴戾而浪花四溅的山泉一失足跌进了包孕吴越的大江。

雪耻，只等后来人了！

大江衔恨，咆哮着滚滚东去……

# 参考书目

萧致治，《鸦片战争史》，福建人民出版社，1996 年。
鲍中行，《中国海防的反思》，国防大学出版社，1990 年。
麦天枢　王先明，《昨天》，人民出学出版社，1992 年。
巴图，《别了，港督》，时事出版社，1996 年。
陈舜臣，《鸦片战争》，海南出版社，1996 年。
吴必尧，《陈化成》，百家出版社，1996 年。
郑彭年，《鸦片风云》，复旦大学出版社，1997 年。
叶树平等，《百年上海滩》，上海画报出版社，1990 年。
道光朝，《筹办夷务始末》，故宫博物院，1930 年。
张喜，《抚夷日记》，文海出版社。
夏燮，《中西纪事》，岳麓出版社，1988 年。
王之春，《清朝柔远记》，中华书局，1989 年。
梁章钜，《浪迹丛谈、续谈、三谈》，中华书局，1981 年。
杨国桢编，《林则徐书简》，福建人民出版社，1985 年。
郑丽生校笺，《林则徐诗集》，海峡文艺出版社，1986 年。
姚莹，《中复堂全集》，同治六年刊本。
裕谦，《裕靖节公遗书》，原刊本。
张集馨，《道咸宦海见闻录》，中华书局，1981 年。
郭廷以编，《近代中国史》，商务印书馆，1947 年。
徐宗泽，《明清间耶稣会士译著提要》，中华书局，1989 年。
阿英编，《鸦片战争文学集》，古籍出版社，1957 年。
张维华，《明清之际中西关系简史》，齐鲁出版社，1987 年。

张裔煊，《明史·佛朗机传笺正》，中国社会科学出版社，1984年。

姚薇元，《鸦片战争史实录》，人民出版社，1984年。

王治来，《中亚近代史》，兰州大学出版社，1989年。

牟安世，《鸦片战争》，上海人民出版社，1982年。

丁名楠等，《帝国主义侵华史》，科学出版社，1985年。

范文澜，《中国近代史》，人民出版社，1955年。

林庆元，《林则徐评传》，河南教育出版社，1990年。

蒋孟引主编，《英国史》，中国社会科学出版社，1988年。

刘旭，《中国古代火炮史》，上海人民出版社，1989年。

王兆春，《中国火器史》，军事科学出版社，1991年。

肖一山，《清代通史》，中华书局，1985年。

杨学琛等，《清代八旗王公兴衰史》，辽宁人民出版社，1986年。

蔡冠洛，《清代七百名人传》，北京中国书店，1984年。

许大龄，《清代捐纳制度》，文海出版社。

佩雷菲特，《停滞的帝国》，三联书店，1993年。

王辅一　朱清泽，《古代将帅治军趣闻录》，军事科学出版社，1987年。

张炜　许华，《海权与兴衰》，海洋出版社，1991年。

张铁牛　高晓星，《中国古代海军史》，八一出版社，1993年。

金炜主编，《中华民族耻辱史》，中国广播电视出版社，1995年。

《龚自珍全集》，上海人民出版社，1975年。

梁生智译，《马可·波罗游记》，中国文史出版社，1998年。

# 后　记

书写完了，好像百米赛跑冲刺过后需要缓缓地收步一样，我的余兴未尽，仿佛还有话说。

一说电话。

每次我家客厅的外线电话一响，我那曾经站过讲台的孩子妈会拖长了已经不再漂亮的嗓音，冲书房方向悠长地高呼：

“杨德昌，北京长途！”

我有许多北京朋友，军博军报海军大院中央电视台头头脑脑男男女女平民百姓都有。一听是北京长途，我眼手不离电脑，急吼吼地说：

“问他是北京哪儿？”

“出版社——老韩！”

一听说是老韩，我腿肚子就打抖。天不怕，地不怕，就怕老韩来电话！

老韩是我们这套中国近代海战场纪实丛书的编辑，过去八杆子打不着碰鼻子撞脸谁也认不识谁。今年四月我才认识他。

憨厚的北方汉子。属于那种见一次面就可以深交的人。

深交的人往往不会客套。他开口闭口总是那句话：你什么时候交稿？

可他却不想想总共给了我多少时间？

二算时间。

时间不到两个月，我要写出二十五六万字的一部长篇，而且不是小说，是纪实，历史纪实，一点也不可以天马行空大摇大摆地虚构，其难度确实太大。

但是，是这部书稿中的陈化成精神感召了我。我只要一开头，就不能罢笔。因为我在上海担任海军博览馆馆长，那是江泽民主席题写馆名的一个全国性的爱国主义教育基地，地处吴淞，第一次鸦片战争中的吴淞保卫战就在我生活工作的那个地方打的，而陈化成为国捐躯的地点离我的办公室不到百米。从工作上说，为陈化成等民族英雄立传是宣传爱国主义的具体化行动，我没有任何拿三阻四的理由。一咬牙，我就写了。可以说是十年积聚，一月喷发，前后实际上用了40天，总算能上京送稿。

三谈稿子。

这是一部历史性纪实长篇。如何写历史？如何展开历史叙事？我觉得，这首先有一个角度问题，或者说距离问题。后人为前人甚至古人写历史，而且贴上“纪实”的标签，这本身就是一个童话，就是一种讽刺。然而，司马迁写《史记》，司马光写《资治通鉴》，他们不都是后来人吗！尤其是北宋的司马光写历史，上至周威烈王二十三年（前403年），下至后周显德六年(959年)，共记载了一千三百六十二年的历史，卷轶浩繁，容量巨大，堪称中国古代史家之绝笔——以至毛泽东一生酷爱此书，曾通读达十七遍之多，并且最喜爱向人推荐——可见其感染力之大！于是，我敢于用一个时尚的说法诠释为前人和古人写历史的后来人——历史的守望者。大凡守望者都会对历史的事件保持着一个距离，所谓旁观者清，距离不仅产生美，更产生理性和睿智。不是历史的亲历者，而是历史的观察员。更重要的，守望者虽然没有亲历历史，但内心关注历史，眼睛紧盯历史，流于笔下的文字是鲜活的，生动的，现场的。当然，历史是不能只凭

“传说”，更不能“戏说”，但不是说不可“细说”。这方面，既要大量占有翔实的史料又要充分调动作者的思考。从历史人物入手，融入大历史的独特视角，既摈弃了“戏说”历史的无中生有，又避免了“细说”历史的生硬枯燥和了无生趣。同时我还认为，历史是多棱的，历史也是斑斓的。斑斓而多棱的历史本来很好看。不好看，就不会有这么多人站出来不顾身家性命捍卫他们的家园。可惜，好看的历史让我们这一帮不用心写的“笔杆子”写成了一本不好看的历史教科书。

有位评论家，曾经这样说过：纪实文学就是纪实——其“非虚构”的原则，决定了这种文体与小说，与诗，与戏剧影视文学乃至与某些虚构散文之间的重大差别。它必须是明确的，毫不含糊的，吻合事实过程的，即使是运用一点儿含蓄或委婉的手法，也大都属于技术性的文字处理。因而，从某种意义上说，“小说化”的虚构方式之于纪实文学创作是很危险的。然而，小说叙述的某种思路或方式之于纪实文学创作，并不是绝对地没有借鉴或启示的作用——就看是怎样借鉴或受到了怎样的启示，如小说叙述中的时空处理方式。纪实文学虽是“非虚构”，但它同样要写人叙事。就人物或事件而言，从头说起的流水账式亦称编年式，自然不失为一种常规传统的叙述方式，但难免显得笨拙或留下笔墨分散乃至失却重心的遗憾。

因此，为了保证血战吴淞口的叙述重心，必须压缩直接的时空跨度；在某一事件的人事叙述中穿插相应的回忆及历史性陈述，以辐射的结构形态涵盖历史，丰厚思情容量。

我理解，纪实文学，纪实是第一位，但千万不能忽略文学。文学又不仅是文字的装点问题，首先是审美意识和思维触角。要让叙述的人与事，展示华夏民族的气节和揭露侵略者的凶残，无论弘扬还是抨击，都应该成为一种洞观世界及感悟人生的窗口，并由此而延伸为一道让读者震憾灵魂净化心理环境的精神风景。

这就需要功力。我承认自己不是什么“大手笔”。但是，这本《炮殇》融进了我的心血。而气节，正是《炮殇》之魂。

我想，历史纪实文学是一向可以，也必须警世醒世的。重现当年那些愤慨激烈、悲壮而惨痛的场面，对中华民族代代相传的后来人，都将会产生刻骨铭心的感染力量；而无情揭露侵略者当年在中国屠城杀人、无恶不作的历史真相，以及那些在祖国民族生死存亡关头贪生怕死、临阵脱逃、变节投降和卖国求荣无耻之徒的丑行，对我们今天发扬爱国主义光荣传统，总结历史经验，认清当前形势，都无疑将具有非同寻常的现实意义。因此，我全身心扑向《炮殇》，尤其是我写到韦印福与他的战马一同阵亡，写到陈化成的死，我坐在电脑前长时间地泣不成声，我真正哭了，比死我爹我娘还伤心。不管读者将会怎么看，我确实自己先受了一番讲正气和弘扬民族气节的传统教育。因此，我将一生珍惜这次劳动，万分地感谢学苑出版社给了我这个写作机会。

最后，我在此要感谢海军上海博览馆全体官兵和上海宝山陈化成纪念馆馆长吴必尧女士对我的支持，感谢陈化成的家乡陈可敬等朋友的帮助，感谢此间采访我的上海东方电视台“双休指南”高定方导演和节目主持人晓雪的激励，感谢孟白社长亲自到上海对我指点迷津，更要感谢王世义先生为我作了许多重要的补正。当然，还要感谢我的家人和亲朋好友们在两个月的时间内对我“请勿打扰”4 字的谅解。

谢谢大家！

作　者

1999 年 9 月于上海吴淞

# 出版者的话

记得是在1998年，我社邀请了十几位海军的军官、作家、学者座谈，商讨创作一套反映中国近代海战史的丛书。与会者深沉的思索，至今记忆犹新——

当一座座大厦拔地而起，对于昨天，人们以为已经讲述得太多，书写得太多。于是人们开始遗忘昨天，遗忘中华民族苦难的昨天。遗忘，产生冷漠，产生麻木，产生目光短浅和急功近利……

其实，昨天距离我们并不遥远。昨天，起于19世纪40年代，长达一百余年的腥风血雨，把积贫积弱的旧中国拖入深重的民族灾难之中……

深入昨天，一个不常为人注意的史实凸现在我们面前：一百多年前，帝国主义对中国的入侵，绝大部分来自海上，虚弱的海防无法襟护国土，从此中国沿海地区烽烟四起，国门洞开，山河破碎。中国近代海战场的焦土血海所书写的，几乎就是一整部近代中华民族遭受帝国主义侵略的痛史。然而，中华民族从来不甘于耻辱，我们的先人在帝国主义的疯狂入侵面前，进行了殊死的抗争。中国近代海战场的残垣断剑所书写的，又是一整部近代中华民族抗敌御辱的悲壮史诗。我们还看到：中国近代史上，灾难来自于海洋，抗争起自于海洋，觉醒同样兴起于海防斗争的艰苦实践中。西方列强来自海上的侵略，震醒了沉睡的中国，唤起了觉醒、奋起的中华民族……

时间到了20世纪末，海洋已经成为振兴中华民族新的生存空间，成为中国经济发展的生命线。即将到来的21世纪，很早就被称为“海洋世纪”。谁在21世纪赢得海洋，谁就拥有了希望。回首漫长的华夏文明史，中华民族曾经在海洋上书写过辉煌的海洋文明；而在近代，我们却不得不面对海洋上涌来的无穷灾难。历史告诉我们，所有关于海洋的梦想，都必须以海权为依托。我们曾经饱受丧失海权、遭受海上入侵的苦难。历史，绝不能重演。拥有海洋、经略海洋、守护海洋，就是守护我们民族的未来……

我们的思索，产生了创作出版《中国近代海战场纪实》丛书的信念——在新世纪即将到来的时刻，采用纪实文学的方式，记述史实，揭示历史教训，唤起大家万众一心建设强大中国的责任感、使命感。

《中国近代海战场纪实》的讲述内容，时间贯穿1840年鸦片战争到1911年辛亥革命的整部近代史，地域覆盖整个中国沿海，刻画了众多鲜明的人物形象，进行了惊警世人的深层思考，是记述这段历史的最全面、系统、翔实的大型纪实文学作品。

在长达6年的创作和出版过程中，当作者半夜打来电话，声音哽咽地朗诵他刚写就的感人段落时；当跟随作者在斜阳衰草中寻觅古炮台遗址，默默凭吊先烈时；当采访军舰官兵，看到一位舰长在保卫西沙的海战中被弹片击伤的手臂时；当慰问海岛官兵，体验蚊虫叮咬、烈日暴晒、孤独寂寞的滋味时，一定要出好这套丛书的信念与日俱增。

《中国近代海战场纪实》丛书出版后，几十家报刊摘登、报道，中央电视台军事部以此为蓝本制作播放了大型系列专题片。

我们欣喜地看到，近几年来，海洋、海权日益受到全国人民的关注，人民海军日益壮大。今年，恰逢中国人民解放军建军80周年，因此，我们决定重新出版这套丛书，旨在让更多的读者了解历史，重视海洋，关心人民海军的建设，把我们的国家建设成为海上强国，完成中华民族复兴大业。

学苑出版社

孟　白

2007年7月